BY AIR MAIL
AIR TANZANIA
ZANIA
KILIMANJARO
Siringe
Pure Drinking Water
Safari Lager
TOILET PAPER
10/-
Airways
UCHUMI

旅と夢

飯沢耕太郎

装丁・デザイン　白谷敏夫

目次

本書には、２０００年4月から10月にかけて、東アフリカ（ケニヤ、タンザニア、ウガンダ）、ギリシャ、トルコ、東ヨーロッパ（ルーマニア、ハンガリー、チェコ）を旅していたときに、日々ノートに記していた日記を中心としたテキストがおさめられている。

日記の本文は明朝体のパートである。ゴチック体のパートには、旅を続けながら見ていた夢の内容を記した。さらにその間に、旅の途中で、あるいはその後に執筆した詩、小説、エッセイなどをおさめている。

基本的には当時の文章をそのまま再録しているが、本書をまとめ直すにあたって、加筆や訂正を加えた部分がある。その文学的な再構築のプロセスを経ることによって、２０００年、ミレニアムの年の旅が、新たな生命を得て甦ってきた。

一章　旅と夢のはじまり

［東京→ナイロビ（ケニヤ）→モンバサ→マリンディ→ラム→モンバサ→ナイロビ］

4月12日（水）〜13日（木）

（朝方に見た夢）。死んだ鈴木清（1）さんが、バスの前の席から挨拶する。青っぽいジャンパー。鈴木さんかと思ったが、顔の造りが微妙に違う。

箱崎エアシティ・ターミナルからリムジンバスで成田へ。ノース・ウェスト機のチェックイン待ちの間に赤魚定食。９００円。

シンガポールまで、隣席の男が缶ビールを飲み続ける。おそらく一〇本以上。ヘッドフォンでロックを聴いて踊る。かなりアブナイ。時間を訊かれる。「Singapore《シンガポール》 time《タイム》? Maybe《メイビー》 10:15」。日本との時差は一時間。

機内で『Double《ダブル》 Jeopardy《ジョパディー》』（2）という映画を観る。夫を殺したという容疑で刑務所に収容された妻が、それが罠だったことを知り、仮出所後にリベンジを企てる。Double Jeopardyというのは、同じ罪で二度告発されることはないという法律。つまり、夫を二度殺しても罪にはならない。

缶ビール男は、シンガポールまでに結局二〇本近くを空ける（奇声を発しながら）。写真を一枚撮ってくれと頼まれ、飛行機が完全に停止する前にフラフラ降りていった。

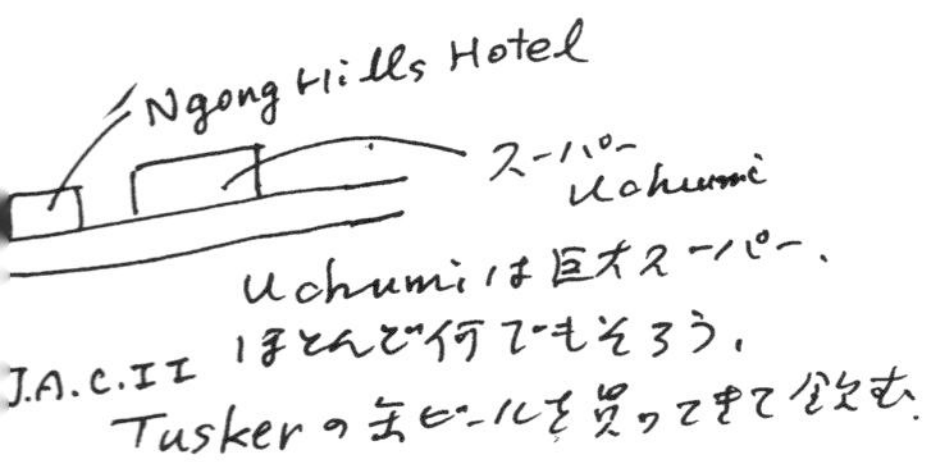
Ngong Hills Hotel
スーパー
Uchumi
Uchumiは巨大スーパー。
ほとんど何でもそろう。
J.A.C.II
Tuskerの缶ビールを買ってきて飲む。

（1）鈴木清（1943〜2000）。写真家。この年の3月に急逝した。

（2）1999年、パラマウント制作のアメリカ・カナダ合作映画。監督：ブルース・ベレスフォード。トミー・リー・ジョーンズ、アシュレイ・ジャッドらが出演。

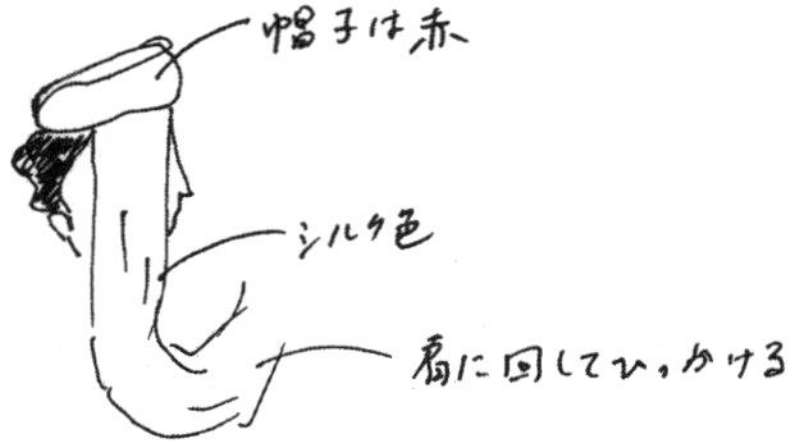

エミレーツ航空に乗り換え。２：10シンガポール発。５：30ドバイ着。ここで飛行機を乗り換えて７：10ナイロビに向けて出発。エミレーツ航空のスチュワーデスは赤い帽子。薄い布を顔の前にヴェールのように垂らしている。シルク状のマフラーを首に巻く。席に余裕があって、横になって眠れたのでよかった。

ナイロビに無事到着。上田栄一さん（3）が、奥さんのれい子さんと一緒に車で迎えに来てくれた。一緒にお茶。お土産のマロングラッセ、喜ばれる。

JACII（4）へ。学校は二〇年前よりは少し西寄りのNgong《ンゴング》 Road《ロード》沿い。立派になっていた。近くに大きなスーパーUchumi《ウチュミ》もある。

JACIIの人たちと会う。今期（49期）の学生は八名（男子三名、女子五名）。毎日新聞社を休職して来ている香取さんたちと、ケニヤケーン（5）を飲みながら話す。八人中四人がパソコンを持っている。慶應の学生の三田さんに頼んで、無事着いたとサユリちゃん（6）にメールを打ってもらう。

空いている男子学生の部屋に、荷物を置いて泊まることになった。

（3）上田栄一（1938〜）。JACIIの6期生としてケニヤに渡り、1989年から星野芳樹氏の後を継いで、スワヒリ語学院の運営にあたる。

（4）Japan Africa Culture Interchange Institute（日本アフリカ文化交流協会）。戦前は非合法活動で投獄され、戦後、参議院議員や『静岡新聞』編集主幹を務めた星野芳樹氏（1909〜1992）が、1975年にナイロビに設立した。日本人の学生がスワヒリ語を中心にアフリカ文化全般を学ぶスワヒリ語学院を併設。僕はその8期生として1979年9月〜1980年4月にナイロビに滞在していた。

（5）トウモロコシが原料のケニヤ産蒸留酒。

（6）土岐小百合。妻。アーティスト名は「ときたま」。

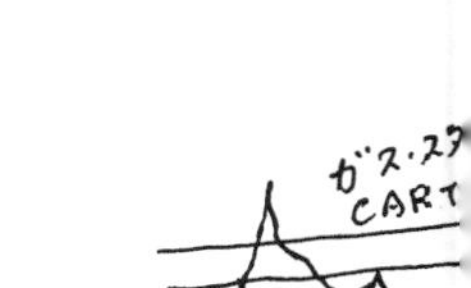

4月14日（金）

曇り空。朝5時半頃に目が覚めてしまう。7時半に起床。眠い。

午前中にハーリンガムのヤヤ・ショッピングセンターで、ポストカード（70ケニヤシリング［以下KS］）、アエログラム（35KS）を購入。Barclays《バークレイズ》 Bank《バンク》のATMでCity《シティー》 Bank《バンク》のカードが使えるのがわかる。

午後、JACIIの学生の松田君とダウンタウンを歩く。リバーロードの周辺は、ほとんど変わりなし。人が増えたのと、道路をあちこち掘り返しているのですごい砂埃。帰りにナイロビ駅の近くのThe《ザ》 Railway《レイルウェー》 Museum《ミュージアム》に行こうとしたが、人気がない道の後ろから車が一台ついてきて、追い越してまたUターンしてきたので、怖くて、慌てて引き返す。もしかするとドライビング・スクールの車？　過剰反応かもしれないと、後で笑う。

ナイロビ市内のKenya《ケニヤ》 Bus《バス》。行きは10KS。帰りは15KS。コンダクター（車掌）が車内を回って切符を売る。ただ乗りを防ぐため、混んでくるともう一人のコンダクターが入り口付近でチェック。

18：00〜。新旧交歓カレーパーティ。JACIIの5期生の市橋隆雄さん（長老

エアメールのシール

派教会牧師）、22期生で旅行会社のファルコン・トラベル勤務の上野さんなど。象のマークのタスカビールの味は同じだが、缶ビールも発売されていて驚く。

4月15日（土）

新学生のためのNgong《ンゴング》 Hills《ヒルズ》 Tour《ツアー》（7）に参加する。1985年に創設されたカレン・ブリクセン・ミュージアムは、ハリウッド映画の『Out《アウト》 of《オブ》 Africa《アフリカ》』（邦題は『愛と哀しみの果て』）の余波で観客多し。ブリクセン男爵夫人（作家名はアイザック・ディネーセン）を演じたメリル・ストリープが最悪だったことをあらためて確認した。

途中の検問所で女性兵士が乗り込んでくる。強盗が出るからとのこと。かなりの悪路。途中で降りてピークまで歩く。そこで休んでから車まで引き返し、おにぎり＋ソーセージ＋ゆで卵＋スプライトの昼食。

青空マーケットに立ち寄るつもりが突然のスコール。慌てて引き返す。ジラフ・パークでキリンを見て帰る。

9：00出発。帰ったのは16：40。

タスカビール

（7）ンゴング・ヒルズはナイロビ市内の南西に連なる小高い丘。マサイ族の聖地でもある。その麓でブロアとカレンのブリクセン夫妻がコーヒー農園を営んでいた。

夜、ＪＡＣＩＩの書棚にあった星野芳樹著『共産主義卒業の記』（土佐書房、１９４８年）をパラパラ読む。ムゼー（８）こと星野芳樹氏はやはりただ者ではない。敗戦直後に社会主義、共産主義の凋落をはっきりと見通していた。「マルキシズムは資本主義の病を分析する病理学としては優れている。ただそれ自身の中に目的のために手段を選ばないという病理現象が潜んでいる」と。うーむ。

4月16日（日）

コンノテツオ（9）と彼のオフィス（銀行？）に来ている。タカハシコーキ（10）もいて、シャッターが閉まったので、横の非常口から出ようとすると、コーキが壁に手をついて吐く（水のようなゲロ）。自分は長く諜報部員だったことを隠して働いていたが、今日それをやめた。それで安心したとのこと。床を大きなネズミのような動物が走り回っている。外（渋谷？）に出て、テツオとコーキとどこかで飲もうという話になる。帰りを考えると恵比寿のほうがいい。アウラ（11）も一緒にいたような気がする。

『星野嘉樹 自伝
静岡からナイロビへ』
リブロポート／ 1986

（8）Mzee。スワヒリ語で老人のこと、日本語の「長老」にあたる敬称として用いることもある。星野芳樹氏は、ナイロビではそう呼ばれていた。

（9）今野哲男。高校（仙台一高）の同級生。フリーの編集者。

（10）高橋広喜。高校の同級生。当時は同じ美術部員だった。当時はカード会社に勤めていた。

（11）土岐安麗。娘。当時は都立駒場高校の一年生。

カントリーバス・ステーションとその周辺のギコンバ・マーケット（12）を歩く。モンバサ行きのバスと鉄道の値段を調べる。Coastline《コーストライン》（バス）、650KS、Goldline《ゴールドライン》（バス、夜行のみ）、400KS。鉄道は二等車、2100KS、一等車、3000KS。かなり日に焼ける。帽子を買ったほうがいいかもしれない。

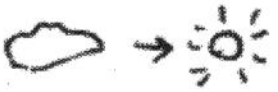

4月17日（月）

眉が繋がっている太ったメガネの男（髪は七・三分け）と、部屋で仕事をする。この男は、以前、女性にプロポーズしたときに後押し（助言？）したので僕のことを気に入っている。仕事は雑誌の切り抜きから、本を作るための記事をピックアップするというもの。挿絵入りの小説かエッセイ（以前「S&Mスナイパー」誌に連載していた記事かもしれない）。選択の基準は絵と文章とのバランス、というようなことを僕が主張する。

Kさんから手紙が届く。僕が出したポストカードの住所が間違っていたことが判明。Barclays《バークレイズ》 Bank《バンク》でトラベラーズ・チェックを替えようとしたら発行証明書が必要と言

（12）ナイロビ・リバーの周辺に広がるナイロビ最大の青空マーケット。ありとあらゆるものを売っている。

われる。困った。
今日も学生さん三人（香取さん、キョーコちゃん、松田君）を引き連れてギコンバ・マーケットに行く。日除けの帽子を買う。150KS。ライオンマークのサファリ帽。マラリアの薬（METAKELFIN《メタケルフィン》）も。モンバサ行きの鉄道のチケット（二等）が取れる。4月19日に出発の予定。その後Iqbal《イクバル》 Hotel《ホテル》（13）でチャイを飲む。

4月18日（火）

JACIIでレクチャーを頼まれて、ムゼーのことなどを話す。市内のStandard《スタンダード》 Bank《バンク》でトラベラーズ・チェックを替えたら、どういうわけか別に証明書は必要なかった。Kenyatta《ケニヤッタ》 Ave.《アヴェニュー》のJapan《ジャパン》 Information《インフォメーション》 Center《センター》に立ち寄り、4月16日付の『朝日新聞』を読む。横浜、巨人、ともに八勝四敗。

4月19日（水）

19時発の二等列車でモンバサに向かう。今はまだ駅に停車中（発車10分前）。車内

（13）リバーロードの安宿。以前はヒッピー旅行者の溜まり場だった。東アフリカでは、ホテルやゲストハウスの一階は食堂になっていることが多い。

モンバサ行きの列車のチケット

は蚊が多そう。何匹か潰す。昨日Uchumi《ウチュミ》で買った蚊除けクリームを腕に塗る。ナイロビはかなり物騒になっている。バス・ステーションや駅までもタクシーで行かなければならない。二〇年前は夜でも歩いて行ったものだが。

コンパートメントの相客はインド人の親子。こちら側はいい身なりのケニヤ人が二人。隣のチェックシャツの兄ちゃんが、腕に止まった蚊を潰す。

二等車のディナーはなかなかいい。食堂車に行くと、白いユニフォームの給仕がスープからデザートまでちゃんとサーブしてくれる。メインは肉、魚、ベジタリアンのどれかを選べる。味はまあまあ。食事時のビール、ワイン、ソーダ飲料は別料金。

窓の外に巨大な月。汽車とともに走る。

4月20日（木）

6時過ぎに鐘で起こされる。朝食（コーヒー＋オレンジジュース＋トースト＋卵料理＋ソーセージ＋トマト）は夜明けのサバンナの景色を見ながら。ちょっと高いけれど、やっぱり鉄道はいい。よく眠れた。

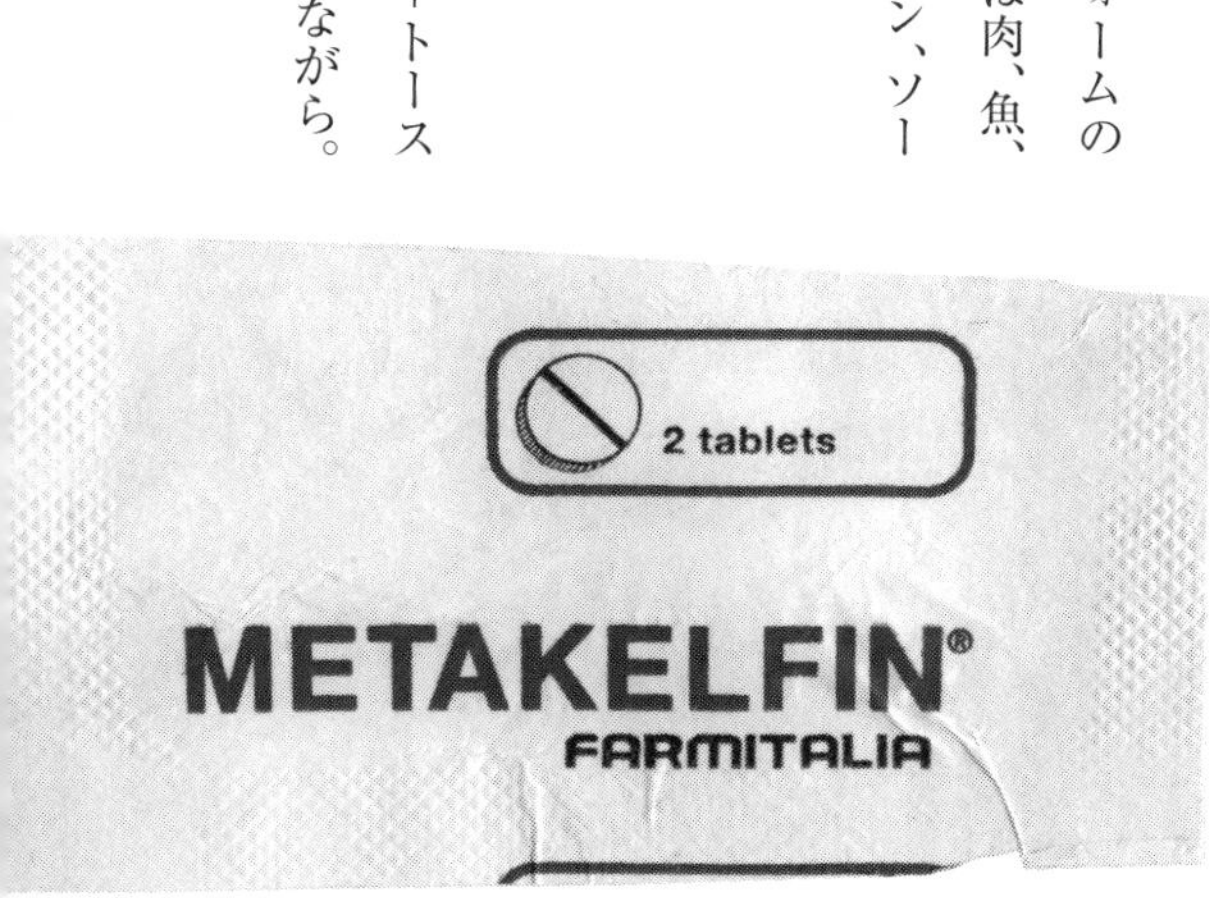

マラリアの薬

モンバサ駅から街の中心のDigo《ディゴ》 Road《ロード》までタクシー。ひと休みしてチャイを飲んだAl《アル》 Nasser《ナセール》 Hotel《ホテル》を宿に決める。シングル２８０KS。だが、ダブルが空いていたので同じ値段でOKとのこと。トイレ、シャワー付きで、水はちゃんと出る。モンバサの街もだいぶ人が増えた感じ。

昼寝をしていて金縛りにあう。その時に見た幻影。巨大なネズミ（アルマジロ？）のような動物。体全体が極彩色のパッチワークのようなもので覆われている。「これは何？」「蛙だよ」。

ホテルの向かいの家の窓の向こうに、猿を飼っているのがシルエットで見える。夜、ピラウ＋ムシカキ＋ムカテ・ヤ・マヤイ（14）にチャイとコーク。大量に食べてお腹いっぱいになる。

4月21日（金）

石元泰博さん（15）の作品集『HANA』について書評の原稿を頼まれ、プロットを

（14）Pilau＝ピラフ、Mushikaki＝串に刺した焼肉、Mkate ya mayai＝小麦粉を薄く伸ばし、トマト、ひき肉、玉ねぎなどをパイのように包み、卵を落として焼き上げる、東アフリカ・インド洋沿岸部（Swahili）の料理。

（15）石元泰博（１９２１〜２０１２）。写真家。アメリカで生まれ、シカゴで写真を学ぶ。１９６９年に日本国籍を取得。『HANA』（求龍堂、１９８８年）は、モノクロームの花のクローズアップの写真集。

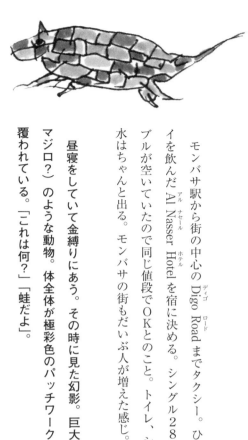

考える。夢を見ながら、こんなところまで来て仕事をしなければならないのかと、ひどく損をしたような気分。

　モンバサにもう一泊するか、それとも北に向かってマリンディまで行くか。そうなるとソマリアとの国境に近いラム島（16）まで行きたい気持ちもある。モンバサも人が増えてワサワサしている。旧市街《オールドタウン》以外は面白くない。

　昨日、暑くてうっとうしいので、思い切って髪を刈ってもらった。Jamuhuri《ジャムフリ》 Park《パーク》の向かいの感じのいい床屋。１００KS。寿司屋の兄ちゃんみたいな感じに仕上がる。

　フォート・ジーザス（17）のNational《ナショナル》 Museums《ミュージアム》 of《オブ》 Kenya《ケニヤ》で、スワヒリ語でチケットを買ったら、レジデントか、と問われた。つい違うと言ってしまったが、もしかしたら安く入れたかも。観光客値段は２００KS。

　午後、暇なのでDigo《ディゴ》 Road《ロード》からNkuruma《ンクルマ》 Road《ロード》に入ったところの映画館（Kenya《ケニヤ》 Cinema《シネマ》）でインド映画を見る。一階席１００KS。『Gang《ギャング》』、四人組のチンピラの話、歌あり、笑いあり、活劇ありと盛りだくさんだが、例によって長いので、途中の休憩で出てきてしまった。

（16）Lamu Island。ケニヤ東海岸の北部の島。リゾート化が進んでいるが、東アフリカのスワヒリ文化の宗教、文化、政治の中心地の一つだった。旧市街のメインロードは、人がようやくすれ違えるほどの狭さで、主な交通手段はロバ。

（17）１５９３年にスペイン王、フェリペ二世の命で建造された砦。当時、モンバサはスペインとポルトガルに共同統治されていた。

NATIONAL
MUSEUMS OF KENYA
NATIONAL MUSEUMS OF KENYA
ONTRIBUTION: KShs. 200.00
We are grateful for your contribution towards
the cost of running this organization.
Thank you.
NMK(FJM) No. 187333

National Museums of Kenya のチケット

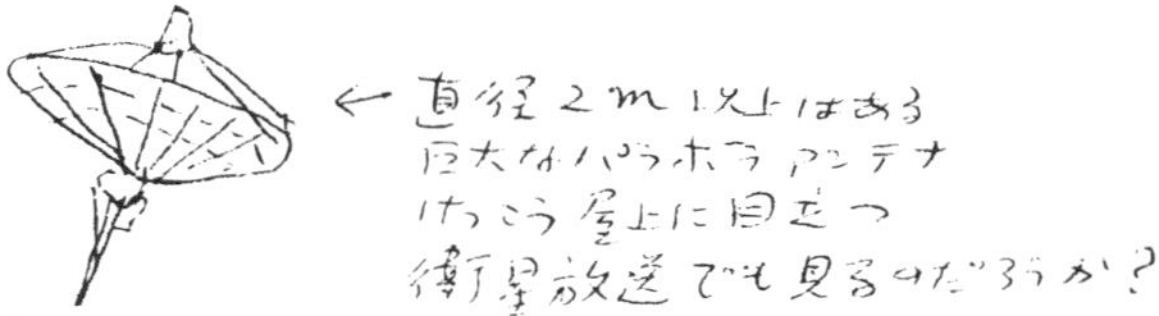

今日泊まっているのはHermes《ヘルメス》 Hotel《ホテル》という中級ホテル。９００KSとちょっと高めだが、エアコンがついている。西陽がガンガン射し込むので、もしエアコンがなかったら相当暑かったはずだ。明日、マリンディに向かうことにする。こうなったらやっぱりラム島まで行ってみるか？

新聞（『Standard《スタンダード》』4月21日付）によると、昨日の夜中の12時過ぎに、ヴォイの近くのモンバサ・ロードで、バスがタンクローリーに衝突して七〇人の乗客が死亡したとのこと（うち二一人は子ども、二三人が女性）。ちょうど列車でモンバサに向かっている頃。ブルブル。

夕食はホテルの近くのSplendid《スプレンディド》 View《ヴュー》 Café《カフェ》。ここのチキンマサラは絶品。ワリ（ライス）、ムシカキ、チャイ込みで３３５KS。

4月22日（土）

モンバサからマリンディへ。バスが途中のキリフィで検問に引っかかりマタトゥ

Kenya Cinema のチケット

（18）Matatu。東アフリカでは最もポピュラーな交通手段。トヨタのハイエースバンなどを改造して、乗客を詰め込み、乗合バスとして街と街とを結ぶ。

（18）に乗り換える。ライセンス（?）が切れていたとのこと。料金100KSのうち、50KS返してもらう。

マリンディに着いたら、変なじいさん（英語しか喋らない）につかまり、遠くのホテルに連れて行かれそうになったので自分で探すと断る。海の近くのOzi's、朝食付き450KS。小綺麗で悪くないが、お客がほとんどいないので暇そう。いまはオフシーズンで、観光客もバックパッカーもほとんどいない。明日、ラム島に向かう予定でバスを予約する。Tawfiq《タウフィック》 Bus《バス》 Service《サーヴィス》。7：30集合、8：00出発、350KS。バス会社の兄ちゃんのTシャツにプリントされていた言葉。「Mimi《ミミ》 ni《ニ》 Mmoja《ムモジャ》 Wao《ワオ》（我は一人行く）」。

4月23日（日）

東京で田村彰英さん（19）の新作展。「あれ、なんでここにいるの?」「幽体離脱して来たんですよ」「生霊ってやつだね」。床に絡まった髪の毛の塊が落ちている。

いろいろあって疲れた日。マリンディからラム島へのTawfiq《タウフィック》 Bus《バス》は、ドライバー

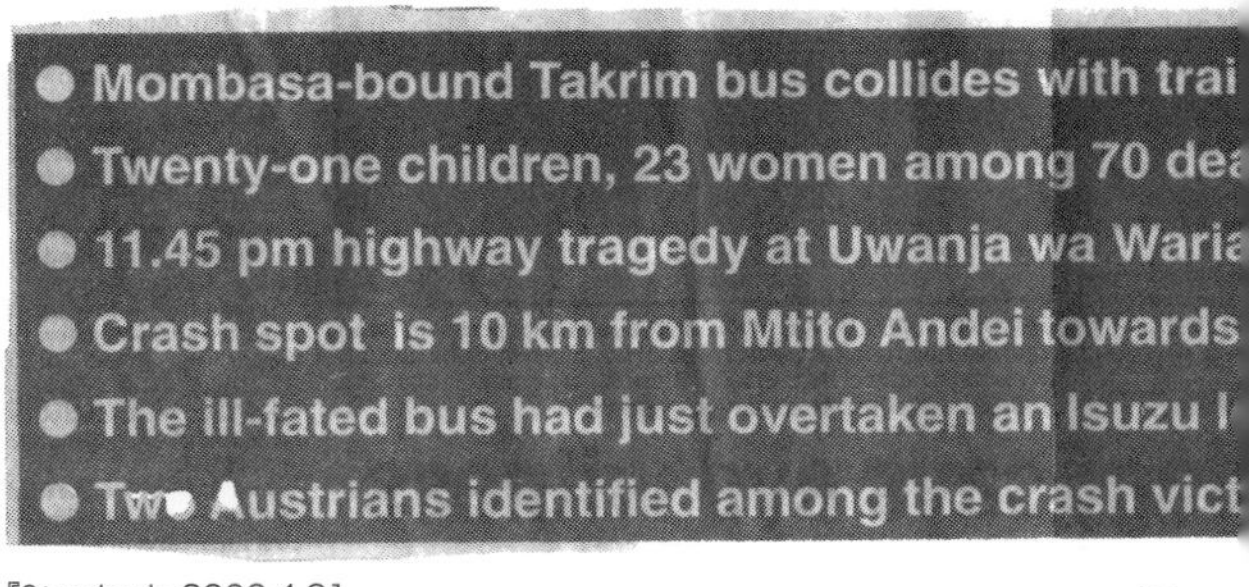
● Mombasa-bound Takrim bus collides with trai
● Twenty-one children, 23 women among 70 dea
● 11.45 pm highway tragedy at Uwanja wa Waria
● Crash spot is 10 km from Mtito Andei towards
● The ill-fated bus had just overtaken an Isuzu l
● Two Austrians identified among the crash vict

『Standard』2000.4.21

（19）田村彰英（1947〜）。写真家。被写体の選択、切り取り方に独特の角度がある。

の隣のエクストラ・シート（E1）で、とても楽だった。フロントガラスにヒビが入っているので、近くの男の子に弾痕なのかと訊いたら、違うと言う（悪路で石が飛んだのか?）。最近、武装強盗は出ない。一年前に一件あった（おいおい）。バスには銃を持った兵士が三人乗り込んでいる。

マリンディからタナ川を超えたウィトゥくらいまでは快適な舗装道路。そこを越えると例の洗濯板になる。五時間半ほど揺られて、1時半頃に対岸のモコウェ着。そこから乗合のフェリーでラム島に渡る。ラムは、見た目は以前と変わりないが小綺麗なホテルが増えている。

またまた客引きのムゼー（でも歳は僕と同じ）につかまって、Lulu《ルル》 Guest《ゲスト》 House《ハウス》というところに連れ込まれる。朝食なし300KS。メインロードからちょっと奥まっているが、なかなか気持ちがよさそうなので五泊分先払いする。

ところが、鍵のかかり具合を見ようと、外に出てドアを閉めた途端に開かなくなる。しかもスペアキーはない。受付のボーイのトミーが、どこからか梯子を借りてきて、窓から長い棒を入れてベッドの上に放り出していた鍵を引っかけ、ようやく取り出すのに成功する。その間、約一時間。どっと疲れが出る。

Tawfiq Bus のチケット

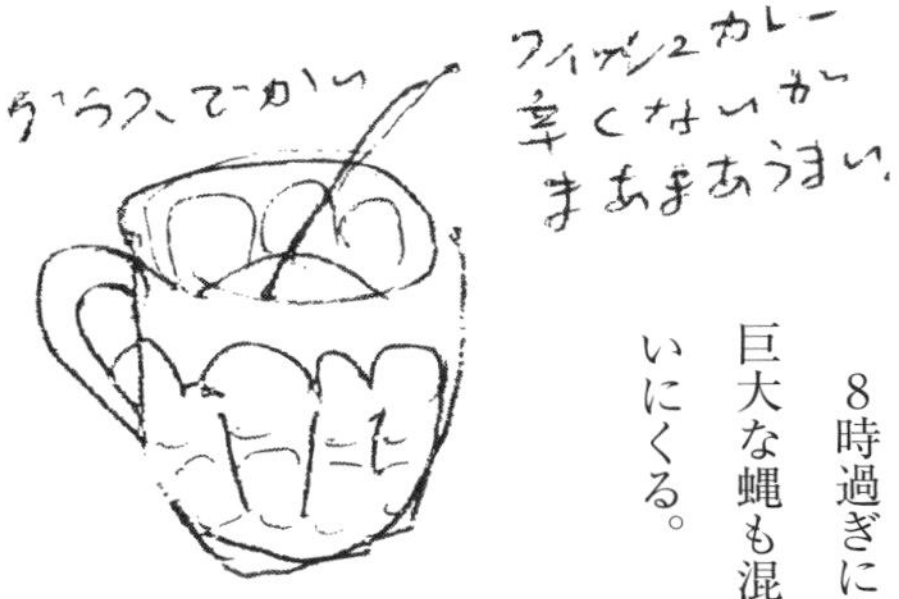
グラスでかい
フィッシュカレー
辛くないが
まあまあうまい

それでも、ラムはやはり居心地がいい。しばらくのんびりするつもり。おなかがすいたので、メインロードのSea《シー》 Front《フロント》 Cafe《カフェ》でフィッシュカレー&ライス（120KS）+パッションフルーツジュース（50KS）。味はまあまあ。

4月24日（月）

昨日の夜、19時半頃に突然停電。トミーが石油ランプを持ってくる。21時半頃に復活。さすがに疲れていたらしく、一〇時間ほど寝て、7時半頃に起きる。

8時過ぎに街に出てチャイとマンダジ（20）。美味しいけれど、蝿が異常に多い。巨大な蝿も混じっている。白い帽子《コフィア》、紫色の長衣《カンズ》の美少年が、台所に火種をもらいにくる。

フォート・ラムの前の広場で軽業師の一団のパフォーマンスを見る。10KS。観客は一〇〇人余り。けっこう賑わっている。男が金属の器を相手の股間に当てるとおしっこが溜まる。捨てても捨ててもまだ出てくる（これで笑いをとる）。あとは、少年一人を含む五人の軽業。人間ピラミッド、バク転などのアクロバット。掛け声は

（20）Mandazi（Andazi）。甘みのある揚げパン。

「Makofi《マコフィ》 makofi《マコフィ》 pigeni《ピゲーニ》 makofi《マコフィ》, wapeni《ワペーニ》 makofi《マコフィ》（拍手を、拍手を、どうぞ拍手をください）」。その後、火吹き男。火の輪くぐり、パントマイムなど。進行が悪く、観客がだんだん飽きてくるのが伝わる。

ラム・タウンの海に面しているレストランは高い。Hapa《ハパ》 Hapa《ハパ》。ブラウンカレー＋オムレツ＋チャイ。３７０KS。美味しいが客は少ない。

4月25日（火）

毎日、よく晴れている。雨季はまだなのだろうか。Kさん、Mさん、Tさんなどに手紙を出す。

シェラ・ビーチまで歩く。陽射しがめちゃきつい。帽子が絶対に必要。砂浜を猫が歩いている。暑くないのか？　ビーチで休んでいると、氷と冷たいドリンクを売る少年が話しかけてくる。お金を稼いで学校に行きたい。ちょっとセンチメンタルな気分になって、スプライトを買い求める。

ラム・タウンに戻って、Sea《シー》 Front《フロント》 Cafe《カフェ》で豆とライス、パッションフルーツジュース。ケニヤ航空のオフィスの中のWhispers《ウィスパーズ》 Cafe《カフェ》はまさに別世界。もちろん冷房付き、

高い壁に囲まれた中庭。お客はほとんどMzungu《ムズング》(白人)。なんとアイスコーヒー一杯、
120KS！　たまに来るのは悪くないけど。

夕方、港の近くの海をただただ泳いでいる男。珍しい。

今日も停電。ランプの光で書いている。サユリちゃんのことを考える。

ランプの光は人を内省的にする。

4月26日（水）

昆虫男。長い触覚。巨大な複眼に蝉のような羽根。体にテントウ虫のような斑点がある。デパートの屋上で上演している「仮面ライダー」ショーの出演者らしい。

一日滞在を伸ばして、土曜日に出発するかどうか迷っている。朝食はBush《ブッシュ》 Gardens《ガーデンズ》で、フルーツサラダ＋トースト＋フライドエッグ＋チャイ。
Swahili《スワヒリ》 House《ハウス》 Museum《ミュージアム》に行く。スウェーデン大使館

昆虫男のヴァリエーション

の援助で1988年に完成。一八世紀の典型的なスワヒリ（ケニヤ、タンザニアのインド洋沿岸地方）の一〇人家族の暮らしを再現。200KSはちょっと高いけれど、けっこう気持ちのいい場所。

一人でいると、食事時に困る。おしゃべりする相手が欲しくなる。一つの場所に一週間もいると飽きてくるし、刺激も欲しくなってくる。やっぱりそろそろここも切り上げて、予定通り金曜日に移動しようか。

夜はBush《ブッシュ》 Gardens《ガーデンズ》でシーフード・パスタというのを頼んでみる。海風が心地よい。外でロバがブヒブヒ。「ロバはうまいよ。今晩どう?」主人が冗談を言う。本当にうまいのか? バックグラウンド・ミュージックはモーツァルトの40番。海が暮れてきた。

4月27日（木）

お客は相変わらず少ない。リゾート化しているシェラ・ビーチに観光客をとられているのだろうか。

泡のように、はかない甘さのキャンディ
←
包み紙の色は違うが全部同じ味。

今日もよく晴れている。新聞によると、ケニヤの沿岸部の雨季は遅れ気味のようだ。ナイロビではけっこう雨が降っているらしい。

朝食はNew《ニュー》 Masry《メイスリー》。チャイ二杯。Viazi《ジャガイモ》のサモサ。ラムの人たちは、何か言う前に「Angalia《アンガリア》(英語のAttention《アテンション》)」と言うことに気がつく。ナイロビでは使わない言い回し。

Tawfiq《タウフィック》 Bus《バス》のオフィスでマリンディまでのチケットを買う。３５０KS。どうやら席によってチケットの値段が違うようだ。３００〜４００KS。6時にフェリー乗り場に集合。6時半出発。対岸のモコウェ発は7:00。

トミーに頼んで、明日5時半に朝食を作ってもらうことにする。ちゃんと起きられるかしら。いよいよ、明日でラム島も最後の日。

夜はカランガとチャパティ(21)で〆る(高級ホテルのPetley's《ペトリーズ》 Inn《イン》の隣のレストラン)。カランガもいろいろ食べたけど、やっぱりチャパティと合う。チャパティをちぎって浸して食べるのが好きだ。

4月28日(金)

写真学校に入学して、隣の席の学生と話をする。「実は僕はけっこう年を食ってい

(21)Karanga na chapati。カランガは牛肉とジャガイモ入りのトマト・シチュー。東アフリカの代表的なメニューの一つ。小麦粉を薄く伸ばして焼いたチャパティはインド料理だが、ワリ(ライス)やウガリ(トウモロコシ粉を練ったもの)と同様に、シチュー系の料理の付け合わせとなる。

るんだ」。先生が中国の無錫《むしゃく》（?）の航空写真をスライド上映して見せる。「あれは写真じゃなくて、印刷物だね」「授業料も高いし、設備も悪い。この学校はやめたほうがいいんじゃないかな」「うん、そうだね」。

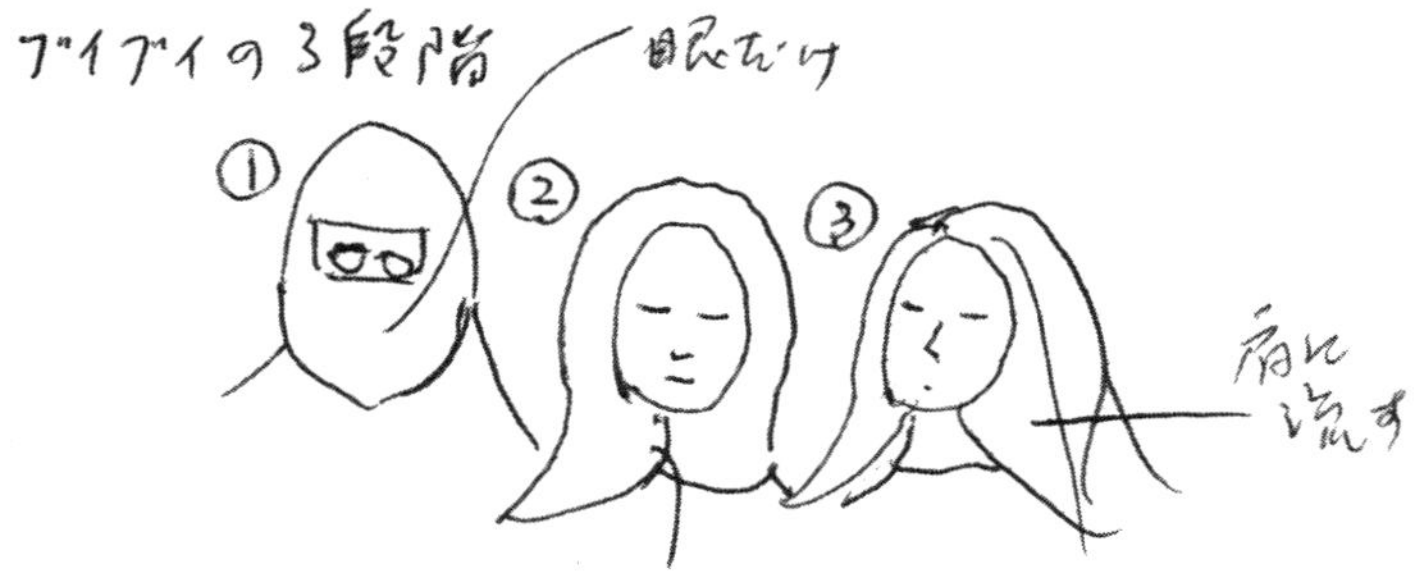

5時半にトミーに朝食を作ってもらうはずが、案の定、寝坊している。起こして急いで作らせる。マンゴー（美味しい）＋フライドポテト＋チャイ。

モコウェのフェリー乗り場で見かけた三人の美女《マドンナ》たち。ブイブイ（22）の着用の仕方に三種類あることに気がつく。

①左のアフリカ系の女の子、目だけを残してあとはすっぽりと顔全体を覆う（陽気な感じ）。

②中央のアラブ系の細面の子、顎の下でヴェールを結ぶ（やや薄幸そう）。

③右の黒人とアラブの混血らしい子、ヴェールを結ばずに肩に流す（落ち着いたお姉さんという感じ）。

（22）Buibui。「蜘蛛」という意味。ムスリムの女性が着用するヴェールをスワヒリ語ではそう言う。強いコントラストを描く光と影の合間をすり抜けていく様は、まさに蜘蛛女のようだ。

7時過ぎにモコウェを出発。帰りのバスはすごく早い。10時半にはマリンディに着いてしまった。カフェでひと休みして、そのままモンバサに向かうことにする。マリンディの手前からかなり激しい雨。折り畳み傘が初めて役立つ。こちらは完全に雨季に入っているようだ。バス待ちのとき、雨宿りしていたマラヤ（23）のお姉さんの一人に話しかけられる。名前はルーシー。ファンタをおごって世間話。100歳のおばあちゃんがいる。

マリンディからKenya《ケニャ》 Bus《バス》でモンバサに向かう。途中のキリフィを過ぎたところで、なぜか警官に全員バスから降りるように命じられる。まったく意味がわからない。周りの人に聞いても要領を得ないので、ちょうど来たマタトゥに乗り換えてモンバサへ向かう。

モンバサは完全な土砂降り。ハイレ・セラシエ・ロード沿いのGlory《グローリー》 B&B《ビーアンドビー》。朝食、バスルーム付きで600KS。

駅で4月30日のナイロビ行きの列車のチケットを購入する。二等車、2100KS。

椅子の背もたれのデザイン

(23)Malaya。娼婦。Kazi ya tembea(ぶらぶら歩きの仕事)という言い方もあるらしい。

ブイブイ

この街の女たちの多くは、黒ずくめの衣装を身にまとっている。顔と手足の先を除いては、全身を薄い黒布で被い、優雅な、超然とした身のこなしで、旧市街の小径を光から影へ、影から光へと、滑るように進んでいく。最近はショールだけは別な色にしたり、ジーンズやTシャツの上に申し訳程度に黒布を巻いたりするなど、簡易化も目立つ。それでも、目だけを残してあとは全身真黒という、イスラム世界の正統的なファッションも、まだかなり多く見られる。

この黒い衣装を、スワヒリ語ではブイブイ（buibui）と称する。ブイブイとは蜘蛛という意味だ。たしかにほっそりとした若い女が、黒い衣装に身を包んで、長い手脚をくねらせるようにして道を行く様は、黒蜘蛛を思わせるものがある。これら蜘蛛女たちの一団と小径ですれ違う時など、自分がその毒牙に狙われている虫のような気がして、つい身をすくめて道を譲ってしまう。彼女たちが通りすぎたあとには、さまざまな香水が混じりあった匂いが、しばらくは残像のように漂っている。

ブイブイを身にまとう習慣は、家の外では女性の体をなるべく人目にさらさないようにするという、

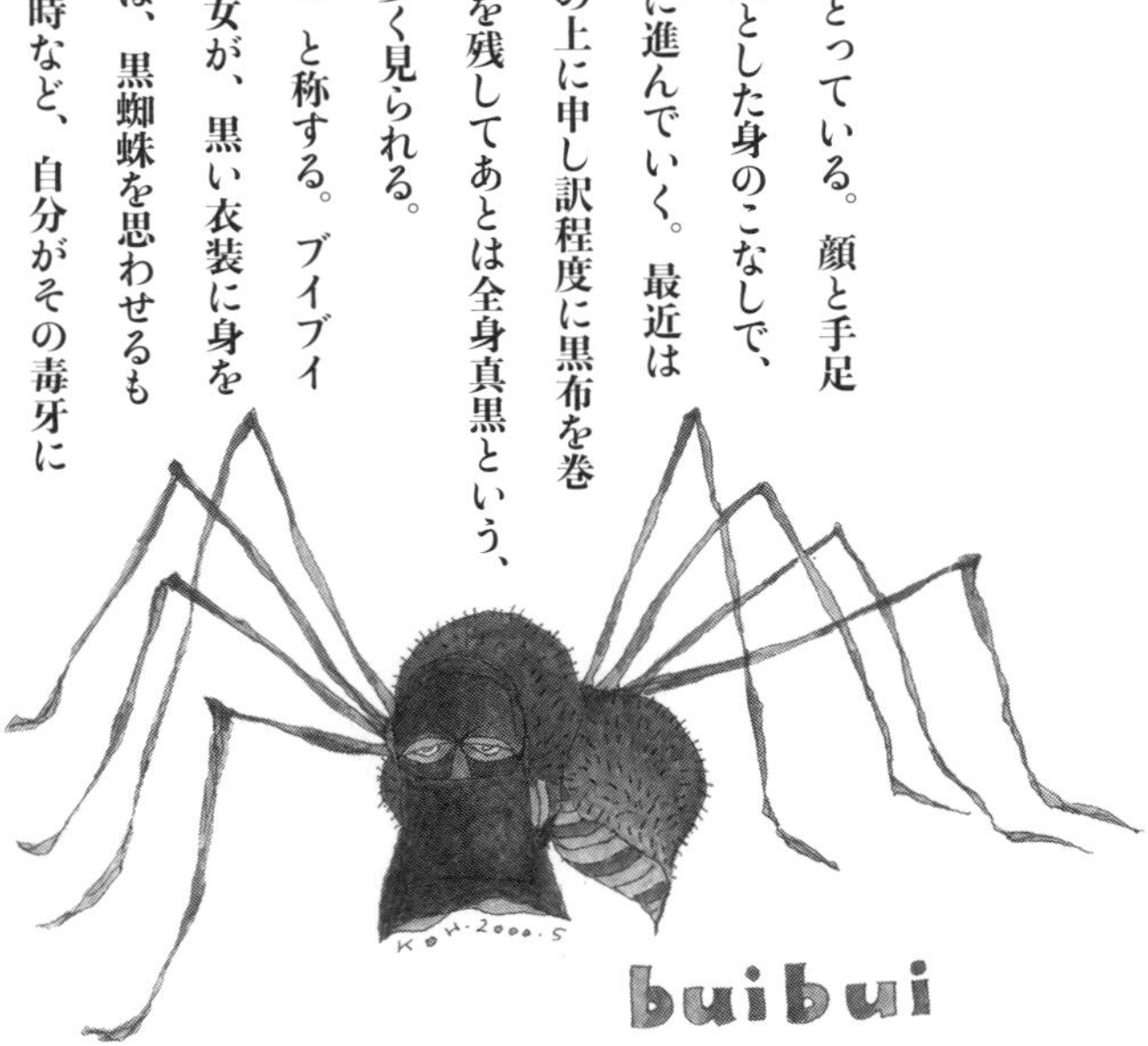

イスラム教の戒律に基づくものである。だが、ブイブイに限ってみれば、その配慮はまったく別の効果を及ぼしているように思えてならない。つまり、黒布を巻きつけた女性の体は、よりくっきりと、残酷なほどにそのシルエットをあらわにしてしまうからだ。

素晴らしいプロポーションの若い娘は、ブイブイによってさらにその魅力的な体の曲線を強調できる。彼女たちのブイブイは、さりげなく華麗な金糸銀糸の装飾模様で縁取りされている。反対に、みっしりと腰の周囲に肉がついた、背の低い中年の女は、その平蜘蛛のような体型がより目立ってくる。覆い隠すことによって、性的な欲望が逆に亢進するというエロティシズムの原理が、ここでも働いているというべきだろうか。

この街で最初の頃に泊まっていたR―ホテルは、一般客だけではなく、恋人たちの逢い引きの場所も兼ねていた。時折、男女のカップルがショートタイムで部屋を借りては、数時間後に出て行く。暑気払いで開け放したドアの隙間から、また階段の途中などで、偶然彼らの姿を見かけることがあった。男は普通の格好なのだが、女は必ず目以外は全部被ったブイブイを身につけている。なるほど、ブイブイにはこういう効用もあるわけで、男女の、特に女性の秘密を守るにはもってこいというわけなのだ。

これらの男女の姿を目にした時には、当然ながら彼らの室内での行為に想像を巡らすことになる。あの体にぴったりと貼り付いたブイブイを脱がせて、人目にさらされることのない肉体があらわになる瞬間のことだ。このイマジネーションの強制力は相当のもので、おそらくムスリムの男たちは、そのためにこそ戒律に名を借りて、女たちがブイブイを着るように仕向けたのではないだろうか。エロティシズムとは欲望の水位の問題であり、その落差が大きければ大きいほど、リビドーの発動も高まるのだ。

その夜に見た夢。私はブイブイを身にまとった恋人とともに、R—ホテルの階段を上って行く。三階の奥の部屋の南京錠をがちゃりと開け、ほの暗い室内に彼女を連れ込む。ベッドに腰を下ろし、焦ることはないと自分に言いきかせながら、その手を取り、こちらに引き寄せる。いよいよあの瞬間だ。魔法のようにするするとブイブイの布がほどけ、彼女のブロンズ色に輝く肉体が目の前にあらわれる——はずだった。

ところが、そこには何もない！　文字通りの空虚。室内の薄闇よりももっと濃密な、黒々とした闇が広がっているだけだ。

顔を被っていたベールがはらりと床に落ちた。そこには双つの目だけが宙に浮いている。濡れたような長い睫毛が、二度、三度と開いては閉じられ、ぷよぷよとした眼球が紅玉のような光を放って、しばらくこちらを射すくめるように見つめている。最後に、目は片方ずつゆっくりと閉じていって、部屋は完全に漆黒の闇に覆い尽くされ、強いムスクの香りだけが、いつまでも、ずっと消えることなく漂っている。

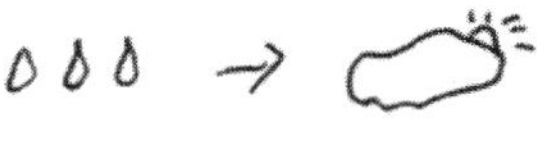

4月29日（土）

（夜中に目覚めたときの夢）若者が女に結婚を申し込む。女がこう言う。「この美しい石を〈氷の炎〉と名づけて、でもそんなことは誰にも言えずに墓まで持っていくつもりだったけれど、ようやくその名前をあなたに告げることができる」。二人とも泣く。

今日も雨。完全に雨季に入った。ところがシャワーの水が出ない。このホテルは鬼門かも。

スーパーで殺虫剤のスプレーを買う。All《オール》 Insects《インセクツ》 Killer《キラー》 の SUPER《スーパー》 DOOM《ドーム》。どうも南京虫がいるような気がして、ベッドのマットの下に撒いておく。そのせいか虫は出なかったが、背中が痒い。汗疹《あせも》らしい。天花粉《シッカロール》を買わなくては。水が出ないので下からバケツで汲んでくる（トイレ用）。揚水ポンプが故障しているらしく下の水道の水は出る。

午前中にすごいシャワーが二回来て、カフェ Blue《ブルー》 Room《ルーム》 に逃げ込む。夕食は Splendid《スプレンディド》 View《ヴュー》 Cafe《カフェ》。こ

SUPER DOOMのレシート

このカレーはやはりうまい。今夜はフィッシュ・カレー。ナンがあることがわかったので、次回はナンで食べたい。

水は相変わらず出ない。朝からポンプを直しているのに。バケツで水浴び。汗疹状態の背中に、買ってきた天花粉をつける。

4月30日（日）～5月1日（月）

夜明け前にアザーン（礼拝の呼びかけ）で叩き起こされる。起きる前に、続けざまに見ていた夢。

1.温泉。お湯から上がって体を拭こうとしていると、上田さんを含む一行が何やら深刻な顔をして帰ってくる。上田さんはレインコートを着ている。

2.同じ温泉らしい。タナカさんという若い女の子が着替えている様子をチラリと見てしまう。タナカさんが出てきて、就職活動の相談をする。何か弁当のようなものを作る会社。連絡先を訊かれて「僕は携帯を持っていないんだけど」と言いながら、黒くて長いバッグを探って名刺を取り出そうとする。

3.タクシーとマタトゥのあいのこのような乗り物。男たちの一団と空港（羽田空

Night bus ride was hel

I travelled to Nairobi from Kisumu last November 16 by the Shaggy Bus Company's *Heartbeat* bus, but the night journey was a nightmare for me.

To start with, the foul-mouthed, toothless ticketing agent manhandled me. He was at the bus entrance and shoved and pushed me in the stomach at about 7 pm when the bus arrived from Bondo. I protested peacefully.

I sat for one hour and left briefly, for about 10 minutes, to make a phone call. I came back to find the ticketing agent had given my seat to someone else.

I demanded my seat back and the ticketing agent threatened me with violence and told me to look for a seat elsewhere. By this time there were more than 20 standing ... in the overloaded bus

or so. By 8.30 pm, the bust had not left.

More standing passengers were being taken in, with no definite departure time set.

I demanded a refund of my fare so I could take another bus. I was rebuffed and the agent briefly disappeared, leaving me with no alternative but to stay on the bus.

I was given the conductor's seat by the door, which I reluctantly took. However, the other ticketing agents harassed me, demanding that I vacate the seat for them.

Who pays the conductor's salary, anyway? Is it not the long-suffering passengers?

I was finally moved to a seat near a bare window that was covered in torn polythene. The result is that I developed something like pneumonia, which my doctor ... to the cold air

journey, the driver played very l... switching it off every time we ... police check. But no police ev... the bus. I do not know whether ... chance or by design.

I demand an apology for the ... contract and the inhuman treat... and other passengers received. ... ble of collecting details of other... who were on that bus and who ... ly, if not more, aggrieved.

I demand from the bus ... Sh2,300 for medical expenses ... for tax fare, which I incurred a... the breach of contract by the b...

The compensation shall be ... church or charitable organis... choice.

「地獄の夜行バス」
『DAILY NATION』
2000.4.29

港?）から広尾に向かう。男の一人が、降りたいという意思表示に車の天井をコインで叩く。扉を開けて、まだ走っている車から飛び降りてしまう。

4.前と同じ温泉か？　ずらりと写真が貼ってある。「大住居」という名前の雑誌の編集部員が、並んで写っている写真がある。真ん中の男が「年間御利用十萬圓也」と書かれた札を持っている。

朝方にまた大雨。ホテルを無事チェックアウトし、Blue《ブルー》 Room《ルーム》でチャイ。昼食はチキンバーガー＋サモサ＋パッションフルーツジュース。どうも朝からお腹の調子が悪い。正露丸を二錠飲む。回復するといいけど。

昨日から、小学生用のノート（3KS、異常に安い。）に、ＪＡＣＩＩの学生さんたちのために「SAFARI《サファリ》 YA《ヤ》 PWANI《プワニ》（海岸地方の旅）」という旅行記を書いている。さすがプロの仕事。なかなかいい出来ばえ（自画自賛）。

夜まで時間がたっぷりあるので、またKenya《ケニヤ》 Cinema《シネマ》でインド映画を観てしまった。これがなかなかの拾い物。『HADH KAR DI AAPNE（24）』。インド映画には珍しく、ヨーロッパで撮影し、スイスの美しい山並みを舞台に、顔立ちの濃いインド人男女が

（24）『HADH KAR DI AAPNE（限界を越える）』、2000年公開のインド映画。監督：Manoj Agrawal、主演：Govinda, Rani Mukerji。

『サウンド・オブ・ミュージック』みたいにうたい踊る眺めがかなりシュール。話もテンポが早く飽きさせない。インド映画のニュー・ウェイブか？市内から駅までタクシー。１５０KS。交渉次第では１００KSまで下がりそうだが、やる気が出ない。お腹はなんとか保っているが、旅の疲れが出ているのだろう。

モンバサ駅を無事出発。コンパートメントの相方は、キスム在住の変なフランス人（ウッディ・アレンみたい）とロンドン在住のウガンダ人、それと、太ったケニヤ人のおっさんと僕という奇妙な組み合わせ。楽しく過ごす。

夜のディナーで、太田貴子さんというモンバサ在住の海外協力隊の女性と、キクユ族（25）の綺麗なお姉さんと同席した。太田さんは、元は旅行会社で働いていて、モンバサの学校でツーリズムを教えている。フォート・ジーザスに、小林さんという写真家の協力隊員もいるという話。

朝、ナイロビ駅からタクシーに太田さんと相乗り（３００KS）して、ＪＡＣＩＩへ。今日はLabors《レイバーズ》 Day《ディ》の祝日で、学校が休みなのをすっかり忘れていた。香取さんとキョーコちゃんが食事当番をしていた。相変わらず胃の調子が悪い。早めに寝る。

（25）Mkikuyu（キクユ族）。ナイロビ周辺をホームランドとするケニヤ最大の部族。ヴィクトリア湖沿岸のキスム周辺のルオ族と、政治の中枢を巡って争いを続けてきた。

小学生用ノートのレシート

二章　キタレの魚

［ナイロビ→キスム→エルドレット→キタレ→ナクル→ナイバシャ→ナイロビ／マチャコス→ナマンガ（タンザニア）→アルーシャ］

5月2日（火）

胴体が腰のところで斜めにつながっている黒人のシャム双生児（男の子）。ムスリムが着る白い長衣《カンズ》を着ている。一人の体は空中に浮いているように見える。

胃の調子悪し。ケニヤ製のTumbocid《トゥンボシッド》という胃腸薬を試してみる。Tumbo《トゥンボ》は胃腸という意味だから、なんだか効きそう。日中はJACIIでゴロゴロしていた。

アウラからFAXあり。

〈飯沢耕太郎様——近況報告
死んでません　病気じゃありません
壊れてません　破滅してません
そんなに変わってません　まるっきり変化ナシじゃありません
不幸じゃありません　貴方はどうでせう——？〉いかにもアウラらしい文章。

『NATION《ネーション》』紙（5月2日付）の記事によると、ケニヤ西部、ニャンダルア地方のオル・ジョロ・オロクの住人たちは、飢えてカバを殺して食べている。北部のイシオロの近

「夢の双生児」

辺では、ボラナ族とソマリ族が衝突。死者四〇人以上。ケニヤの西北部はかなりヤバい状況のようだ。

5月3日（水）

昨日からＪＡＣＩＩの水の出が悪い。洗濯、シャワーが禁止になる。古い住宅地で配管が細いせいか？　胃の調子はだいぶ回復した。

13時、上田さん、共同通信ナイロビ支局の大野圭一郎さんと「赤坂（日本料理屋）」で食事する。大野さんは控えめで感じのいい人。今日からロンドンに出張。再会を約束する。上田さんはだいぶ愚痴っぽい。ＪＡＣＩＩの運営にいろいろ問題がありそう。

今期の学生はみな真面目だ。今日は『Out《アウト》 of《オブ》 Africa《アフリカ》』をヴィデオ鑑賞している。

来週辺り、キスムに行ってみようかと考える。ヴィクトリア湖岸のキスムも懐かしい街だ。二〇年前にケニヤに来て一ヶ月ほど経ち、まだ覚束なかったが、ようやくスワヒリ語が少し喋れるようになって、週末に最初に出かけたのがキスムだった。街の広場でトムというルオ族の悪ガキに声をかけられ、さんざん引っ張り回されたのを思い出す。

Tumbocid

5月4日（木）

ナイロビは最近ずっと曇り空。午前中にＪＡＣＩＩの書棚にあった『生存者』（Ｐ・Ｐ・リード、永井淳訳、新潮文庫）を読む。パラグアイ人のラグビーのチームを乗せた飛行機が、アンデス山中の雪山に墜落する。ローマン・カトリックの教義では、死んだら魂は天国に行くので、肉体はただの抜け殻。ゆえに死体をキリストに与えられたパンと解釈して、人肉を食べて生き延びる。生存者は全員熱心な旧教徒だった。宗教の力、恐るべし。

午後、Kijabe《キジャベ》 Rd.《ロード》 の Text《テキスト》 Book《ブック》 Centre《センター》 に行ってみる。教科書だけでなく、子ども向けの本やヴィジュアルブックなどを置いていて、前もよく足を運んでいた。お目当ての『Elisi《エリシ》 katika《カティカ》 Nchi《ンチ》 ya《ヤ》 Ajabu《アジャブ》』（『不思議の国のアリス』のスワヒリ語版）はなかったけれど、来週入荷するとのこと。また行ってみようと思う。

夜、上田さん、香取さん、松田君、ナホちゃんとエチオピア料理屋のDaas《ダース》に行く。一絃琴、ハープ、太鼓のバンドと二人の踊り子。音楽はうねうねと続く沖縄風。アフリカの中でのエキゾチシズムか。インジェラ（１）もうまいし、エチオピアにはまだ行ったことがないので、ちょっと覗いてみたくなる。航空料金を調べてみよう。

黒人のアリス
（『Elisi Katika Nchi Ya Ajabu』より）

（１）Injera。テフという穀物の粉を水で練り、醗酵させて焼き上げたエチオピア料理。ちょっと酸っぱい味わいが特徴。

5月5日（金）

キスム行きの列車のチケットを買う。5月8日の18：30出発。ディナー付き、朝食なしで1050KS。

5月6日（土）

平穏な日々。昨日からノートに文章を書き始める。「ブイブイ」「マリンディのビーチサッカー」など、旅の断片。

ナイロビ市内をぶらぶら。コロニアル様式のノーフォーク・ホテルで、ピザ（マルガリータ）＋チャイで520KS。高い。ピザは気が抜けたような味。

Cameo《カメオ》 Cinema《シネマ》で映画を見る。バルコニー席80KS。『Wonder《ワンダー》 Woman《ウーマン》』という、1960年にフィリピンで作られたらしいお色気アクション映画で、人体改造をたくらむ女ドクターの話。おっぱいがチラリと見えるだけ（でも成人指定）。Cameoは、昔は一流の映画館だったが、寂れて空手映画やお色気映画専

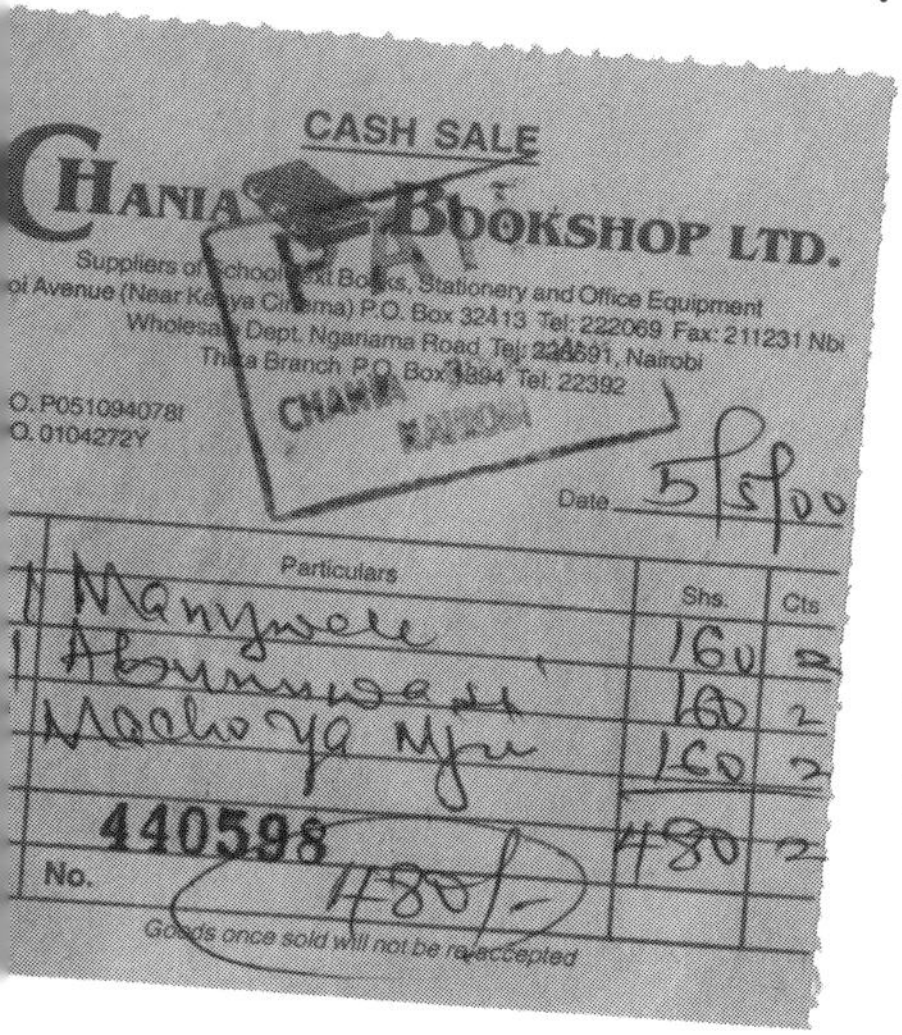
CASH SALE
CHANIA BOOKSHOP LTD.
Suppliers of School Text Books, Stationery and Office Equipment
ot Avenue (Near Kenya Cinema) P.O. Box 32413 Tel: 222069 Fax: 211231 Nbi
Wholesale Dept. Ngariama Road Tel: 246691, Nairobi
Thika Branch P.O. Box 1894 Tel: 22392
O. P051094078I
O. 0104272Y
Date 5/5/00

	Particulars	Shs.	Cts
1	Manywele	160	=
1	Abunuwasi	160	=
	Macho ya Mju	160	=
		480	=

No. 440598
480/-
Goods once sold will not be re-accepted

ケニアでも漫画の本が出ている。オールカラーでけっこう立派。

門になっているようだ。

「旅」の定義というのを考えた。

1.その日泊まる場所を決めていない（ホテルの予約なし）。

2.確たる目的がない（仕事ではない）。

3.おおよその行き先はあるが、変更は可能。

4.基本的には一人旅。

5.急がない。かといって同じ場所に長期滞在はしない。

6.帰る場所がある。

JACIIでは、いよいよ水が完全にストップしかけている。トイレの水を確保する必要が出てきた。

5月7日（日）

黒いジャガーに乗って、カーレースに出場する。レーシング・サーキットは島のようなところ。もう一人の自分が、上空からレースを見ている。

起きがけに考えたこと。夢それ自体が、自分を覚えておいてほしいという理由で、

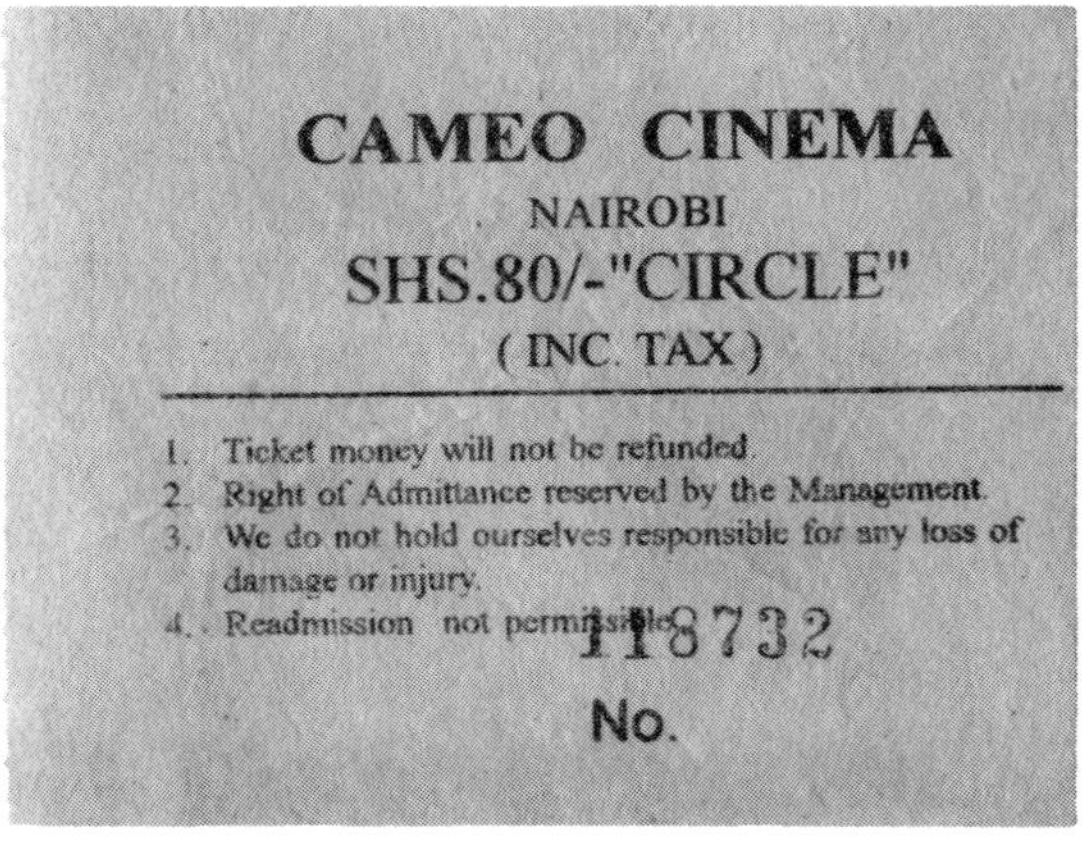
CAMEO CINEMA
NAIROBI
SHS.80/-"CIRCLE"
(INC. TAX)
1. Ticket money will not be refunded.
2. Right of Admittance reserved by the Management.
3. We do not hold ourselves responsible for any loss of damage or injury.
4. Readmission not permissible.
118732
No.

Cameo Cinema のチケット

夜中とかに人を起こす。

水はまだチョロチョロ出る。洗面器にためて頭を洗う。夕食当番を手伝って、チャーハンと野菜炒めを作る。けっこううまくいった。

アガサ・クリスティの文庫本、『邪悪の家』、『スタイルズ荘の怪事件』を続けて読む。

5月8日（月）

夜、キスムに出発するので、午前中から準備をする。水道はまだ復活しない。

アガサ・クリスティ『クリスマス・プディングの冒険』。クリスティはこういう暇なときの読書には最高。どちらかというと、ポアロものよりミス・マープルもののほうが好きだ。

筑摩書房の大山悦子さんから電話、『私写真論』（2）再校の最終チェック。細かいところを長電話で直す。ほぼ順調に進んでいる様子でよかった。

5時、上田さんに車で駅まで送ってもらう。いまはレストランでコーヒーを飲みながら書いている。Kさん、I・Tさんから手紙が来ていた。

（2）『私写真論』（筑摩書房、2000年）、深瀬昌久、中平卓馬、荒木経惟、牛腸茂雄について論じる。のちに中国語訳も出た。

ナイロビを出るとすぐに、稲光り、雷鳴、ものすごい豪雨になる。列車はキベラの大スラム街を縫うように進む。低い家並み（バラック）のところどころに灯り。雨を避ける人の群れ。崖から水が線路に流れてくるので、列車は徐行運転。同じコンパーメントのムゼーがマンダジを食べようとしたら、天井から水が漏れてきて水浸し。トイレに洗いに行く。

サトウシュウヘイ（3）のことを思い出す。彼の死の知らせを受けとった日に、ギコンバ・マーケットで大雨に遭い、バラックの庇の下で、たくさんの人たちと一緒に雨宿りをした。この話は書いておかなければ。

ディナーはチキンの煮込み（ビーフも選べる）＋サフランライス＋パン＋コーンスープ＋パイナップル＋チャイ。盛り沢山でけっこう美味。

今回は上段のベッド（背もたれを跳ね上げる）。梯子付き。二等車は客車の一番前なので、汽笛の音が大きい。

「黒い大きな傘」

（3）佐藤修平。高校の同級生。物静かな文学少年だったが、大学入学後に過激派の組織に加わり、1979年11月、四谷三丁目近くの路上で、対立する組織のメンバーに襲撃されて亡くなった。そのことについて、「黒い大きな傘」という文章を書いた。『歩くキノコ』（水声社、2001年）に収録。

5月9日（火）

（夢を二つ見る）。

1.ロバート・フランク（4）の写真の残酷さについての質問と答え。詩のようなものが引用される。Cera《セラ》 cera《セラ》 cera《セラ》 cera《セラ》……というリフレイン。

2.大きな醜い女の子の人形。足の部分が空洞になっていて、人が入って操る。道行く人を後ろから脅かして、嫌がられたりしている。白髪混じりの長髪を後ろに束ねた男が人形を地面に座らせてしきりになだめる。人形も次第に落ち着き、安らいだ表情になる。全体に芝居がかっていて、ミュージカルの一場面のような感じ。

キスム行きの列車の中で目覚める。大雨の後の山間の村。樹木がびっしょりと濡れそぼっている。雨で大幅な遅れが出て、10：30頃にキスムに到着。

ケニヤ人（四人くらい）の議論の仕方についての観察。

一人が雄弁に自説を述べる。その間は皆、口を挟まずに聞いている。終わったら次の人が喋る。これを順番に繰り返す。同じ部族同士は部族語で喋る（ルオ族ならルオ語）。話が高級になると英語に切り替える。別な部族の人が加わるとスワヒリ語（共

（4）Robert Frank（1924〜2019）。スイス出身で、アメリカ、カナダで活動した写真家。写真集『The Americans』（1959年）は現代写真のバイブルとなった。

通語）になる。
ホテルはGor《ゴル》 Mahia《マヒア》 Rd.《ロード》のBlack《ブラック》 & Black《ブラック》。朝食付きで４００KS。シャワーは共同。別に悪くはないがトイレに入ってびっくり。誰かの太くて巨大なウンコが置き土産になっている。プロレスラー並みの巨体の持ち主か？ 水を流しても流しても、なかなか流れないので閉口する。何回目かにようやくゴオッと排水口に吸い込まれていった。
昼食はOginga《オギンガ》 Odinga《オディンガ》 Rd.《ロード》とNew《ニュー》 Station《ステーション》 Rd.《ロード》の交差点のNew《ニュー》 Generation《ジェネレーション》 Cafe《カフェ》。モダンで小綺麗。ソーセージ＋ミートパイ＋コーヒー（ネスカフェ）で45KS。
午後に街をぶらついていたら、なんだか騒がしい。そういえば、店や道路に国旗が飾りつけてある。警官も出ている。モイ大統領（5）が来るらしいとわかってしばらく待っていると、オートバイを先導に何台かの高級車が通りすぎて、一際目立つ大きな車から手を振るモイが、ほんの二～三メートル前を通って行った。群衆からパラパラと「Fuata《ファタ》 Nyayo《ニャヨ》!」の掛け声。全体に醒めた印象なのは、ここが政治的に冷遇されているルオ族の街、キスムだからか？
夜はOginga《オギンガ》 Odinga《オディンガ》 Rd.《ロード》のMona《モナ》 Lisa《リサ》。キーマ（ひき肉）のシチュー＋チャパティ＋チャイで１５０KS。ここはおすすめだが、夜6時過ぎまでしかやっていない。キス

（5）Daniel Arap Moi（１９２４～２０２０）。初代ジョモ・ケニヤッタの後を継いで１９７８～２００２年にケニヤの第二代大統領を務めた。少数部族のカレンジン族の出身で、キクユ族やルオ族といった大部族の間で巧みなバランスをとっていたが、国民の評判は決して芳しくはなかった。「Fuata Nyayo!」は「後に続け」という意味の標語。

ムは店が閉まるのが早い。

7時前にヴィクトリア湖の方から黒雲が押し寄せてくる。激しい雨。雷鳴。

5月10日（水）

アウラと広尾の商店街を歩いている。「学校はどう？」「鉛筆削りの調子が悪くて、芯がポキポキ折れる」。脚が生えた「歩くさかな」（6）の浮き彫りのようなもの（ブリキ製？）が、地面に落ちている。

キスム滞在をもう一日延ばすことにする。ホテルの朝食は例の三点セット（トースト＋卵料理＋チャイ）。このホテル、案外いいかも。ちゃんとお湯も出るし。

路上で売っていた半ズボンを購入。１５０KS。履き心地よし。昼にタスカビールを一本飲んだら、眠くなってしまった。Black《ブラック》 & Black《ブラック》の並びのNew《ニュー》 Victoria《ヴィクトリア》 Hotel《ホテル》。ここのフィッシュ・ビリヤニ（１８０KS）はかなりうまい。

部屋から見るヴィクトリア湖の夕焼けの景色はなかなか綺麗。水のある眺めは心を

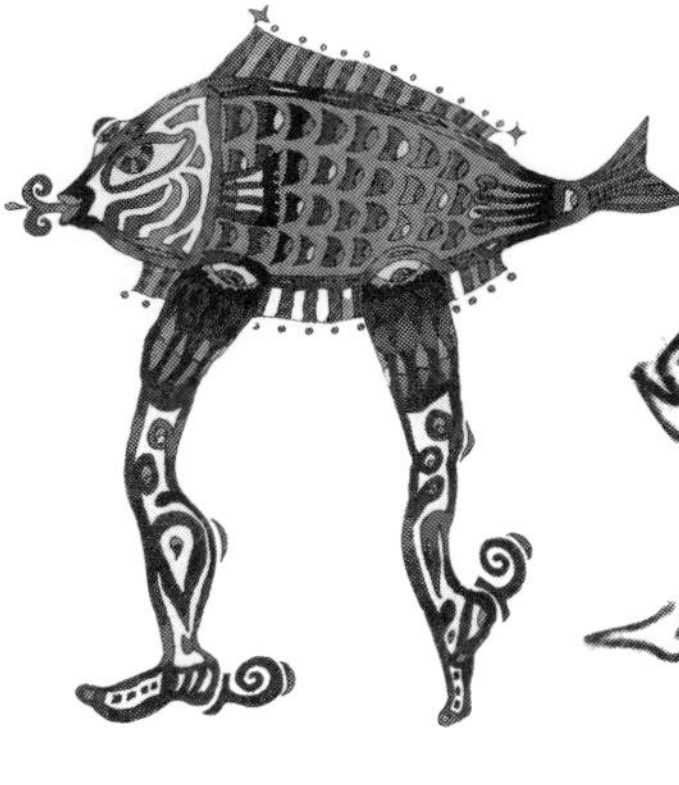

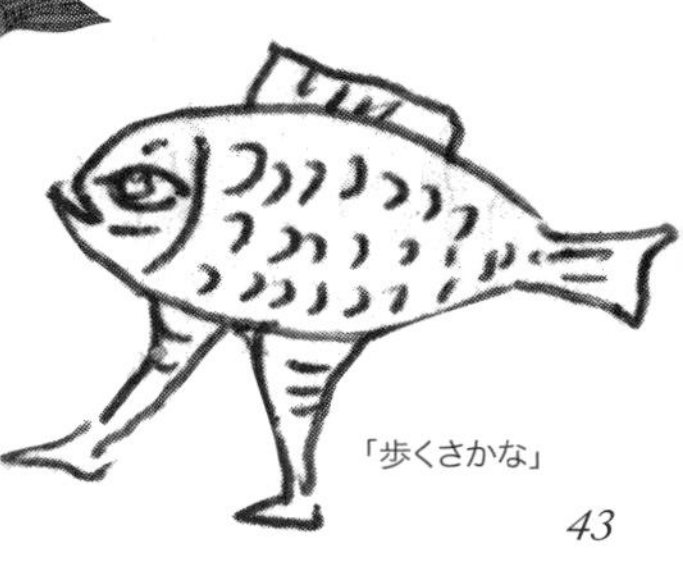

「歩くさかな」

（6）このときに描いたスケッチをもとにした絵を、『アフリカのおくりもの』（福音館書店、2001年）におさめる。

落ち着かせる。キスムは思ったよりいい街だった。

5月11日（木）

蚊取り線香が燃え尽きると、また蚊が飛んでくる。床に落ちたやつが生き返るのか？　ケニヤ製の蚊取り線香は蚊を完全に殺すほどの力がないのかも。

9時にホテルをチェックアウト。キスムのバス・ターミナルは工事中で大混乱している。エルドレット行きのマタトゥをつかまえる。170KS。超満員だが、ドライバーの隣の席だったので割に楽だった。

途中の道端で赤土の日干し煉瓦を売っている。エルドレット空港から先は道が舗装されていて立派。さすがにモイ大統領の地元だけある。雨に降られたり、途中のポリス・チェックでタイヤを交換させられたりで、結局12時半過ぎにエルドレット着。バス・ターミナル近くのNew《ニュー》 Miyako《ミヤコ》 Hotel《ホテル》。シングル、トイレ、シャワー付き300KS。あまりぱっとしない。雨がどんどん降ってくるので、外に出る気が失せて、階下のレストラン&バーに。カランガ＋チャパティ＋チャイで95KS。味はまあまあ。

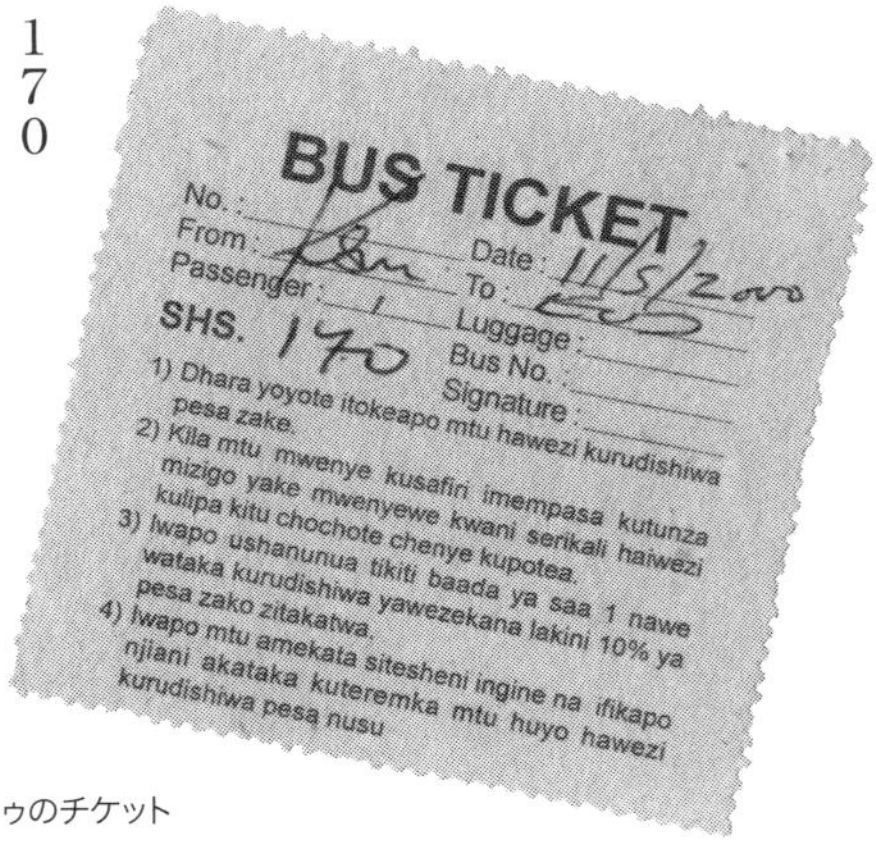

エルドレット行きのマタトゥのチケット

エルドレットは開拓時代のアメリカ西部の街という感じ。ざわざわしていて落ち着きがない。ここがナイロビ、モンバサ、キスムに次ぐ、ケニヤの四番目の都市とは信じられない。
夜はOloo《オルー》 Rd.《ロード》 のWagon《ワゴン》 Hotel《ホテル》。ここのステーキ＋フライドポテト＋飲み物のセット（１３０KS）はお得感あり。味はまあまあ。

5月12日（金）
東京のどこかでタクシーを拾おうとしている。なぜか、二つに畳んだ布団を小脇に抱えている。「昨日、アフリカから帰ってきたんだ」と、誰かに話しかける。顔が緑っぽい。「またすぐ戻らなくちゃ」。

エルドレットからキタレへ。マタトゥで１５０KS。ドライバーの隣の席なので高かったかもしれない。本当は１００KSか？
9時前にマタトゥ乗り場に行ったのに、乗客がなかなか集まらなかった。マタトゥは乗客が満員にならないと発車しない。ドライバー

（超甘いパインジュース）

やコンダクターの仲間が、お客のふりをして席についていることがある（お客が来ると席を立つ）ので注意が必要。発車間際に、ドライバーと乗客の一人が、お釣りを20KSよこせ、やらないで揉めて、結局11時頃に出発。やれやれ。

発車の待ち時間にやってきた物売り。カランガ（料理の名前ではなくピーナッツのこと）＋キャンディ、ビスケット＋ジュース、マンダジ、バナナ、梨、焼きトウモロコシ、ゆで卵、ソーダ類（コカコーラかファンタかスプライト。ペプシは見たことがない）、ポップ音楽のカセットテープ、ヴィデオテープ（『Rise and Fall of Idi Amin（イディ・アミンの興亡）』というのがちょっと面白そう）、傘、サンダル（ゴム草履）、鍵＋財布＋腕時計＋トランジスタラジオなど細々とした日用品、上着＋シャツ＋ネクタイ＋靴下＋ハンカチなどの衣料品、新聞、ノートと鉛筆＋ボールペン、絵本、カレンダー、ポスター（聖書の文句か）、そして宗教パンフレット売り（痩せた中年男で、ネクタイを締めている。マタトゥのステップに足をかけ、聖書を掲げて、長々と大声でその効能を述べ立てるが、乗客は全く無視。一冊も売れなかった）。とにかく、入れ替わり立ち替わり、次から次へとやって来るので、いささかうんざりする。

12時半にキタレ着。キタレは山間のひっそりとした街。ちょっと涼しいけれど、寂れた雰囲気が逆にいい。旧市街とその周囲に広がる新興地域に分かれていて、特に旧市街がいい感じ。

ホテルはExecutive《エグゼクティブ》 Lodge《ホテル》。シングル、シャワー共用、朝食付き、４００KS。ちょっと高いけど綺麗。バーにTVあり。レストランのチキン・シチュー＋チャパティ、美味しかった。１３０KS。

午後、キタレ・ミュージアム（National Museum of Western Kenya＝西ケニヤ国立博物館）を覗く。ここはすごくよかった。軍人で、蝶の蒐集家だったストーンハム大佐のコレクションをもとに、１９２６年に設立。埃をかぶった動物の骨や剥製がひっそりと並んでいる。物質化した「時間」のレプリカ。コポコポと泡立つ奥の部屋の水槽に、ナイルパーチが一匹泳いでいた。

夜はExecutive《エグゼクティブ》 Lodge《ホテル》の向かいの立派な（というほどでもないが）Alakara《アラカラ》 Hotel《ホテル》でディナー。ビーフカレー＋ウガリ、タスカビール。カレーはけっこう美味しかった。２０５KS。

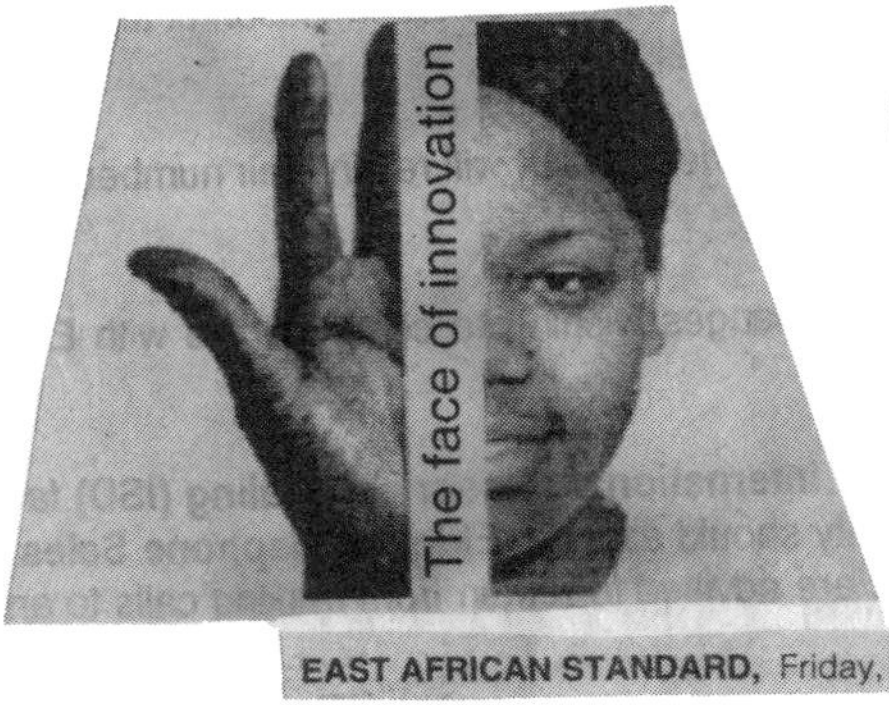

キタレの魚

キタレはケニヤの西の端に近い街。標高４３２１メートルのエルゴン山の山裾なので、朝晩はかなり冷え込む。セーターが欲しいくらいだ。

バスやマタトゥの乗り場からちょっと離れて、キタレ・ミュージアムがある。正式には西ケニヤ国立博物館（National Museum of Western Kenya）。蝶と鳥の標本製作者として知られていたストーンハム大佐という人物のコレクションをもとに、１９２６年に開設、１９７１~72年に現在の建物が完成した。

実はこういう物寂しい博物館がかなり好きだ。埃をかぶって、ほったらかしになっているような展示物を見て歩くと、別の世界に誘い込まれるような気がしてくる。がらんとした部屋の片隅に、あのカフカの「オドラデク」や、宮澤賢治の「ざしき童《わらし》」のような不思議な生きものが、ひっそりと棲みついていそうでもある。

まず、野外展示から見ることにする。コブラやブラック・マンバのような毒蛇、ワニ、トカゲ、カメなどがぽつんぽつんと飼われている。陸ガメが草をわしわし食べている以外は、ほとんど剥製状態。ぴくりとも動かない。

その向こうに、ルオ族、ナンディ族などの伝統的な草葺き屋根の住居が再現してある。土を固めた床

ナイルパーチの図柄の切手（マリ共和国）

がひんやりしていて、ちょっと黴くさいにおいがする。

博物館の本館は別棟になっていて、やはりひっそりと静まり返っていた、展示物の灯りが半分くらい消えている。係員に言って点けてもらおうと思ったのだが、どこかに出かけているらしい。椅子の上に、読みかけの「リーダーズ・ダイジェスト」が置きっぱなしになっていた。

まず、ストーンハム大佐の遺品を並べた小さな部屋。狂気じみた蝶の蒐集家だったようだ。残念ながら、美しい標本はだいぶ痛んでいた。次の続き部屋に「人類の進化」のジオラマ、ポコト族、トゥルカナ族、カンバ族などの生活用具、楽器など。

階段を降りると半地下になっていて、象やサイなどの頭骨、バッファローやインパラなどの剥製が展示してある。ここは不思議に気持ちが落ちつく。分類され、固定された（小動物の骨を持ち上げようとしたら、接着剤でくっつけてあった）、かつては生きていたものたち。だが、彼らの生と死にまつわ

りついていたはずのなまなましさは、きれいさっぱり削ぎ落とされている。薄くて軽い骨や皮は、「時間」そのものが物質化したレプリカのようだ。

ホルマリン漬けの蛇やトカゲ。そして一番奥の部屋に、水槽が三つ置いてあった。二つはただ水が入っているだけ、そしてもう一つの水槽に、ナイルパーチが一匹泳いでいた。死者たちの国に棲む唯一の生きものは、無心に尾をひるがえして、ゆっくりと水のなかを行き来している。気泡の音だけがコポコポとかすかに聞こえる。

やあ、ここにいたんだね。なぜか初めて会った気がせず、目で挨拶を交わした。その小さな場所だけが、言葉のない、いや言葉を超えた世界だった。長いこと、魚と向きあって、そこに立ちつくしていた。

5月13日（土）

ニックという名前の男の子（もしかすると女の子）が、バスケットボールのチームのレギュラーに選ばれる。彼は足が速い。ドリブルもうまい。コーチがバターをたっぷり塗ったトーストを食べさせて「君はみんなの注目の的になるだろう」などと言っている。

ニックはトーストを一枚食べ、もう一枚をでぶっちょの補欠の選手に分けてやろうとする。「いらないよ」。補欠の選手はそれを断る。

キタレにもう一泊することにする。昼はSpark《スパーク》 Cafe《カフェ》でチキンシチュー＋チャパティ、80KS。チャイが10KS。まあまあ。Elgon《エルゴン》 View《ヴュー》 Resort《リゾート》をちょっと見学。エルドレットに向かう道の分岐点のところ。ナイロビとか、ロンドンとか、都市の名前がついたロッジが点在している。Nyama《ニャマ》 Choma《チョマ》（焼肉／バーベキュー）の設備もあり。たしかに、エルゴン山を一望できて気持ちがよさそうだ。夜はちょっと高めだけど、High《ハイ》 View《ヴュー》 Hotel《ホテル》のレストランでミックス・グリルとビール。３０５KS。

5月14日（日）

雨上がりでよく晴れている。キタレからナイロビに向けて一時間に一本くらい走っている Eldoret《エルドレット》 Express《エクスプレス》というバスに乗る。マタトゥより速い。キタレを10時発。11時にエルドレット着。一時間ほど休んで、2時半にナクル着。

ホテルは Hotel《ホテル》 Le《ル》 Rhino《リノ》。シングル、トイレ、シャワー付き、朝食付きで450KS。小綺麗なホテルだ。

ナクルはかなり埃っぽい。雨はほとんど降っていないようだ。地域によって降雨量がかなり違う。日曜なので、街のあちこちで説教者が演説している。

ナクル駅の2F、The《ザ》 Railway《レイルウェー》 Restaurant《レストラン》。静かでいい。列車のビュッフェと同じスタイル。同じ食器。ちゃんとトーストを焼いてサーブしてくれる。マーマレード付きで30KS。チャイ、35KS。

夜は Le《ル》 Rhino《リノ》の一階のレストラン。キーマ・パスタがけっこう美味しかった（100KS）。TVで小渕前首相が死んだというニュース。遠い国の遠い出来事。

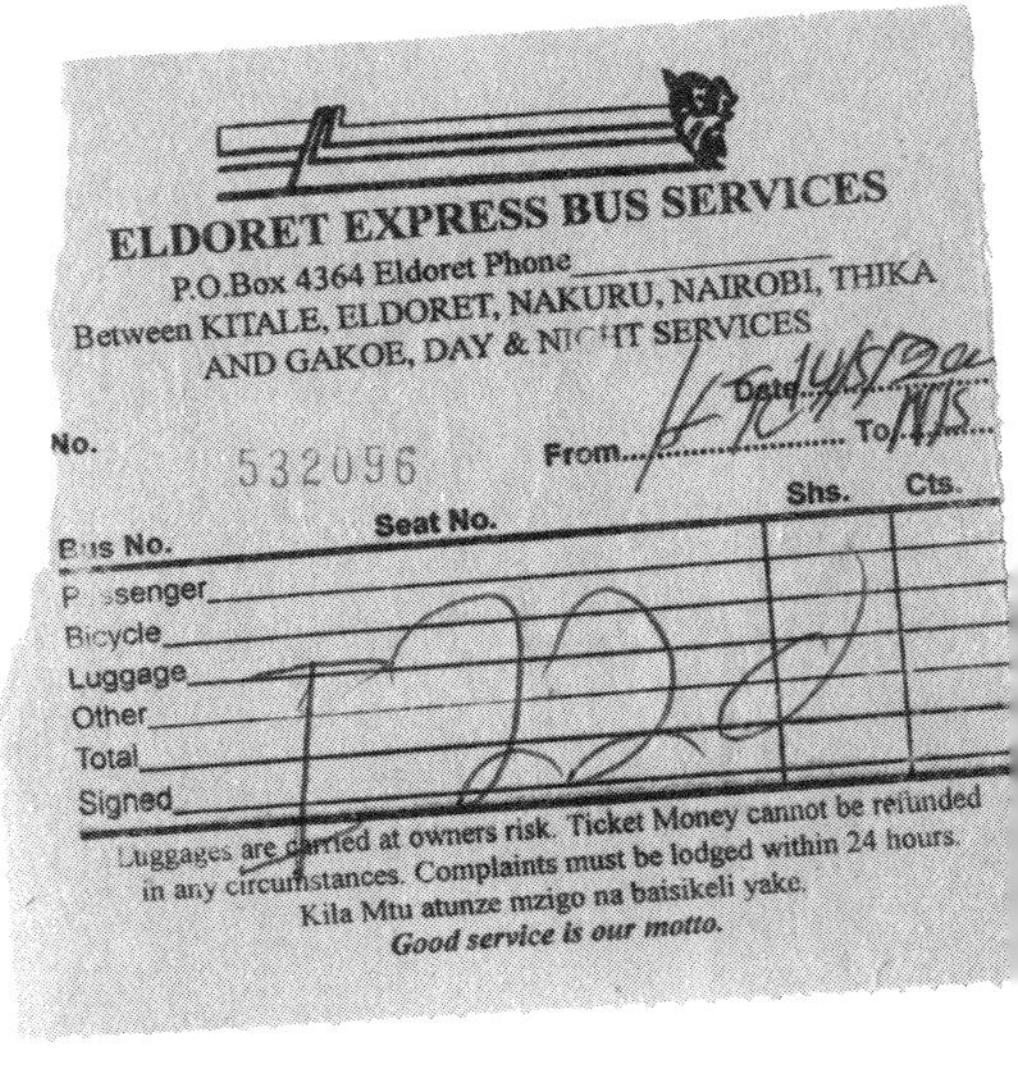

ELDORET EXPRESS BUS SERVICES
P.O.Box 4364 Eldoret Phone
Between KITALE, ELDORET, NAKURU, NAIROBI, THIKA
AND GAKOE, DAY & NIGHT SERVICES
Date
No. 532096 From To
Seat No. Shs. Cts.
Bus No.
Passenger
Bicycle
Luggage
Other
Total
Signed
Luggages are carried at owners risk. Ticket Money cannot be refunded in any circumstances. Complaints must be lodged within 24 hours.
Kila Mtu atunze mzigo na baisikeli yake.
Good service is our motto.

Eldoret Expressのチケット

新聞記事・出典不明

5月15日（月）

どこかの国の高貴な女性が、自身の長い遍歴の旅について語りかける。歯車のようなものを掌でもてあそびながら、「かつてはずっと上のほうで暮らしていたけれど、今はこんな下のほう。でも、こうして距離を感じることができるというのが、私にとっては大切なこと」などと語る。

（別の夢）黒っぽい、小さな人の形をした生きものが、机の上で踊っている。腰を振り、挑発するような動き。つかまえようとすると、素早く身をかわすのでうまくいかない。

今日もよく晴れている。これではケニヤ中西部のリフト・ヴァレー地域（7）は全く雨が降らず、旱魃の被害が出るかも。Le《ル》 Rhino《リノ》の朝食は、三点セットに果物、ジュース付きでなかなか豪華。ナクルからナイバシャへマタトゥで移動。１００KS。約一時間。South《サウス》 Lake《レイク》 Rd.《ロード》沿いのＹＭＣＡキャンプに泊まることにする。ここは鳥の声が聞こえる静かなキャンプサイト。バード・ウオッ

（7）エチオピアからタンガニーカ湖に至るグレート・リフト・ヴァレーはアフリカ大陸を貫く大地溝帯。ケニヤ中西部のリフト・ヴァレー州（州都はナクル）は、同国の農業生産の中心地である。

チャーには最高の環境だろう。

お客が誰もいないので、二人用のロッジ（Banda《バンダ》＝小屋）に一人で泊まることにする。一泊３５０KS。朝食１００KS、ランチ１５０KS、夕食２００KS。シャワー、トイレは別棟。BandaにはNdovu《ンドヴ》（象）、Chui《チュイ》（豹）、Nyati《ニャティ》（バッファロー）など、スワヒリ語の動物の名前がついている。ちなみに僕のBandaはKiboko《キボコ》（カバ）。

ナイバシャ湖まで徒歩10分。岸辺で、漁師たちが網で魚を獲っていた。

5月16日（火）

夜中に蚊が飛んできたので、蚊取り線香に火をつけるために起きる。ちょっと外に出ると、満天の星空。南の空、蠍座の右の星が南十字星だろうか？

朝7時過ぎに目覚める。シャワーはしばらく待たないとお湯にならない。

オフィスでマウンテン・バイクを借りて、Hell's《ヘルズ》 Gate《ゲート》 National《ナショナル》 Park《パーク》に向かう。ここでは車の外に出て動物を見ることができる。動物保護区で、車の中から野生動物を

Hell's Gate National Parkのチケット

見るのは、安全地帯から覗き見しているみたいでどうも好きになれない。このナショナル・パークでは、同じ目の高さで動物たちと接することができるのがいい（人を襲うような猛獣がいないからか？）。入場料は15ドル。ドルの持ち合わせがなかったのでケニヤ・シリングで支払った。

サドルが高すぎてお尻が痛くなったけれど、トムソンガゼル、ゼブラ、ジラフ、バブーンなどを見ることができた。崖の上から。動物たちが草を食んでいるサバンナを見渡せるヴュー・ポイントの眺めは絶景。ハゲワシが草原に影を落として、「永遠」を形にしたような姿でゆっくりと空を横切っていく。

一万年ほど前には、ナイバシャ湖はもっと大きくて、高い場所まで広がっていた。Hell's《ヘルズ》 Gate《ゲート》は、山を削って水が草原に流れ込んだ出口に当たる場所で、セントラル・タワーとか、フィッシャーズ・タワーとかいう奇岩も残っている。

午後はBanda《バンダ》でダラダラ過ごす。部屋の壁の標語。「A blessing sent down from above（祝福は空から降りてくる）」。ＪＡＣＩＩから借りてきたアンドレ・ジイド（8）、河盛好蔵訳『コンゴ紀行』（岩波文庫、１９３８年）をパラパラめくっていたら、こんな一節が目に止まった。「どうぞ、忽《たちま》ちにして消え去ってゆくものを、出来るだけ

（8）André Gide（１８６９〜１９５１）。フランスの作家。『コンゴ紀行』は１９２６〜27年に、フランス政府の依頼で、フランス領コンゴ、チャド、カメルーンなどを調査旅行した時の記録。植民地主義に対する痛烈な批判を含む。

速く愛することを私に許してください」。

Hell's《ヘルズ》 Gate《ゲート》の帰り道で見た、小さな竜巻のことを思い出した。二〇～三〇メートルほど先で、突風が砂塵を巻き上げ、くるくると旋回して竜巻になった。左手の崖のほうに進み、一瞬の後には消えてしまった。それだけ。そういう「忽ちにして消え去ってゆくもの」のほうがむしろ心に残る。

5月17日（水）

昨日の夜にパラパラとにわか雨。停電で、ロウソクの光での夕食。「クリスマスみたい」。夜中に電気が点いた。

隣のNdovu《ンドヴ》の小屋にケニヤ人が四～五人泊まっている以外は、お客は誰もいない。彼らもどこか外で食べていたので、食事はずっと一人。平日ならほぼ予約なしで泊まれそうなので、このＹＭＣＡキャンプは本当にお薦めだ。

ナイバシャ→ナイロビのマタトゥ、１２０KS。ブッキング・オフィスで共通チケットを購入するシステム。料金で揉めなくていい。飛ばしに飛ばして、一時間ちょっと。午後1時過ぎにはナイロビに着いた。

途中のグレート・リフト・ヴァレーの眺めは相変わらず凄い。ここに来るたびに、いつもTVアニメの「ジャングル大帝」のオープニング・シーン、白いライオンが崖の上からサバンナを見下ろす場面を思い出す。途中の見晴らし台に、土産物屋の集団がベランダを出していた。

ＪＡＣＩＩへ。Kさん、Tさんから手紙。写真家の長野陽一君からメールが来ていた。晶文社から、編集・構成を担当した荒木経惟写真集『ポラエロ』が届いていた。平野甲賀氏の表紙のデザイン、ちょっと渋めか？

5月18日（木）

石の階段を降りると、海（入江）に向かって張り出したベランダがある。向こう岸にも同じようなベランダがあり、白っぽい陽射しを浴びて、人が蟻のように蠢いているのが見える。どうやら知り合いの女性たちも混じっている様子。手すりから身を乗り出した瞬間に、借り物のカメラ（キヤノンの一眼レフ）を海に落っことしてしまう。一瞬水に浮かんでいるが、すぐに沈んでいく。
（別の夢）拾い物のジャケットを着て歩いていると、ポケットの中にパスポートや財布などの貴重品が入っていることに気がつく。警察に行かなければならないが、届けが遅れた言い訳を考えておく必要がある。妹が事故に遭って入院したので、病院からの電話を待っていたことにする。

ＪＡＣＩＩの卒業生の上野さんが勤めるファルコン・トラベルで、ギリシャ行きのエジプト航空のチケットを予約する。エチオピアとどちらがいいか迷ったが、せっかくなのでちょっと別な世界も見てみたい。7月3日にカイロ経由でアテネに、9月17〜18日にナイロビに戻る予定。出る前に、タンザニア（ザンジバル）を回ってこようと思う。

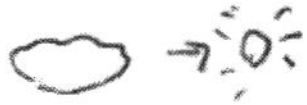

5月19日（金）
午前中にサユリちゃんに電話。不在。でもEメールは届いている様子。

大手スーパーUCHUMIのロゴ

午後、松田君とJapan《ジャパン》 Information《インフォメーション》 Center《センター》で新聞をチェック。五月場所、曙、貴乃花、魁皇、栃ノ花（新入幕）が九勝一敗。Text《テキスト》 Book《ブック》 Centre《センター》を覗いて、ノーフォーク・ホテルでフルーツ・サラダとエスプレッソ・コーヒーで250KS！　高いけど、たしかにうまい。静かな日々。来週初めにマチャコス辺りまで足を伸ばすか？

5月20日（土）

サユリちゃんからJACIIにメールが来た。アウラは演劇部に入ったそう。ちょっと意外。家の中はごちゃごちゃ。そりゃそうだろう。

午後、今期の学生の市原（のり子）さんと、ナイロビ郊外のウェスト・ランドのショッピングセンター（サリット・センター）へ。びっくり。シンガポールの巨大ショッピングモールみたい。商品の量と質は相当なもの。小綺麗な店が並び、レストランはテイクアウト方式。お客は白人、インド系、黒人、それぞれ三分の一ずつくらいか？

市原さんの説によると、ケニヤは貧富の差ということでは世界一。ここを見ているとたしかにそんな気もしてくる。パッションフルーツジュース（60KS）を飲んで、マタトゥ（15KS）で帰る。ウェスト・ランド行きのバスは23番か30番。

5月21日（日）

仙台の福田町の実家の裏手の道を歩いている。熊野神社の辺りか？　火山の小爆発が起こり、小さな石が飛んでくる。炎のようなものが上がり、それを避けて歩く。爆発は三回ほど起きる。空は晴れている。

このところ、まったく雨が降らない。また水が出なくなるかも。アウラからＦＡＸが入る。

〈コードネーム：コウタロウ・イイザワ

報告：家の混乱度↓ヤバし／小説の短編↓書けた／テスト勉強↓してねー／サユリ・仕事↓めっちゃ busy／『ボクの、おじさん』↓公開、次回↓『議事堂を梱包する』へ、『里山物語』↓映像完成（9）／演劇部↓入部した／覚えた↓「ういろう売り」／トモダチ↓美少女ユリカＧＥＴ！／体重↓……／健康↓第一／なお、この書類は読み終わると同時に消滅しない。君の任務の失敗にも、当局は一応関知しよう。

コードネーム：サユリ・トキ、アウラ・トキ〉

（9）土岐小百合は当時、映画の広報・宣伝の仕事をしていた。『ボクの、おじさん』（制作：シグロ、監督：東陽一、主演：筒井道隆、２０００年）、『議事堂を梱包する』（１９９６年制作のフランス映画。監督：ヴォルフラム・ヒッセン、ヨルク・ダニエル・ヒッセン、出演：クリスト＆ジャンヌ＝クロード）、『今森光彦の里山物語』（制作：ＮＨＫエンタープライズ＋トキヲ、映像構成：東陽一、２０００年）。

5月22日（月）

ゲームのようなものをしている。ロープの先に錘がついたものを振り回して、自分の体を守る。攻撃はできない。ネチネチとした爬虫類のような男にタックルされ、後ろに回って首を絞められる。彼が「サワダさんは×××だね」と耳元でささやく。

（別の夢）タカハシコーキに会っている。「今どこに勤めてるの？」。ストロボという外ロシア（？）の街で、エージェントをしている。ジェット機で毎日通う。時々街を通りすぎてしまう、とコーキが答える。

気が向いて、ナイロビの南東のマチャコスに来ている。カントリーバス・ステーションからマタトゥで一時間弱（110KS）。山間のカンバ族の街。前に一度来ているはずだが、まったく思い出せない。初めて来たみたい。

ホテルはバス乗り場に面したバーの上のGreen《グリーン》 Roof《ルーフ》 Hotel《ホテル》。トイレ共同、250KS。市場《ソコ》がかなり大きい。カゴを編んでいるおばさんの姿が目立つ。道を掘り返していて埃っぽいが、雰囲気は悪くない。

日本人女性のボランティアの記事『DAILY NATION』2000.5.22

夕食はＫＣＢ（Kenya《ケニャ》 Commercial《コマーシャル》 Bank《バンク》）の隣の Ikuuni《イクウニ》 Hotel《ホテル》。フィレ・ステーキ、２１０KS。けっこううまかった。

相変わらずクリスティを読んでいる。『復讐の女神』。犯人は早めにわかるが、これはいい。円熟の境地。

5月23日（火）

よく晴れている。マチャコスにもう一泊することにした。

ずっと気になっていたのだが、小学生の頃の運動会などでよくかかっていた「クシコスの郵便馬車」という調子のいい曲があった。マチャコスという響きがクシコスと似ているので、親しみが持てるのかも。「マチャコスの郵便馬車」という文章のタイトルを思いつく（10）。

Great《グレート》 Kyama《キャマ》 Inn《イン》というところで、例の三点セットの朝食。フルーツを付けて１１０KS。Sunnyland《サニーランド》 Hotel《ホテル》に移動。部屋のカーテンにプリントされたホテルの名前が、Summerland《サマーランド》 Hotel《ホテル》になっている。カーテン屋が伝言ゲームで間違えたのだろうか。

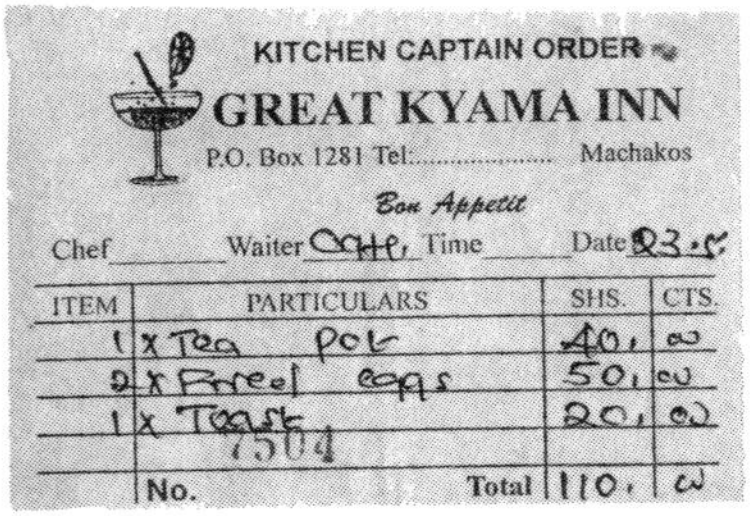
KITCHEN CAPTAIN ORDER
GREAT KYAMA INN
P.O. Box 1281 Tel:.................. Machakos
Bon Appetit
Chef______ Waiter______ Time______ Date 23.5

ITEM	PARTICULARS	SHS.	CTS.
1	x Tea pot	40.	00
2	x Fried eggs	50.	00
1	x Toast	20.	00
	7504		
No.	Total	110.	00

Great Kyama Inn のチケット

（10）「マチャコスの郵便馬車」。『歩くキノコ』（水声社、２００１年）におさめる。なお、「クシコスの郵便馬車」（作曲はドイツ人のヘルマン・ネッケ）の「クシコス」は、ハンガリー語の「馬に乗る人」。原題の「クシコス・ポスト」で「郵便馬車」という意味になる。「クシコスの郵便馬車」という曲名は、「クシコス」を地名と誤解してつけられたもの。

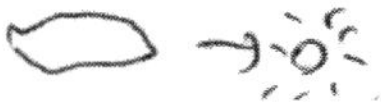

夜は街の中心からちょっと離れたJoanne《ジョアンヌ》 Executive《エグゼクティブ》 Restaurant《レストラン》。ミックス・グリル、180KS。タスカビール、60KS。味はほどほど。

5月24日（水）

重森弘淹《しげもりこうえん》さん（11）の著作集を刊行するというので、重森論（四〇〇字詰原稿用紙二〇枚ほど）を依頼される。重森さんの著作などを、たくさん読み込まなければならない。東京綜合写真専門学校の図書室に行けばいいのだが、時間もかかりそうなので、いささかうんざりする。

（別の夢）三階建てくらいの大きな建物。中は駐車場のような造りで、スロープになっている。レストランらしく、ところどころにテーブルと椅子が置かれて、食事をしている人が見える。竪穴のような、天井の高いトイレ。エチオピア人のような白い長衣を着た男が、隠れてバンギ（12）を吸っている。

マチャコスからナイロビに戻る。マタトゥ、100KS（なぜか行きより10KS安い）。思いついて、Koinange《コイナンゲ》 St.《ストリート》の中華料理屋に。たしか、二〇年前にも何度か行ったこ

（11）重森弘淹（1926～1992）。写真評論家。1958年に東京フォトスクールを開設、1960年に東京綜合写真専門学校と改称する。
（12）マリファナのこと。茎ごと束ねて乾燥させ売っている。

とがある。ランチタイムなのにお客は僕一人。チャプスイ＋チャーハン＋スプライトで４４０KS。ちょっと高いけれど。なかなかうまい。

ＪＡＣＩＩに帰ったら、仙台の幸ちゃんと福ちゃん（13）から手紙が来ていた。二人に絵葉書を書く。旅の間に文章を書いていたノートのコピーを、ヤヤ・センターの郵便局から送ったら８８０KS取られた。昨日、同じくらいの量をマチャコスから送ったら１６０KSだったのに‼ 時々、計算が合わないことが起こる。

新聞は来週月曜からの電力カットの記事で大騒ぎ。朝６：30から夜６：30まで停電！本当なら大変だ。水不足で、水力発電の電力生産量が落ちている。ダムの水がほとんどない。たしかによく晴れた日が続く。雨季は終わったのか？

5月25日（木）

ニイカワさん（？）の上着に、絵具のようなものをつけてしまう。クリーニング代を出そうとすると、カウンターのあるバーの模型のようなものを見せて、これに白い手すりをつけられないかと言う。東急ハンズで材料を買って来ればなんとかなりそう。「大丈夫」と答えて、その依頼を引き受ける。

（13）西條幸子、菅原福子。仙台市在住の妹たち。

朝のうちは曇っているが、雨は降らない。

昼に上田さんと、韓国人が経営している日本料理店「御園《みその》」に行く。幕の内弁当、ビール二本。ご馳走になる。

ナイロビ大学の学生が街でデモとの情報。運転規制を巡るマタトゥのストライキと関連しているらしい。ナホちゃん（ＪＡＣＩＩの学生）が巻き込まれて、ホテルに避難していたので、夜8時過ぎまで帰れなかった。

明日はＪＡＣＩＩのみんなとタンザニアとの国境の街、ナマンガまで行く予定。僕はそのままタンザニアに抜ける。学生さんたちはうまくいけば、タンザニアのアルーシャまで同行する。

5月26日（金）

空を飛ぶ練習をする。床に富士山のような立体模型（?）が置いてあって、その頂上を足で蹴って空中に体を浮かべる。最初の一〜二回は五秒くらいしか続かない。もう少し飛ぶ時間を伸ばそうとして、上着とズボンを脱ぎ、Tシャツとパンツ姿になる。ミチコさん（?）という女の子

「Blood & Tears」という劇のチラシ

とその弟が、腕時計の秒針を見て時間を計っている。ミチコさんは、僕の姿を見て吹き出してしまって、なかなかスタートの合図を送れない。

午後にナイロビからで南下してナマンガへ。マタトゥ、２００KS。松田君、のり子さん、ナホちゃん、カナちゃん、僕の総勢五人。何かのトラブルで出発がちょっと遅れたが、二時間ちょっとで無事ナマンガ着。

ケニヤ、タンザニアのイミグレーションは特に問題なし。三ヶ月ヴィザ、20ドル。ナマンガのタンザニア側、Kibo《キボ》 Guest《ゲスト》 House《ハウス》に泊まることにする。水は浴びるだけ、トイレ共同で２０００タンザニア・シリング。タンザニアはインフレで、タンザニア・シリング［以下TS］のレートはケニヤの一〇分の一くらいだ。

夕食はSeven《セブン》 Stars《スターズ》 Hotel《ホテル》。旅行者の溜まり場みたいなところ。チキン、ウガリ、ビール、チャイなど、一人３５０KS見当（ケニヤ・シリングで支払う）。ナマンガ（特にタンザニア側）には、あまり国境っぽい賑わいはない。

夜中になるとジェネレーター（自家発電機）を切ってしまうらしく、部屋の中は真っ暗になる。しばらくして、夜警《アスカリ》が石油ランプを窓の外に持ってきてくれた。

闇とランプ

ケニヤとタンザニアの国境
こちら側とあちら側に
ナマンガの街

荒野に引かれた見えない線
マサイ族は平気でその横をすり抜けていくが
旅行者は踏切のようなものを越えて
出入国のチェックを受けなければならない

「国」という単位は実体ではなく
ただの観念
でも　生身の体をかかえたわたしたちは

日が暮れてきたので
タンザニア側のナマンガで一泊することにする

電気が来ていないのか
停電のためか
キボ・ゲスト・ハウスでは
自家発電のジェネレーターを使っている
そのタン　タン　タンという音を聞きながら
いつのまにか眠りに落ちていた

夜中に目を覚ますと
真っ暗闇
どうやら　ジェネレーターを止めてしまったらしい
懐中電灯で時間を確かめ（まだ一二時前だ）
灯りを消して　また眠ろうとするのだが

目が冴えてしまって眠れない
目をあけていても　何も見えないと
なんだか息苦しくなってくる
闇の重さに押し潰されるような感覚
どこか遠くで犬（それともほかの動物？）が
吠えているのが聞こえる

その時
誰かの足音が近づいてきて
窓の外がぼんやり明るくなった
夜警《アスカリ》が石油ランプを中庭に置いてくれたのだ
室内の輪郭が形をとってくる
指の一本一本が見分けられる

ランプはこのナマンガの街のようだ

荒野に引かれた見えない線
その国境を包みこむように
薄い　あえかな光が滲んでいる
闇の荒々しい力を
そっと押し戻すように

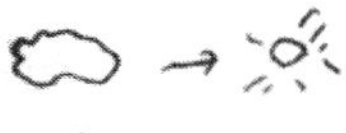

5月27日（土）

中日の星野監督と山田コーチと、名古屋で飲みに行こうという話になる。しゃれたカフェバーのようなところ。ひどく眠いので横になる。山田コーチが松茸の土瓶蒸しを作ってくれる。

ナマンガ。朝は曇っていてちょっと寒い。銀行でトラベラーズ・チェックを１００ドル替える。タンザニア・シリングはケニア・シリングの約一〇分の一のレートなのでわかりやすい。

ナマンガからアルーシャにマタトゥで向かう。２０００TS。1時間40分ほどで到着、ホテルはArusha《アルーシャ》 Centre《センター》 Inn《イン》。ダブル８０００TS、シングル７０００TS。

昼食はクロック・タワー（時計塔）の横のNew《ニュー》 Arusha《アルーシャ》 Hotel《ホテル》。ポーク（珍しい）のグリル＋野菜炒め＋春巻き＋ライス＋サファリビール（ケニヤのタスカみたいなポピュラーな銘柄）で一人６００TSくらい。かなり豪華。

ＪＡＣＩＩの学生さんたちは、帰りのバスを予約。朝9時半出発、６００KS。マーケットをぶらついた後、ちょうどスタジアムで全国陸上大会（？）のようなものをやって

サファリビールのラベル

いたので覗いてみる。アルーシャ、ダルエスサラーム、ザンジバル、ドドマ（14）の四チーム。男子四〇〇メートルリレー。女子一六〇〇メートルリレー。女子一六〇〇メートルリレーのドドマ・チームは、全員が裸足にスカート。ゴム毬が弾むように駆け抜けて、見事に一位になる！

夜はインド料理屋のBig《ビッグ》 Bite《バイト》。各自チキンマサラ、キーマカレー、マトンカレーなどを注文。ナン、チャイを付けて一人６００TSくらい。かなり美味しかった。

5月28日（日）

（複雑な夢をたくさん見る）

1.上田さんと高級な喫茶店のようなところに行く。知らない人（ＪＡＣＩＩの卒業生か？）に紹介される。「はじめまして」。「こちらこそ」。なんとなくだらけた雰囲気。

2.大きな丸い建物に部屋がたくさんある。その建物自体が回転するか、建物の周囲を巡るかして、回り燈籠のように場面が次々に変わる。一つの部屋。裸の上に白っぽい羊の毛皮のようなものをまとった、東洋人らしい長い髪の女がソファに横に

（14）タンザニアのほぼ中央に位置するドドマは、法律上の首都。ただし立法府以外の行政機関はダルエスサラームに集中しており、そちらが事実上の首都と言える。

なっている。着ぐるみのようなつくりで、前が割れていて、乳房と黒い陰毛がちらりと見える。次の部屋に、猿のような顔の男がいて、ニヤリと笑って部屋の外に出る。あの女を狙っているのかもしれない。次の部屋では映画が上映されている。快傑ゾロのようなマスクとマントの男、赤い壁の一部を押すと、隠し扉になっていて、そこからするりと中に入る。婦人便所を通り抜けて、向こう側に出るが実はそれは偽者で、本物は元の部屋に残っている。

3.黒人の少年たちが海から上がってくる。太い、濡れたロープのようなものを肩に担いでいる。それを蛇踊りのように上下させると、近くにいた馬が驚いて逃げ出す。乗っていた人が振り落とされそうになるが、木の枝につかまって難を逃れる。

松田君たち四人は、朝9時半発のバスでナイロビに無事発つ（10時近くになっていたが）。出発間際に白人女性が慌てて乗り込んできた。何かトラブルがないといいけど。昼はクロック・タワーの近くのSafari《サファリ》 Grill《グリル》。スパゲッテイ・ボロネーズ、２６００TS。このレストランのTVで、イギリス（?）で制作されたらしい怪奇映画をつい全部観てしまった。『The《ザ》 Dark《ダーク》 Tower《タワー》』（15）。女性の建築家が夫を殺して、建築中の

（15）不明。スティーヴン・キングの有名な全七巻の長編小説『ダーク・タワー』（The Dark Tower,1984~2004）とはまったく別物らしい。

ビルの壁のコンクリートに埋め込む。その亡霊がいろいろな人に取り憑いて殺害していく。女性建築家は最後にゾンビにつかまって、自分もコンクリートに塗り込められてしまう。

夜は市場《ソコ》の近くの屋台。チキン＋フライドポテト＋ヨーグルト、１３００TS。ちょっと脂っぽい。

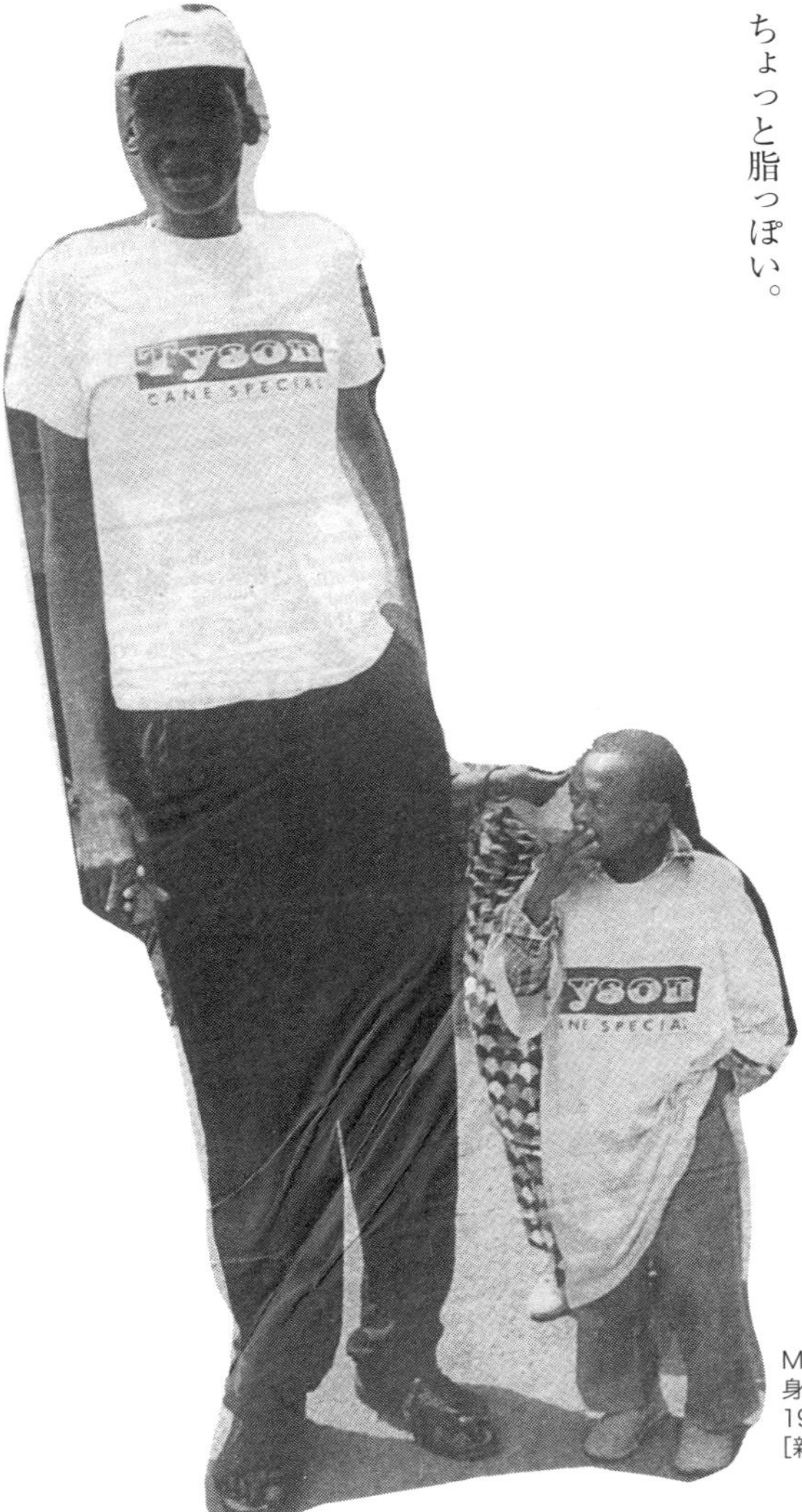

Mr.John Ofwono（Uganda）
身長 7.5feet（228.6cm）
1970年生まれ
[新聞記事、出典不明]

三章　バオバブの幽霊

［アルーシャ↓モシ↓ダルエスサラーム↓ザンジバル↓ムコアーニ（ペンバ島）↓タンガ↓モンバサ（ケニヤ）↓ナイロビ］

5月29日（月）

キリマンジャロ山を望むアルーシャの朝は、かなり冷え込む。昨日泊まったKilimanjaro《キリマンジャロ》 Villa《ヴィラ》はなかなか感じのいいホテルだった（トイレ共同3500TS）。朝、お湯を沸かしてバケツに入れて持ってきてくれた。

アルーシャからモシへ。ミニバスで800TS。約一時間ちょっと。ちょうどバスを降りた目の前にYMCAがあったので、そのまま泊まることにする。10400TS。ここは前にも泊まったことがある。見た目はあまり変わっていない。

昼食は警察署の近くのThe《ザ》 Coffee《コーヒー》 Shop《ショップ》。教会の経営。ピザ（というより牛肉入りホットサンド）＋シナモン・ペストリー＋チャイ、460TS。かなり美味しい。市場の近くにNew《ニュー》 Kindoroko《キンドロコ》 Hotel《ホテル》。立派な外観。6000TS。こちらのほうがよかったかも。

YMCAの近くの路上で、アイザックという若者に声をかけられる。Riverside《リバーサイド》というバス会社の男。明日8：00発。ダルエスサラーム行きのラグジュアリー・バスを予約する。10000TS。

なぜか、モシでは日本からの払い下げ中古車のダラダラ（1）がよく走っている。伊勢原老人ホームデイケアセンター、秩父消防署、山田消防署、徳山市デイケアセン

（1）Daradara。タンザニアではマタトゥをこう称する。昔は一区間1ドル（1dara）だったということか。

ター、市川自動車教習所など。日本語のロゴをそのまま残しているのは、そのほうがかっこいいと思われているかららしい。キリマンジャロをバックに、老人ホームや消防署の車が走る光景はなかなかシュール。

夕食の時、食堂でErena《エレーナ》さんというオランダ人の女の子と話す。去年、三ヶ月くらい東京にいた。ベビーシッターの仕事。「ゴキブリホイホイ」を買おうと思ったけど、通じなくて困った。築地に寿司を食べに行った、などなど。彼女はペンバ島経由でザンジバルに行くとのこと。逆にザンジバル→ペンバ→タンガ（対岸の街）というコースもありかもしれない。

5月30日（火）

後藤繁雄さん、大竹昭子さん（2）とアラーキー（3）の本を出すことになる。後藤さんの書いたあとがきに手を入れて直す。（場面が変わって）夜明け前の砂漠のような場所。白い大きな月が、廃墟の向こうの雲間に輝いている。後藤さん（のように見えるが、案内人《ガイド》の男かもしれない）が、何か即興詩のようなものを朗誦する。廃墟の石壁の表面に、マサイ族のビーズのような装飾模様。剥がして持って帰りたい。

（2）後藤繁雄（1954〜）、大竹昭子（1950〜）。二人とも写真についてよく書いている文筆家。旅に出るちょっと前に雑誌で鼎談していた。

（3）荒木経惟（1940〜）。写真家。通称「天才アラーキー」。

ＹＭＣＡは夜中にすごく騒がしい。若者たちが部屋で奇声をあげていて、なかなか眠れなかった。

朝、昨日チケットを手配してくれたアイザックが来て、バスの出発時間が20分早まったとのこと。慌ててチャイを飲んで、バス・スタンド（タンザニアでの言い方）へ。そこにピカピカのラグジュアリー・バス、NGORIKA《ンゴリカ》号が待っていて、7時30分過ぎに出発した。途中コログウェで昼食兼トイレ休憩。バスには青いセーターの小学生たちがたくさん乗っている。修学旅行だろうか？

ダルエスサラームのバス・スタンドに着いて途方に暮れた。街の中心からかなり離れていて、『地球の歩き方』に載っている場所とは全然違う。降りると、タクシーの客引きたちが群がってきて収拾がつかない。結局３０００TSで街までということになる。粘れば２０００TSまでは下がりそうだ。ダラダラもありそうだが、よくわからない。

ホテルはJambo《ジャンボ》 Inn《イン》。シングル、トイレ、シャワー、朝食付き、７２００TS。悪くない感じ。夕食はMosque《モスク》 St.《ストリート》のNew《ニュー》 Zahir《ザヒール》 Restaurant《レストラン》。ここのチキン・チャウメンはかなりうまかった。２２００TS。インド料理も出す。

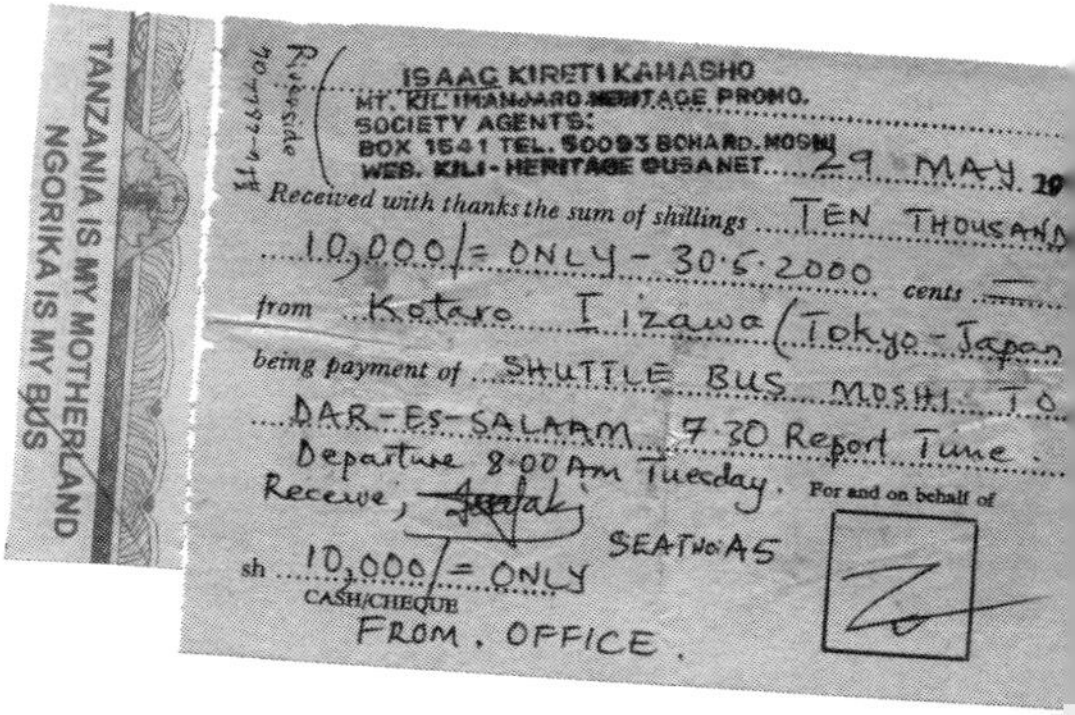

Ngorika Bus チケット

5月31日（水）

スリラー映画の一場面？　ゴミ捨て場の周りに人が集まってきていて、何やら喋っている。傍にゴザのようなものがかけられた包みが置いてある。誰かが「今日はゴミが勝手に捨てられていて困る」と言いながら、その包みを持ち上げると、ゴザが滑り落ちて、切断された人間の腕が、ぴょんとばね仕掛けみたいに飛び出す。

もう5月も終わりだ。ダルエスサラームは、思ったよりも暑くなくて快適だった。Jambo《ジャンボ》 Inn《イン》 の朝食は三点セット＋パパイヤ。

モシで会ったトラベル・エージェントのKassidi《カッシディ》 氏の紹介で、Tawfiq《タウフィック》 のオフィスにSadiki《サディキ》 Khamisi《カミシ》 氏（通称 Bafana《バファナ》 氏）を訪ねる。携帯電話を持つ、きびきびとした感じのビジネスマン。レジデントのタンザニア・シリング払いで、明日のザンジバル行きのフェリーのチケットを取ってくれる。Sea《シー》 Express《エクスプレス》、１２５００TS。ただしチャイ代（手数料）１００００TS。それでも、外人向けのドル払いよりはかなり安いのでお得。ついでにザンジバルのストーンタウン（4）のホテルも予約する。Kid's《キッズ》 Play《プレイ》 Guest《ゲスト》 House《ハウス》。港まで迎えに来てくれるそうだ。

Jambo inn

昼食はSokoine《ソコイネ》 Drive《ドライブ》をまっすぐ入った右手のLuther《ルーサー》 House《ハウス》 Hostel《ホステル》の中にある大上海飯店。名前ほど立派ではないが、ビッグ・ヌードルスープ、２４００TS（胡椒が効いている）とパッションフルーツジュース、４００TSは、けっこう美味しかった。夕食はChef's《シェフズ》 Pride《プライド》。Libya《リビヤ》 St.《ストリート》から入ったところ。マトン・ビリヤニ、２０００TS、パイナップルジュース、３００TS。自家製のヨーグルト（フルーツ入り）３００TSが最高！　この辺りのレストランは、どこも美味しそう。

明日はザンジバルだ。東アフリカの玄関口でスワヒリ語の発祥の地。ひさしぶりなので、ちょっとワクワク感がある。

6月1日（木）

石内都さん（5）がなぜか仙台の実家に来ている。食事が終わってもなかなか帰らない。母親や妹たちはもう寝てしまった。早く帰ってほしいと石内さんに言おうと思うのだが、なかなか切り出せない。台所の流しに積み上がっていた食器を、ガチャガチャ大きな音を立てて洗う。「すっかり遅くなって」と石内さんが立ち上がり、帰り際に、仏壇の鐘をチーンと鳴らす。

（４）ストーンタウン（Stone Town、スワヒリ語ではMji Mkongwe）と呼ばれるザンジバル島の旧市街は、石造りの建物の間を縫って蜘蛛の巣のような狭い道が縦横に走る。２０００年にユネスコの文化遺産（世界遺産）に登録された。

（５）石内都（１９４７〜）。日本を代表する女性写真家。２０１４年にハッセルブラッド国際写真賞を受賞。

朝食後、フェリー乗り場に。Sea《シー》 Express《エクスプレス》は、かなり大きな高速船だった。少し遅れてBw.《ブワナ》 Sadiki《サディキ》(6)が乗り込んでくる。モシのBw.《ブワナ》 Kassidi《カッシディ》も一緒。カッシディ氏は、ザンジバルのオフィスにしばらく滞在するとのことなので、再会を約束する。レジデントの切符のチェックは特になかった。

サディキ氏が紹介してくれたKid's《キッズ》 Play《プレイ》 Guest《ゲスト》 House《ハウス》は、ストーン・タウンの中心部からはやや離れた新興住宅地域にある。なんとエアコン、冷蔵庫、ＴＶ付きのＷルームで10ドルという格安値段。オフシーズンとはいえ、まだ真新しく、ちょっと気味が悪いくらいの恵まれた環境だ。

ストーン・タウンをぶらぶら歩く。モンバサの旧市街をひと回り大きくした感じ。まだ迷路状態だが、道がわかるようになれば、いろいろ面白いことがありそうだ。カルヴィーノの『見えない都市』や、カネッティの『マラケシュの声』を思い出す(7)。ただ、以前（１９８０年代の初め）に来たときには、かなり寂れた感じだったが、いまはだいぶ観光地化している。

昼食はSpice《スパイス》 inn《イン》。チキンサンド＋スパニッシュ・オムレツ＋チャイ(2杯)、２２５０TS。

(6) 男性の敬称はスワヒリ語ではブワナ(Bwana、Bw. と略す)。女性の敬称はビビ(Bibi)。

(7) イタロ・カルヴィーノ『見えない都市』(1972年)、エリアス・カネッティ『マラケシュの声』(１９６８年)。どちらも都市文学の名作。

Sea express

夕食はまたまた中華。中華料理が食べたくなる時期なのか？　Pagoda《パゴダ》でオクラとエビの煮込み（うまい！）、４０００TS。チャーハン、１５００TS。サファリビール、１０００TS。コーヒー、１０００TS。

6月2日（金）

昨日の夜は部屋のTVでコートジボワールとコロンビアのサッカーの試合を見た。例によって、モスクのスピーカーからアザーン（祈りの呼びかけ）の波状攻撃。蚊取り線香が切れると蚊がぷーんと飛んでくる。蚊帳がないとマラリアも怖い。いささか寝不足。

午前中、カッシディ氏を訪ねて、Classic《クラシック》 Tours《ツアーズ》のオフィスへ。まだ来ていない。明日、東海岸のパジェに行くこと。一週間後くらいに戻って来たら、前に話が出ていたスパイス・ツアーに参加することを伝えてもらう。クローブなど、いろいろなスパイスを見て歩いて、ランチ付きというツアーは10ドルだそうだ。

午後、ホテルで働いているオマリと一緒に、彼の家のあるジャゴンベまで歩く。けっこう遠い。昨年結婚したばかりという奥さん（22歳）は、なかなかの美人。兄弟、姉妹は七人で、父親はペンバ島の出身。日本語で、体の各部分の名称を教える。妊娠中の妹が大笑い。ピラウ（ピラフ）とジュースをご馳走になって帰る。炎天下をかなり歩いたので疲れた。明日8時に、JACIIの卒業生の三浦砂織さんが経営する、パジェのParadise《パラダイス》 Beach《ビーチ》 Bungalows《バンガローズ》に移動の予定。

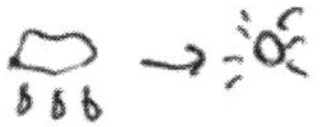

6月3日（土）

中学の同級生のカマタヒトシ君と、屋根のない車に乗って移動している。道の真ん中にテーブルのようなものがポツン、ポツンと置いてあって、眼鏡をかけた男の子や女の子が白いカード（ESPカード？）をめくって、裏に描いてある模様を読み取ろうとしている。「TV中継かな？」「そうだね」。交通の邪魔になって困ると思う。カマタ君が後ろの席から僕の髪の毛をいじっている。

朝起きたら、けっこう激しいスコールが来ていた。雨の匂いが大気を満たしている。

ミニバスの手配をしてくれたオマリが、ドライバーに間違えて伝えたらしい。

キリマンジャロビールのラベル

東海岸のパジェにあるParadise《パラダイス》 Beach《ビーチ》 Bungalows《バンガローズ》に行くはずが、ザンジバル島の北端のヌングイまで連れて行かれる。そこにもParadise《パラダイス》 Guest《ゲスト》 House《ハウス》という、似たような名前の宿があった。しょうがないので、ヌングイから一旦ストーン・タウンに引き返し、もう一度新たな乗客と一緒にパジェに向かうことにする。

行き、帰りにそれぞれ３０００TS、パジェまで３０００TS、だいぶ余計に払ったが、ザンジバル縦断のドライブだったと思えばいいだろう。途中のジョザニの森で、珍しい猿の群れ（Red《レッド》 Colobus《コロバス》 Monkey《モンキー》）も見ることができた。

Paradise《パラダイス》 Beach《ビーチ》 Bungalows《バンガローズ》には夕方の4時頃にようやく到着。インド洋に面した、絵に描いたような南の島のビーチの眺め。ちょっと退屈そうだが、逆にのんびり過ごすにはいいか。一泊15ドル（朝食付き）、食事をするなら昼食、２９００TS、夕食、４２００TS。

オーナーの三浦砂織さんはちょうど日本に帰国していて不在。ＪＡＣＩＩの卒業生の中村はるみさんとその友達の中田さん（愛称、チュータ）が、留守番を兼ねて手伝いに来ていた。他に日本人カップルが一組、Mzugu《ムズング》（白人）カップルが一組、アメリカ人のおばさんが一人。夜は煮魚、タコのココナッツ和え、ご飯（白米）、味は上々。

バオバブの幽霊

バオバブの樹を最初に目にしたのは、サン＝テグジュペリの『星の王子さま』の挿絵だった。小さな星に根を伸ばしたあの姿に、強い印象を受けた人も多いだろう。

東アフリカに来て実際にバオバブを見たとき、あの絵がけっこう正確に描かれていたことに驚いた。本当にあんな姿をしているのだ。巨人が粘土をこねあげて作ったような、太い不恰好な幹から、これまた作り物めいた節々のある枝が、四方八方に伸びている。夜、魔物が樹を地面から引っこ抜いて、根っこを上にして逆さに突き刺したという伝承があるそうだが、なるほどそんな形をしている。

名前の響きもそうだが、その姿もなんともいえずユーモラスな愛嬌のある樹で、バオバブを見つけると、思わず頬がゆるんでくる。ただし、この樹は海抜千メートル以下の土地でしか育たないので、ナイロビのような高地では見ることができない。逆にバオバブの姿が目につくようになると、海岸地方に近づいてきたのがわかる。空気がねっとりとしてきて、暑さが急に増してくる。

バオバブにはもう一つの伝承があって、最初の人間はこの樹から生まれたというのだ。太い幹になると、ほとんど家一つ分くらいの大きさがあり、その根本にぽっかりと大きな空洞《うろ》があいていたりする。いかにも、赤ん坊がそこから這い出してきそうだ。バオバブには、大地にどっしりと根を下ろした地母神のおもむきがある。

雨季になると葉が繁り、白い花が枝々からぶら下がるように咲いて、やがて太めのフランクフルト・ソーセージのような実が生《な》る。巨大な蓑虫のように吊り下がったその実のなかにも、なんだか赤ん坊が隠れていそうだ。熟して地面に落っこちた果実の裂けめから、やはり最初の人間がもがき出てきたのかもしれない。バオバブの樹の下にいると、なんとなく安らいだ気分になるのは、そんな太古の記憶とどこかが共振するためだろうか。

ザンジバル島をミニバスで移動しているとき、不思議なバオバブを見かけた。絶滅危惧種のレッド・コロバス・モンキーが棲むジョザニの森の近く、雨上がりの滴るような緑の樹木のあいだに、一本だけ枯れたバオバブの樹があったのだ。まるで骨のような白い枝を伸ばしたその姿は、バオバブの幽霊を思わせた。千年も、二千年も生きそうなこの樹にも寿命があるのだろうか。老い衰えたバオバブは、あんな姿で立ち枯れるのだろう。

白い骨に手で触れてみたかったのだが、ミニバスは大音量のレゲエのリズムに乗せて走り抜け、バオバブの幽霊は、あっという間に視界から消えてしまった。

バオバブの樹

6月4日（日）

曇り時々雨という、あまりぱっとしない天気。朝食は三点セット＋パパイヤ。昼のトマト・スパゲッティはなかなか美味しかった。晴れないので、あまりやることがない。文章を書いたり、スケッチブックに絵を描いたり、同宿の日本人カップルと話をしたり。夕食は魚の唐揚げ、パパイヤソテー（美味）、豆のご飯。三食出てくるのはありがたいが、どこかに食べに行く楽しみがない。といっても、パジェにはレストランのようなものはないので、結局どこかのリゾート・ホテルに行くしかない。

日本人二人組はタケウチ・ユウさんの夫婦（旦那の名前を聞き損ねた）。ユウさんはテンションが高く、旦那は悠然としている。新潟の出身で、1月に日本を出て、メキシコ、グアテマラ、イギリス（ロンドン）、ケニヤ（ナイロビ）と回ってきた。

中村はるみさんの相棒のチュータは、パジェに来て30分ほど陽に当たったら、脚が火傷状態になり、水膨れができている。これからタンザン鉄道（8）を乗り継いでザンビアに抜けるというのだが、一旦ナイロビに戻ったほうがいいのではないだろうか。オーナーの三浦さんは明日の夕方に帰るとのこと。

（8）タンザニア・ザンビア鉄道（Tanzania-Zambia Railway＝TAZARA）。タンザニアのダルエスサラームとザンビアのカピリ・ムポシを結ぶ。中国の援助で1976年に完成。

6月5日（月）

帰宅したが、これからまた学校に講義に行かなければならない。スライドの準備をしているのだが、新しく作るのは面倒なので、前に使ったやつをそのまま持っていこうと思う。でも、ちゃんと喋れるかどうか心配。しかも異常に眠い。季節は夏のようで、白い半袖のワイシャツを着ている。

（別の夢）婚約者の男性（自分は女性）が、庭の樹に登って、何かの実を採ろうとしている。それを隣の家の屋根の上から見ている。どうやら友人たちが相談して、仲違いしている父親と彼とを和解させようとしているらしい。父親に紹介するので、梯子を降りて来るようにと言われる。父親は顔の大きな男。挨拶もそこそこに、舞い上がってしまって、どうでもいいことをペラペラ喋る。そんな自分に嫌悪感を覚える。

午前中にだいぶ晴れてきて、ようやく南のビーチらしくなってきた。隣村のブジューまで砂浜を歩く。レストランはシーズンオフで閉まっている。村の店でミネラルウォーターとキャンディーを買う。Paradise《パラダイス》の昼食はマカロニとツナを和えたもの。夜は魚のホイル焼きとじゃがいもの煮込み。

夕方5時過ぎに三浦砂織さんが帰ってくる。「ただいまー」を連発。ヴァイタリティーがありそうなおばさん。北海道出身。TV局でアナウンサーの仕事をしていたとのこと。一見、陽気な人だが、けっこう神経は細やかなようだ。アップダウンがありそうな様子がうかがえる。

やはり女主人がいると、宿全体の雰囲気ががらっと変わる。普段はだらっとしている従業員のハジさんが、ディナーのときに白いコフィア（帽子）にカンズ（長衣）という正装で登場した。ちょっと緊張している様子。

夜11時頃まで、日本人同士で話が盛り上がる。七匹飼っている犬のうちのブルちゃんが、三浦さんに構ってもらえなくてジェラシーを感じたのか、タケウチさん（男）に飛びかかる。それでお開き。

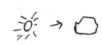

6月6日（火）

朝からよく晴れている。中村さんとチュータは、午後にダラダラでストーン・タウンへ。ダルエスサラームに渡り、8日頃にタンザン鉄道でザンビアに抜ける。チュータの脚の火ぶくれはだいぶよくなってきた。イタリア人のドクターがくれたという薬が効いたのだろう。

午前中、パジェの村の少年、アリとウニ採りをする。タワシみたいなウニ（バフンウニ?）が、波打ち際にうじゃうじゃいる。いくらでも採れそう。アリは中学生。明日、家で昼食を作ってくれるという。

今日の昼食はチャーハン。ここの食事はうまい。午後から陽が翳って曇ってきた。強い風が吹いて、時折、雨がぱらつく。どうも天気が安定しない。また雨季に逆戻りなのだろうか?

夕食に、採ってきたウニを食べる。たしかにウニの味だが、大味で、ちょっと間が抜けている感じ。今日のメインはお刺身（白身の魚、名前はわからず）。これは本当にうまい。ザンジバルで、刺身を醤油で食えるとは思わなかった。

夕食のときに、同宿のアメリカ人の女性、ジュリーと話す。精神科医。ザンジバルの精神病院で研修しながら、博士論文を書いていた。なかなか面白い人だった。夫は黒人。黒人と日本人の血を引いた孫もいる。「Modern《モダン》 Luddite《ラッダイト》（現代の機械破壊主義者）」を自称している。携帯電話は使わない。電気が来ていない、ランプ生活のParadise《パラダイス》 Beach《ビーチ》 Bungalows《バンガローズ》は気に入っている。ただし、冷たいビールは飲みたいから、

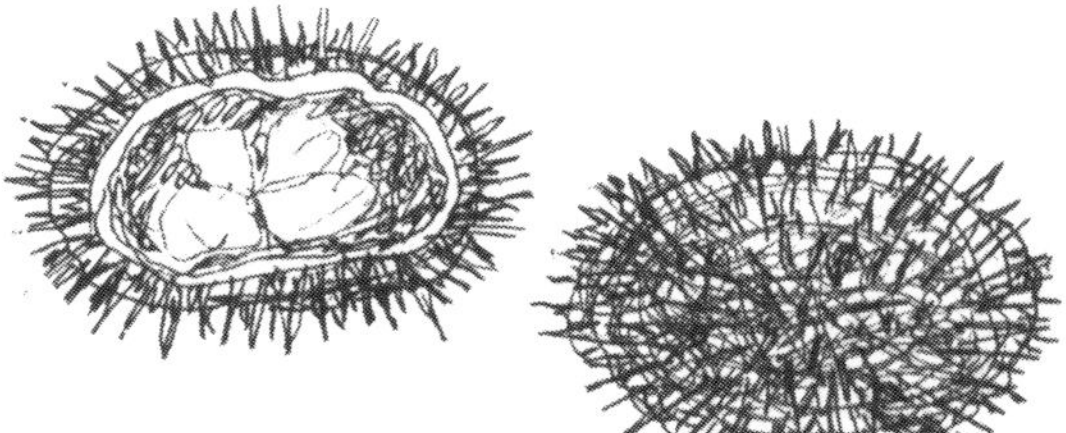
ザンジバルのウニ

冷蔵庫は必要。ザンジバルに一年くらい滞在したことがあるので、スワヒリ語をかなり話す。アフリカの精神病者は、家族の絆で守られている。ムスリム（イスラム教徒）は、精神病を神の思し召しと考える。etc。

6月7日（水）

仙台の家に帰っている。30年くらい前の雰囲気。祖母が、三味線を習ったのでぜひ聞いてほしいという。あまり気が進まないが、しょうがないなと思う。祖母が三味線を取りに行く。古い型のブラウン管のTVで、朝の連続テレビ小説をやっている（「おはなはん」？）。

（別の夢）横浜の街を紹介するTV番組で、なぜかジャイアンツの優勝パレードの様子を放映している。パレードが終わって群衆が散り、閑散とした通りを映す。「これで、次はいつ優勝できるのでしょうか？」というようなテロップが入る。

曇り空。やはり、あまりぱっとしない天気。どうも、ここでは天気に恵まれない。タケウチ夫妻は今日出発する。

昼時にアリ君の家へ。昼食をご馳走になる。ムチュジ（9）とワリ（ご飯）。2000TSのはずだったが、なんだかんだで3500TSになる。まあ、美味しかったからいいか。アリ君はParadise《パラダイス》のお客と仲よくなって、けっこう稼いでいる様子。ビーチ・ボーイ（浜辺などにたむろして、観光客の相手をする不良少年）の道を歩まなければいいけど。

午後になって、ちょっと晴れてきたけど、まだすっきりしない天気。

6月8日（木）

どこかのラーメン屋に入る。携帯で予約をしていたのに、1時半を過ぎたので店は閉めたと言われる。腹が立って店主と口論。そのまま目が覚めた（非常に後味が悪い）。

昨日の夜は、ジュリーと夕食時にずっと話す。いま、お客はわれわれ二人だけだ。主に画家と絵の話。ボッシュ、ヴェラスケス、フェルメール、エドワード・ホッパー、シュルレアリストたち。夕方に見た双子の虹（大きな虹と小さな虹が同時に出た）の話。ジュリーは昨年、大学に博士論文を提出した。最終章を三回書き直しさせられた。僕も、

（9）Mchuzi。ザンジバルなど海岸地方の代表的な料理で、トマトと魚のスープ。ライムの酸っぱい味つけが特徴。

提出した博士論文を丸ごと書き換えた話をする。いま住んでいるシアトルは、海流のせいで緯度のわりに暖かい。ちょっと行ってみたくなる。

昼、ジュリーとパジェの村に出かけて、閉まっている食堂の隣の家で、魚とココナッツの煮込み+ワリを食べる。200TS！　ものすごく安い。もっと早く気がつけばよかった。

昨日、虹を見た時に、そろそろここから出ようと思った。いくら居心地がよくても、長く一つの場所に留まると心（と、体）が重苦しくなってくる。「パラダイスの最後の日」になって、ようやく晴れてきた。ちょっと遅すぎ。

6月9日（金）

映画か演劇の一場面のようだ。誰かが金髪のひっつめ髪の女性と、その友達の女性（黒髪）を殺して逃げる。彼女の父親も、絶望してピストル自殺する。ところが、殺されたはずの女性（金髪）が立ち上がり、死者のままで、朗々と台詞を喋りだす。死者たちが探偵になり、犯人を捜すというストーリーか？　全体に、18〜19世紀くらいの、古めかしいゴシック・ロマンの雰囲気。

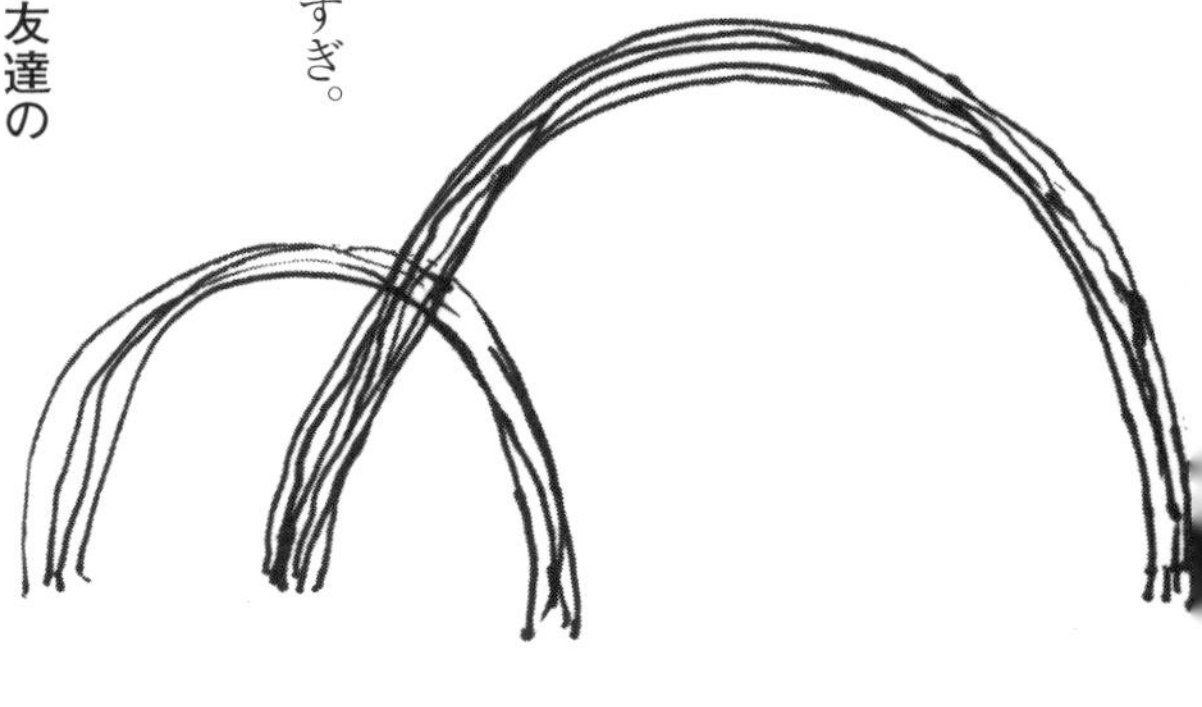

頼んでいたミニバスがなかなか来ない。

結局13時近くに、ようやくジュリーと出発。洗濯板のガタガタ道を30分、舗装道路に入って一時間弱。こういう移動の時間がかなり好きだ。どこかへ向かう「途上」であることの愉しさ。

ストーン・タウンに着いて、Kid's《キッズ》 Play《プレイ》に顔を出すと、珍しく部屋が塞がっていた。タウンの中心部に近いアネックスに移動する。本体ほど豪華ではないが（やや部屋が狭い）、こちらはこちらでけっこう綺麗。エアコン、ＴＶ、蚊帳付きで、やはり10ドル。

ダルエスサラームで世話になったBw.《ブワナ》 Sadiki《サディキ》が、お客と一緒に来ていた。明日、ペンバ島行きのフェリーの切符を予約してくれるとのこと。

夜はKenyatta《ケニヤッタ》 Rd.《ロード》のDolphin《ドルフィン》 Restaurant《レストラン》。日替わり定食。チキン・ビリヤニ＋スープ＋デザート、２８００TS。チャイ、１５０TS。割安で美味しい。

タンザニア産のミネラル・ウォーターの銘柄の名前は「KATA《カタ》 KIU《キウ》（渇きを止める）」。ストレートだが、実感がこもったネーミングだ。

6月10日（土）

幼馴染のササキヨーコちゃんが、色っぽい女性になっていて、下着姿でベッドに誘う。うまくいきそうになった時に邪魔が入る。誰かが病人（ヨーコちゃんの父親？）をベッドに運んで寝かせなければならない。ヨーコちゃんは母親に頼みたいのだが、そのためには一旦部屋の外に出なければならない。

午前中にパレス・ミュージアムへ（８００TS）。オマーンとザンジバルを往復していたスルタンの宮殿を改装した博物館。ザンジバルの歴史に関する展示物が並んでいる。一九〜二〇世紀初頭の古い写真がちょっと面白いが、全体にメンテナンス不足。

朝、サディキ氏に1万６０００TS＋チャイ代１０００TS渡したら、あっという間にペンバ行きのフェリーのチケットを取ってきてくれた。相変わらず仕事が早い。12日の夜10時に出発。ペンバ島には翌朝着く。

Classic《クラシック》 Tours《ツアーズ》に行って、明日のスパイス・ツアーの予約をしてくる。10ドル（８０００TS）。９：15に迎えに来てくれるとのこと。

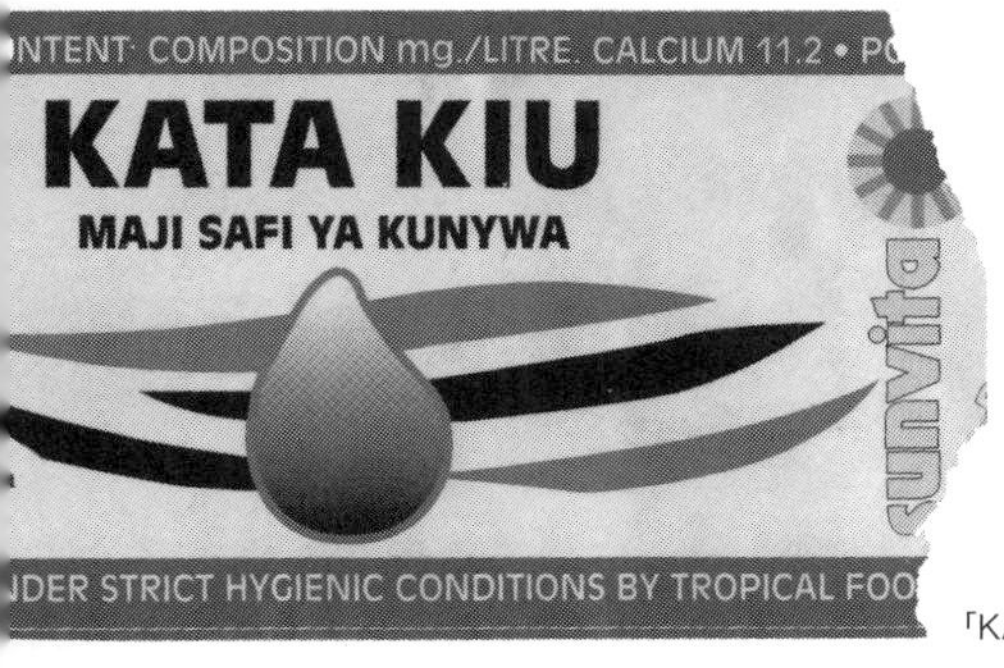

「KATA KIU」のラベル

昼、オマリに教えられたAl《アル》 Sheibany《シェイバニー》 Restaurant《レストラン》。ビーフ・ビリヤニ（ハーフ、1000TS）、ピラウ（ハーフ、800TS）、カトレス（ミートコロッケ）、500TS、チャイ、150TS。ここはリーズナブルでうまい。テイクアウトのサービスもやっている。

夕食は港の近くのフォロダニ公園に行く。夜になると、石油ランプを煌々と灯して、一斉に屋台が店を出す。エビ、カニ、イカ、貝類、ツナソーセージ、ムシカキ（串焼肉）、チャパティ、ムカテ・ヤ・マヤイ（通称、ザンジバル・ピザ）などなどなんでもあり。新宿辺りの炉端焼き屋の雰囲気で、なかなか美味しいのだが、イスラム世界なのでビールが飲めないのが残念。ムカテ・ヤ・マヤイ＋チャパティ＋イカ＋魚の切り身＋ココナッツジュース、締めて1400TS。

アンドレ・ジイドの『コンゴ紀行』を読み返している。

「少し前から確かに、私が動かずにゐることをやめると、自然は再び私の周囲で閉ざされてしまふやうだ。私は恰《あたか》も私自身が存在してゐないかのやうであり、私自身も自己の存在を忘れて一個の幻影と化し去つた観がある」。

たしかに、旅をしているとそんな気分になることがある。

パレス・ミュージアムの怪異譚（『ザンジバル・ゴースト・ストーリーズ』より）

ストーン・タウンのパレス・ミュージアムは、かつては歴代のスルタンの王宮だった。一九世紀初めに、オマーン王でもあったスルタンのサイードによって建造された豪壮な建物は、ザンジバル港を見渡す場所にあり、王の家族と従者、多くの奴隷たちが暮らしていた。一九六四年の革命後は、一時見捨てられて荒廃していたが、その後博物館として整備され、ザンジバルの歴史をひもとく絶好の場所として、毎日多くの観光客が訪れている。

パレス・ミュージアムにはたくさんの部屋と大きな回廊があり、スルタンたちの家具や装飾品などが展示されている。その屋上からの眺めは素晴らしいものだ。スルタンやその家族の多くは王宮内に埋葬されたので、彼らの墓柱の列は人の目を引きつける。建物の周りは、凝った装飾を施された白い塀で取り囲まれ、椰子の樹が植えられた美しい庭がある。

夜が来て街が寝静まると、この一角は人通りも絶え、聞こえるのは打ち寄せる波と風の音だけになってしまう。時折、

『ザンジバル・ゴースト・ストーリーズ』
祥伝社／2013

野良猫たちが鳴き交わす声が、夜の静寂を破って聞こえてくる。というより、真夜中になるとパレス・ミュージアムの周辺だけでなく、ストーン・タウンのほぼ全域がゴースト・タウンと化すのだ。

スルタンの王宮に関しては、いくつかの信じがたい話が伝わっている。最初の柱が建てられた時、奴隷たちが生きながらその根元に埋められたのだという。そこでは血腥い事件が繰り返し起こったので、当然ながらゴーストや魔物を目撃したという話も多い。これからお話しするのは、そのパレス・ミュージアムの二四時間警備の任にあたっていた、若い警官の身に起こった、何とも説明がつかない恐ろしい出来事についてである。

その警官は、若くて経験が浅かったので、パレス・ミュージアムにまつわりつく不吉な噂については何も知らなかった。むしろ新しい任務に張り切って、ミュージアムの門の左脇にある詰所に通っていた。最初の二週間は何事もなくすぎた。ところが彼は最初の夜勤の日に、信じられない経験をすることになる。

その日は蒸し暑く寝苦しい夜で、夜半には雨季の始まりらしい激しい雨が降り始めた。若い警察官は詰所の椅子に坐って、ぼんやりと雨脚が舗道に跳ねるのを眺めていたが、そのうちついうとうととしてしまった。

しばらくして彼が目を覚ました時、雨は既に上がっていた。彼はびっくりして椅子から跳ね起きた。

目の前に一人の女が立っていたのだ。全身を黒いヴェールで覆い、眼だけを覗かせてこちらをじっと見つめている。警官は驚きと恐怖のあまり小便を洩らしそうになった。ヴェールの膝から下は漆黒の闇だった。彼女には脚がなかったのだ。

女の体は地面から二フィートほど空中に浮いて、ヴェールの裾が風に揺らいでいた。ちょうどその時、王宮の中庭のあたりで、盛りのついた猫たちがけたたましく啼きわめきだした。警官は一瞬目をそらしてそちらを見た。もう一度女のほうを振り返ると、彼女の姿は既に消え失せていた。

次の日の朝、彼はこの恐怖の体験を上司に報告した。だが皆笑うだけで、彼の話を信じる者は誰もいなかった。そうなると、自分でもそれが本当にあった出来事なのかどうかわからなくなった。次の夜勤までには少し間があったので、恐怖の記憶も少しずつ薄れ、自分の臆病さを恥じる気持ちも生じてきた。

一週間後、若い警官はふたたびパレス・ミュージアムの詰所で、夜の警備の任務についていた。真夜中をすぎた頃、今度は建物の内部から奇妙な物音が聞こえてきた。誰かが階段を駆け上がったり駆け下りたりする音、女の長い叫び声、赤ん坊が泣きわめく声、ドアが開いたり閉まったりするバタンバタンという音。警官はライフル銃をにぎりしめ、全身に冷や汗をかいてぶるぶる震えていた。とても建物の中に踏み込んでいく勇気はなかった。

しばらくするとようやく騒ぎはおさまった。警官は立ち上がって、王宮の建物の中で何が起こったのかを確認しようとした。次の瞬間、彼は文字通りその場に凍りついた。王宮の玄関から、何かがすーっと糸を引いて流れてくる。街灯の明かりに照らし出されたそれは、血のように見えた。やがてその赤い液体は彼の足下近くまで流れてきた。

警官は地面に崩れ落ちた。そのまま半ば意識を失ったようだ。その後の記憶は判然としない。それが夢だったのか、それとも実際に起こった出来事なのかはよくわからないが、彼は王宮の扉が開き、そこから何人かの男たちが出てくるのを見た。先頭は白く輝く長衣を身にまとった髭面の男で、黒ずくめの衣裳で全身を包んだ男たちが後に続く。彼らは布に包まれた大きな荷物を手にしていた。がちゃがちゃとぶつかる音からすると、どうやらそれらは金属製の食器のようだった。抜き身の長剣をぶらさげている者もいた。

この恐るべき夜を過ごした後、憔悴しきった警官は高熱を出し、そのまま寝ついてしまった。家族は心配して家に呪医を呼び寄せた。悪霊を祓う儀式によって、彼の健康はなんとか回復したが、それ以上警官の勤務を続けるのは不可能だった。彼はいま別の仕事をしている。パレス・ミュージアムの二四時間警備はその後も続いているが、第二の犠牲者が出ないように祈るしかない。

（『カルル』紙、一九九八年三月三一日付の記事による）

6月11日（日）

幼稚園のお弁当の時間に使う、お茶や水を飲むプラスチック・カップを、毎日持っていくのは大変だということで、園に置いておくことになる。食事後に、たくさんのカップを洗わなければならない。これが毎日続くのかと思うとうんざりする。

（もう一つの夢）二人の侍が、雪の窪みに身を潜めて、敵を待ち伏せしている。一人は弓の名人だが、矢は三本しかない。一本目の矢で、馬上の敵を見事に倒す。次に、敵の大将が突っ込んで来るのを、ぎりぎりまで待ち受けて二本目の矢を射る。矢は惜しいところで外れるが、恐れをなして、後ろを向いて逃げ出す。その様子を見たほかの者たちも後に続く。二人の侍は、残った一本の矢を見つめて、安堵のため息を漏らす。

スパイス・ツアーは、10ドルにしてはなかなか充実していた。参加者はミニバスに乗り込んで、いろいろな場所を巡る。ガイドのムゼーが、丁寧に各スパイスの説明をしてくれる。クローブ、クミン、ヴァニラ、レモンツリー、シナモン、タンドゥリ、ナツメグ、タメリックなど。果物も、枝から直接切って食べさせてくれる。パイナップル、スターアップル、ゴールデンアップル、ドリアン、ココナッツ、ジャックフルーツ、オレンジなど。ココナッツカレーとピラウの昼食付き。スルタンのお妃のサウナ風呂、奴隷の洞窟などを見学し、ビーチでちょっと泳いで帰る。9：30〜16：30。一日過ごすにはちょうどいいツアーだった。

夜はスパイス・ツアーで知り合った大阪の大学生二人組、フルハシ君とナカムラ君とDolphin《ドルフィン》 Restaurant《レストラン》。今日の定食は、ピラウ。デザートのパンプキンパイが美味しい。その後、フォロダニ公園でムカテ・ヤ・マヤイをつまむ。彼らは去年の9月からカイロ大学に留学中。休暇の旅行で、南アフリカまで南下する予定。

今日、Kid's《キッズ》 Play《プレイ》のアネックスから本体に移動した。

6月12日（月）

ナボちゃん(10)の家に、サユリちゃんと留守番に来ている。海辺の別荘のようなところ。突然、近くで火山が爆発したらしく、黒っぽい煙が押し寄せてくる。サユリちゃんに急いで伏せるように言う。

夜、妙に蚊が多いと思ったら、窓が10センチばかり開いていた。この辺りの蚊はマ

(10) 下中菜穂さん（ナボちゃん）は、平凡社の元社長の下中弘さんの奥さん。弘さんは土岐小百合（サユリちゃん）の同級生で、その関係で知り合った。1989年の「一本の樹プロジェクト」など、二人でいくつかの企画を立ち上げ、実行したことがあった。

ラリアを媒介する。注意しないと危ない。

　暑いし、シャワーを浴びたいので、Kid's《キッズ》 Play《プレイ》 の部屋を夜までキープする（4000TS）。昼は、フルハシ、ナカムラ両君と、Al《アル》 Shebany《シェイバニー》 でビリヤニを食べる。彼らはチケットが取れたので、今晩ダルエスサラームに移動し、明日発のタンザン鉄道でザンビアに向かうとのこと。

　午後は絵を描いて過ごす。いまいち興がのらない。

6月13日（火）

　昨日の夜、22時発のアザム・マリーンズのフェリー、セレンゲティ号でザンジバル島からペンバ島へ。かなり揺れて、耐えきれなくなってデッキに出て、手すりに寄りかかり、夜の海に吐いてしまった。周りの乗客たちに笑われる。彼らはまったく平気な様子だ。

　今朝6時過ぎに、ペンバ島到着。ここは最南部のムコアーニ。ザンジバルに比べるとひっそりしている。港で看板を出していたZam《ザム》 Zam《ザム》 Guest《ゲスト》 House《ハウス》 に泊まることにする。8ドルか6400TS（トイレ、シャワー共同）。

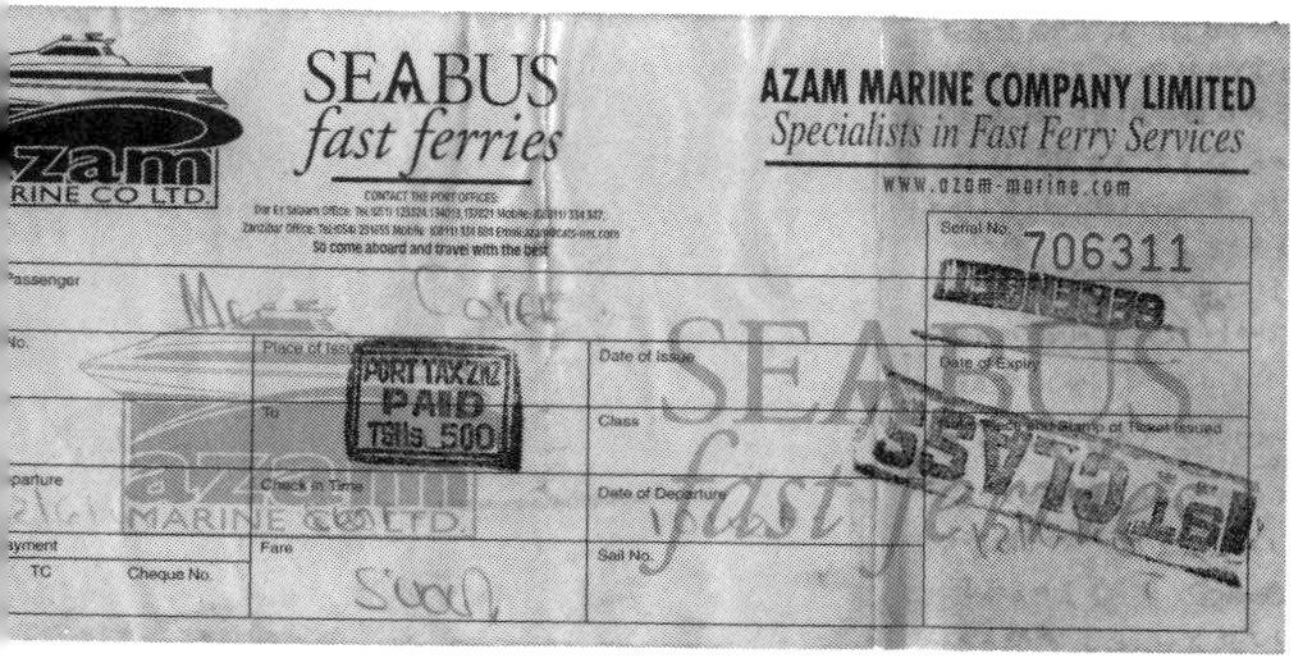

セレンゲティ号のチケット

シャワーが使えないので、バケツの水で代用。「ザムザム」という響きが可愛いが、どうやら水が流れるときの「ザーザー」「ジャージャー」に当たるオノマトペらしい。
昼前に3番のダラダラで、ペンバ島の中心の街、チャケチャケ（この名前も可愛い！）へ。500TS。一時間弱で着く。けっこう大きな街だが、やはりひっそりしていて、あまりよさそうなレストランはない。小さな店でピラウ（400TS）とチャイ（50TS）。普通に美味しかった。

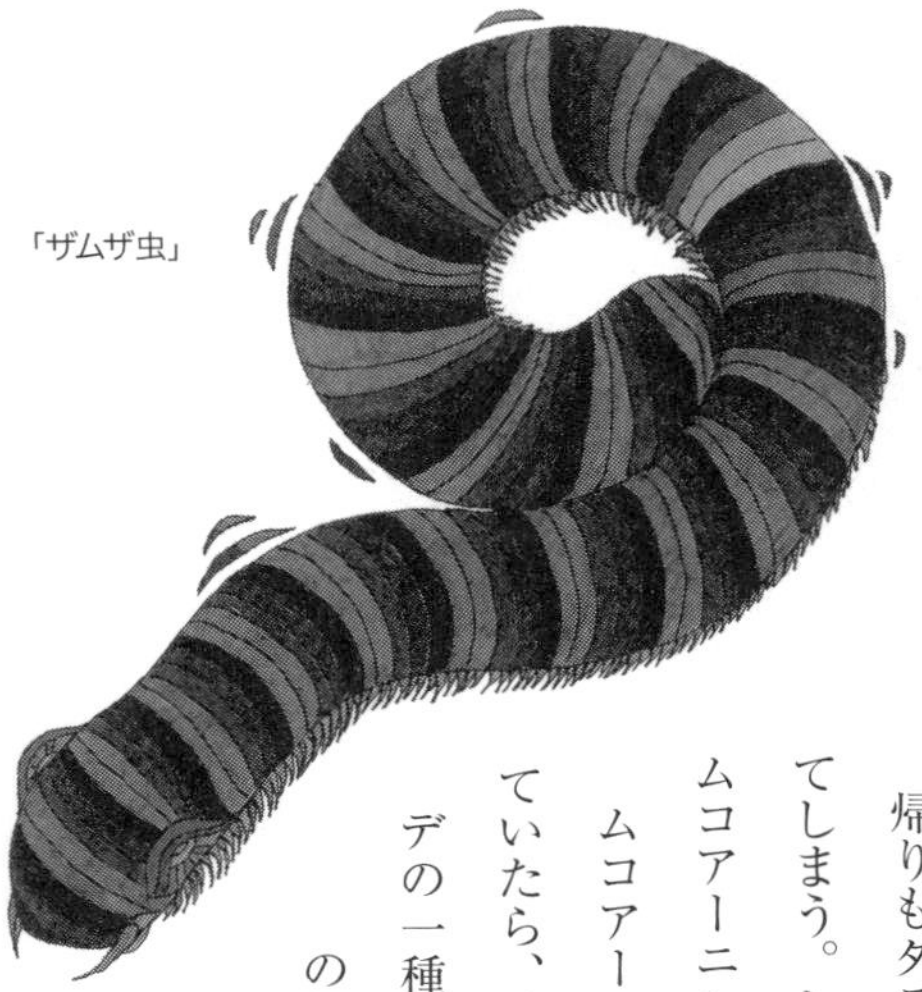
「ザムザ虫」

帰りもダラダラに乗ったのだが、なぜか途中の村で停まってしまう。しょうがないので、炭を運ぶトラックに便乗してムコアーニへ。
ムコアーニの街と港を結ぶ、ショートカットの坂道を歩いていたら、道に奇妙な虫がうじゃうじゃいる。どうやらヤスデの一種らしい。太さ、2・5〜3センチ、長さは大きいのになると30センチ近くある。グロテスクだが、どこかユーモラス。枝でつつくと、くるっと丸まる。早速「ザムザ虫」と命名した。むろん、

Zam《ザム》 Zam《ザム》 Guest《ゲスト》 House《ハウス》から来たものだが、カフカの『変身』の主人公、グレゴール・ザムザにも掛けている。我ながらいいネーミングと、一人でほくそ笑む。

あとで、宿に帰って虫のスケッチを見せたら、Jongoo《ジョンゴー》という名前なのだそうだ。でも「ザムザ虫」のほうがぴったりしている気がする。

6月14日（水）

夜中にけっこう激しい通り雨が来た。蛙の声が聞こえてくる。

若者たちが、朝早くから近くのコートでバスケットボールの練習をしている。あまり上手ではない。

タンガ行きのバラクーダ号は、金曜日に出ることが判明。ノン・レジデント値段で15ドル。あと2日あるが、食事以外はけっこういいところなので、このままここで過ごすことにする。昨日の夜は、屋台でポテトのスープ＋ムシカキを食べた。

午前中から午後にかけては雨が降ったり止んだり。降るときはかなり激しいスコールになる。午後遅くなって晴れてきた。若者たちに混じって、バスケットボールをちょっとやってみる。これでも中学時代はレギュラーの選手だったのだ。筋力が落ちていて話にならない。ボールがリングのはるか手前で失速。ジャンプ力もまったくなし。

ザンジバルから船が着いたので、Zam《ザム》 Zam《ザム》 のオーナーのムゼウェと迎えに行く。収穫なし。でも、その後白人と黒人のカップルが来た。

昼は船着場近くの安レストランで、ピラウ＋チャイ、３００TS（安い！）。夜は街に出て、屋台でムシカキ、牛肉スープ＋マンダジ三個、オレンジ、青マンゴー、チャイなどいろいろ食べる。けっこうお腹いっぱいになる。

6月15日（木）

知らない女性とカップ麺のようなものを食べている。お湯を入れて、しばらく待つが、あまり美味しくない。カップの縁に、小さなビニール袋がくっついているのを発見。そのビニール袋を箸で押すと、調味料（？）のようなものがピューッと飛び出てくる。

昼は昨日と同じレストランでムチュジ＋ワリ＋チャイ。

お客が来たのでダブルの部屋からシングルに移る。それはいいのだが、窓から小さい蟻が次々に侵入してくる。殺虫剤で大量殺戮。

今日も午前中は雨が降ったり止んだり。午後になると晴れてくるが、まだ天気は安定しない。部屋で絵に手を入れたりして過ごすが、日本から持ってきた水性カラーペンは、重ね塗りして乾くと色が褪せてくる。どこかで新しいペンを買いたい。

午後から停電（一日おき？）。夜は街に出て、ムシカキ＋カトレス（ミートコロッケ）三個＋ゆで卵＋ミートボールで500TS。スプライト、200TS。

そういえば、今日、道を歩いていたら、向こうから東洋人の集団が来た。びっくりして尋ねてみたら、中国からムコアーニの病院に派遣されてきた医者と看護婦さんたちだった。中国人のアフリカ進出の一例か。

6月16日（金）

結婚式に来ていて、緑色のドレスを着た中学の同級生と会う。実は彼女とは一度寝たことがあるのだが、知り合いが多いので他人行儀な顔をしていなければならない。彼女のドレスは、あまり似合っていないなと思う。緑より黄

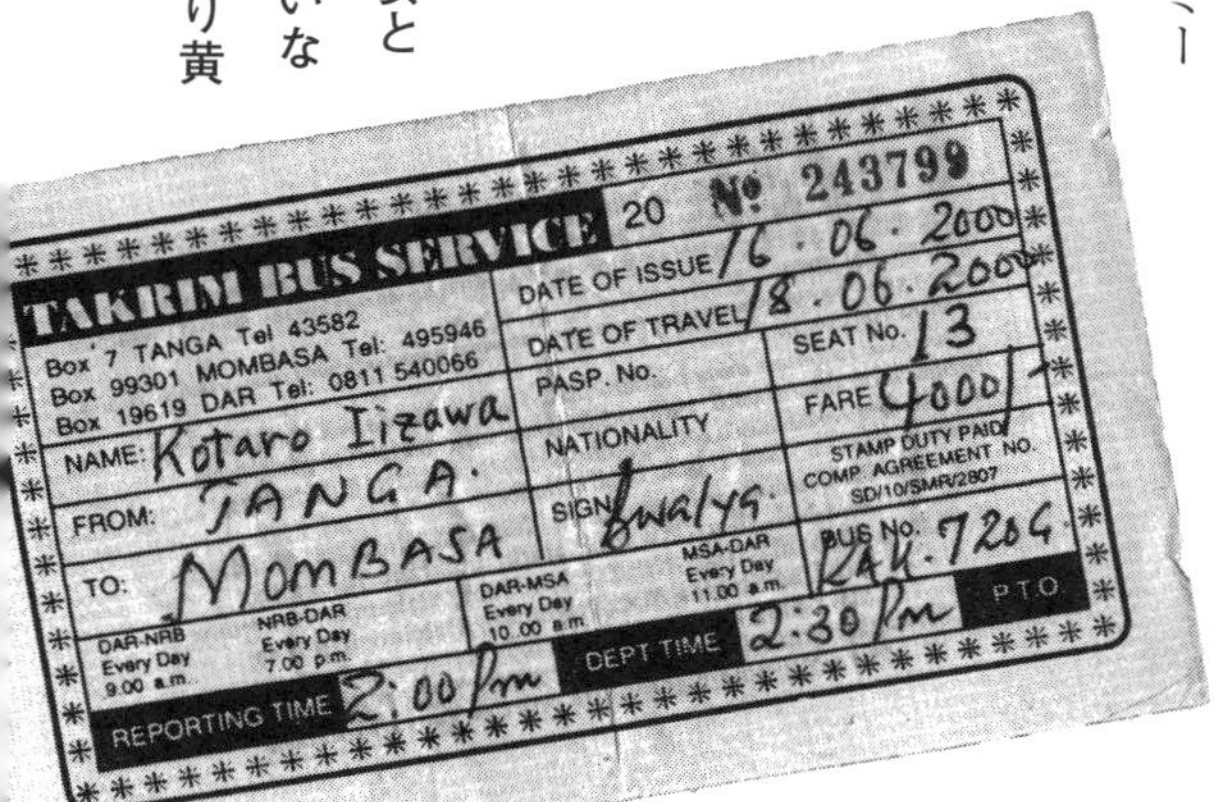
TAKRIM BUS SERVICE
20 № 243799
Box 7 TANGA Tel 43582
Box 99301 MOMBASA Tel: 495946
Box 19619 DAR Tel: 0811 540066
DATE OF ISSUE 16 . 06 . 2000
DATE OF TRAVEL 18 . 06 . 2000
SEAT No. 13
PASP. No.
FARE 4000/-
NAME: Kotaro Iizawa
NATIONALITY
STAMP DUTY PAID COMP. AGREEMENT NO. SD/10/SMR/2807
FROM: TANGA.
SIGN
TO: MOMBASA
MSA-DAR Every Day 11.00 a.m.
BUS No. KAK 720G
DAR-MSA Every Day 10.00 a.m.
P.T.O.
DAR-NRB Every Day 9.00 a.m.
NRB-DAR Every Day 7.00 p.m.
DEPT TIME 2:30 Pm
REPORTING TIME 2:00 Pm

Takrim Busのチケット

色のほうが似合うはずだし、座っていると、背中から腰の辺りの布地がよじれて皺になってしまう。霧吹き（スチームアイロン？）のようなものをかけて、皺を伸ばさなければならない。

相変わらず朝のうちは雨。8時頃に物凄いスコールになる。これで船は出るのだろうかと心配したが、バラクーダ号は雨の中を10時頃に無事出航した。けっこう揺れたが、今度は適当に歌などをうたったりして、なんとかやり過ごす。三時間ちょっとで、対岸のタンガに着いた。

タンガはムコアーニに比べると大都会だ。MK《エムケー》 Inn《イン》にチェックイン。バス・スタンドにも近い清潔なホテルだ。シングル6000TS（朝食付き）。バスは明後日の14：30発のTakrim《タクリム》バスを予約する（4000TS）。この会社のバスは、例のモンバサ・ロードで七〇人死亡した大事故を引き起こしている。ちょっと嫌な感じ。でも、事故の後はかえって安全運転になるかも。モンバサ着は日曜の夕方〜夜か？

帰りに、Kilimanjaro《キリマンジャロ》 Bar《バー》という酒場でサファリビールを飲む。ひさしぶりのアルコール飲料だ。TVで音楽番組をやっていた。Swahili《スワヒリ》 Nation《ネーション》というグループの

タンザニアの
ミネラルウォーター

「Hakuna《ハクナ》 Matata《マタタ》」という曲が、ラップ調でちょっとかっこいい。「Mpenzi《ムペンジ》, hakuna《ハクナ》 matata《マタタ》 Kila《キラ》 kitu《キトゥ》 kitawa《キタワ》 sawa《サワ》 sawa《サワ》（恋人よ、問題ないよ。何でもＯＫさ）」。

タンガはしばらく雨が降っていないようだ。ペンバとは大違い。夜は屋台でムカテ・ヤ・マヤイを焼いていたのでムシカキと一緒に食べる。スプライトを付け８００TS。

6月17日（土）

なぜか韓国（ソウル？）に家族と住んでいる。雨で増水した河を渡り、コンクリートの一戸建てが並んでいる区画を迂回して、乾物屋のような店の二階に上がる。畳を敷いた明るい部屋。洗面器が置いてある。

夜にかなり強い雨。朝はどんより曇っていて、ちょっと肌寒いほど。なんだか、雨を連れて旅をしているみたいだ。

雑貨屋で、お土産用に缶入りのインスタント・コーヒーを買う。KAHAWA《カハワ》 BORA《ボラ》（大１８００TS、小１０００TS）。黒人の男の子のイラストが可愛い。

昼はケバブ（ひき肉の串焼き）＋チーズパイ＋チャイで簡単に済ます。１０００

TS。午後は絵を描いて過ごす。「中国のふしぎな老人」（11）細かい図柄の絵で疲れた。

夜は港の近くのインド料理屋で、チキンカレー＋ナン＋ケバブ＋チャイ。３９５０TS。タンザニアのインド料理はレベルが高い。

6月18日（日）

写真展に来ている。どこかの学校の学園祭か？　黒白のファッション写真っぽい作品で、撮影した本人がやはり黒白のメーキャップと衣装で、等身大の切り抜きのポートレートが並ぶ中に紛れ込んでいる。そのアイディアがちょっと面白いと思う。

朝から雨が降ったり止んだり。いやはや。結局午前中はずっと雨で、MK《エムケー》 Inn《イン》の食堂で、チャイを飲んだりTVを見たりして時間を潰す。

雨脚がさらに強まり、結局バスは一時間遅れで出発した。タンガと、国境のホロホ

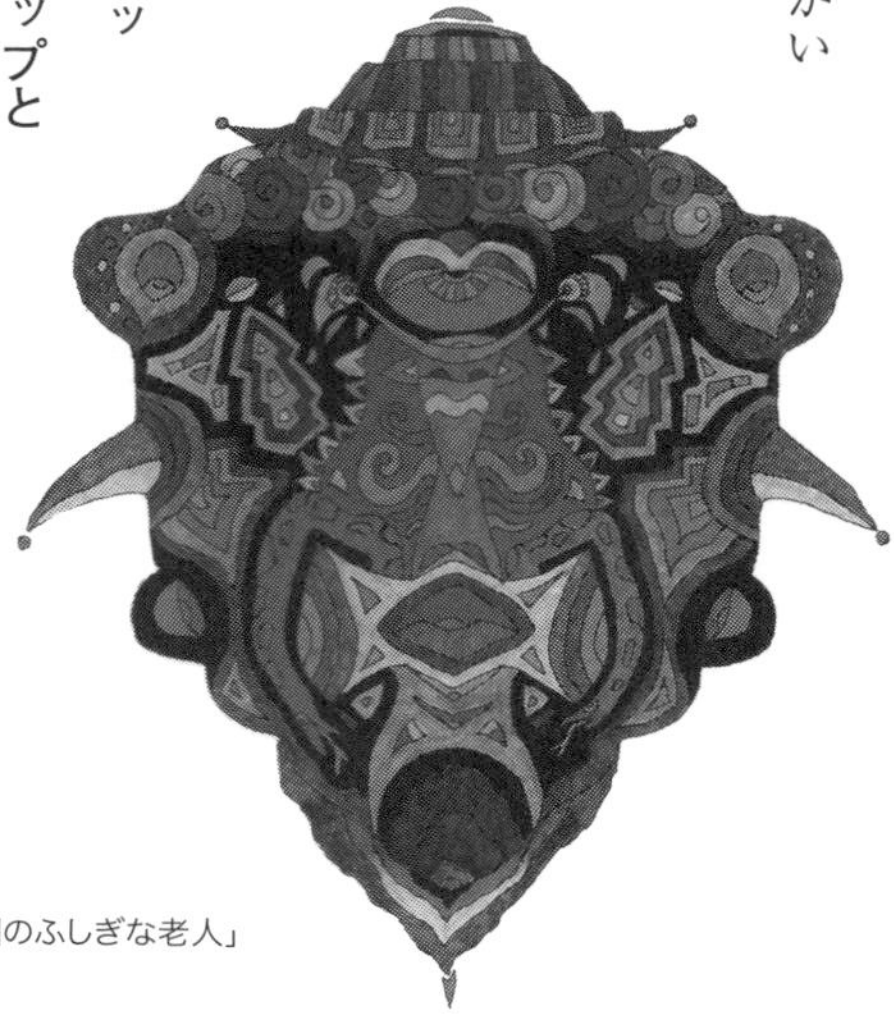

「中国のふしぎな老人」

（11）前出、『アフリカのおくりもの』に掲載。

ロの間は聞いていた通りにかなりの悪路で、タンザニア側のイミグレーションに着いたのは夜6時過ぎだった。ケニヤ側の検問所も無事通過。

ここまでは問題なかったのだが、9時前にモンバサの手前のリコニ・フェリーで、荷物は残したまま、一旦バスから降りて歩き始めた途端に、横から手を伸ばしてきた悪ガキ二人組に腕時計をひったくられた。金属バンドを留め金ごと引きちぎられる。恐るべき力と逃げ足の速さ。追いかける気もなくす。いやはや。スウォッチの安物だが、重宝していたので、どこかでまた買わなければならない。手首にちょっと擦り傷ができたくらいで済んだのをよしとすべきか。

ところが、「ついてない日」はそれだけでは終わらなかった。フェリーが対岸に着いて、乗客がバスに乗り込んだ途端にエンジンがかからなくなる。スターターの故障らしい。プルプルいってまったく動かない。いろいろやっていたが、埒があかないので、もう一台並走していた別のバスに乗客全員乗り換えることになった。バスは超満員。車内の空気は険悪。いやはや。

Mwembe《ムウェンベ》 Tayari《タヤリ》 Rd.《ロード》のバス乗り場で降りて、タクシーを使ってGlory《グローリー》 Guest《ゲスト》 House《ハウス》にチェックイン。シャワー、トイレ付きで700KS。水は出るが、網戸がないのでちょっと嫌な感じ。明日は別なホテルに移ろうと思う。
いろいろあって疲れた。Takrim《タクリム》バスはやっぱり鬼門だったかもしれない。途中でサモサとゆで卵を買って食べただけなので、お腹は空いていたが、外に出るのも面倒なのでそのまま寝ることにする。

6月19日（月）

韓国人の彫刻家の、リーさんという人から電話がある。送るように頼まれていた学校の案内が届いていないという。もう一度住所を確認すると、天現寺《てんげんじ》を伝言寺《でんごんじ》と聞き間違えていたことがわかる。

昨日の夜もけっこう激しいスコールが来た。朝はまあまあ晴れている（その後に何度かスコール）。
昼はBlue《ブルー》 Room《ルーム》でサモサとかで簡単に済ませる。午後に駅で明後日（21日）のナイロビ行きのチケットを予約する。ついでに、路上の時計屋でセイコーの防水ウォッチを買った。９５０KSを値切って６００KS。いまのところは、問題なく動いている。

ケニヤ産の煙草

ずっと、前にモンバサーナイロビ間の列車で会った海外協力隊員の太田さんに電話しているのだが、なかなかつかまらない。ＪＡＣＩＩの上田さんにも電話。相変わらず水が出ないようだ。

夜はホテルの近く、Digo《ディゴ》 Rd.《ロード》を一本入ったところのKanwal《カンワル》 Restaurant《レストラン》で、カランガ+チャパティ、80KS。美味しかったのでチャパティを一枚追加（20KS）する。マンゴージュース、25KS。

夜に太田さんとようやく連絡がつく。明日、夜7時にBlue《ブルー》 Room《ルーム》で待ち合わせすることにする。

6月20日（火）

泥んこの道。ドブ川の両岸に木造の小屋が立ち並んでいる。ナイロビのスラム（キベラ？）みたいな雰囲気。人々が暗い顔で列を作ってバスを待っている。「これがナイロビだよ」と誰かの声。いや、そんなものじゃないと反発する気持ちもあるが、なかなか声に出して言うことができない。

Haile《ハイレ》 Selassie《セラシエ》 Rd.《ロード》沿いの Excellent《エクセレント》 Hotel《ホテル》に移る。シャワー、トイレ、朝食付き、８００KS。部屋は綺麗で、レセプションの女性も感じがいい。午前中に床屋（Millennium《ミレニアム》 Barber《バーバー》）に行って髪を短く刈ってもらう。裾も剃って５００KS。またもや寿司屋の兄ちゃん。

昼に旧市街の Island《アイランド》 Dishes《ディッシュイズ》。チキンカレー＋野菜＋ワリ（ご飯）＋マンゴージュースで２００KS。なかなか美味。ここは白人の観光客が多い。

夜、太田さんと海外協力隊の人たちと一緒に、モンバサ郊外のバーベキュー屋に行く。Nyama《ニャマ》 Choma《チョマ》（焼肉）とビール。珍しくポークもある。女性隊員の米山さんは、太田さんと同じ学校でドレス・メーキングを教えている。土木測量の升ノ内さん（女性）、トゥルカナ湖の近くで漁業関係の仕事をしていた梅田さん（男性）。あと一人男性がいたが、名前を聞きそびれた。いまは技術援助というよりは、日本の青年の貴重な海外経験の場になっているというのが現実。夢破れて帰国する隊員も多いようだ。

6月21日（水）

外人のような雰囲気のグラマーな女性が、野島康三（12）のヌード写真を見せて、

（12）野島康三（１８８９〜１９６４）。戦前に活動した写真家。ヌード作品の先駆者として知られている。

首の捻り方はこんな感じかと実演してみせる。写真学校（あるいは大学の写真学科？）の研究室のような場所らしく、学生たちが興味深げにそれを眺めて通りすぎていく。

今朝も肌寒いくらいに涼しい。ナイロビはもっと気温が低いはずなので、いよいよセーターの出番か？

昼は、海外協力隊員の間で評判がいいというPistachio《ピスタチオ》 Restaurant《レストラン》でスパゲッティ・ボロネーズ（250KS）。ちょっと味が濃いけれど、たしかにうまい。暇つぶしにNkrumah《ンクルマ》 Rd.《ロード》のNew《ニュー》 Palm《パーム》 Tree《ツリー》 Hotel《ホテル》のロビーでタスカビールを飲む。インド人経営の古いホテル。ロビーは天井が高くいい雰囲気。白人観光客も多い。

二度目なので、モンバサ—ナイロビ間の夜行列車もだいぶ慣れてきた。2301Cのコンパートメント。相客は妻がケニヤ人だというドイツ人の中年男。早速缶ビールを飲み始めた。六本パックをカバンに入れているのが用意周到。途中から、ケニヤ人の男が二人乗ってくる。夕食はラム肉と野菜のソテー。

ケニヤ産の煙草

6月22日（木）

コンノテツオが、重要なことを話したいと言ってくる。日本が開発した高速ジェット機は、音速を超えると内部のエンジン、椅子などがバラバラに解体してしまう。危険なので絶対に乗らないほうがいい。（場面が変わって）石原裕次郎と浅丘ルリ子が出演する映画のポスターが貼ってある。誰かが、この『赤い翼』という映画は、いまフランスで再評価されていると言う。

朝食のジュースの種類が変わっていた。オレンジの生ジュースで美味しい。同室のドイツ人は、朝になったらスーツに着替えて、ビジネスマンに変身していた。ドイツ人が口髭を生やすと、どうしてもヒトラーを連想してしまう。

9時過ぎにナイロビ着。マタトゥでＪＡＣＩＩに。相変わらず、水の出は悪そう。電気は問題なし。

三重と大分の美術館から県展の審査依頼のＦＡＸが来ていた。この分だと帰国後の11月は忙しそう。日本のことはあまり考えたくないのだが。

6月23日（金）

母親が、象みたいな鼻の長い怪物につかまってもがいている。肋骨が見えるくらい痩せていて貧相だが、力は強い。

どんより曇って肌寒い。水の出は相変わらず悪い。

サリット・センター（ショッピングモール）に行って、カラーペンを補充する。イタリア製で発色がいい。ついでに、三階のレストランでビーフシチュー＋ライス（100KS）を食べる。

街に戻り、Moi《モイ》 Ave.《アヴェニュー》 の Barclays《バークレイズ》 Bank《バンク》 でシティ・バンクのカードを使って4万シリングほど引き出す（当座の費用、JACIIの滞在費など）。大金なので緊張する。道に向けて設置してあるATMの横で、銃を持った兵士が見張っていた。たしかに、密室になっていて外から見えないよりも、こちらのほうが安全かもしれない。

帰り道、何度も後ろを振り返って、誰か後をつけて来る者がいないかを確認。普段は通らない横道に逸れたりする。

途中でMama《ママ》 Ngina《ンギナ》 St.《ストリート》 の The《ザ》 Coffee《コーヒー》 House《ハウス》（13）でコーヒーを一杯。Japan《ジャパン》

（13）Mama Ngina St. にあるコーヒー屋。まあまあ美味しいドリップ・コーヒーを出すので、ナイロビではよく足を運んでいた。

Information《インフォメーション》 Center《センター》で新聞と週刊誌を読む。巨人が首位で横浜は最下位。竹下元首相と梶山静六氏が死去。

6月24日（土）

（夜中に怖い夢を見て目を覚ます）白人の若い男（髭面）が樹の枝に座っていると、草叢から出てきた大蛇に頭から呑まれる。近くにいた女性が悲鳴をあげ、慌てて足を持って助け出そうとするが、なかなか出てこない。何人かで力を合わせて引っ張っていると、そのうちスポンと頭が抜ける。ところが、その拍子に今度は脚のほうから呑み込まれてしまう。大蛇はいつのまにか大鰐に変わっていて、男は恐怖の表情のまま、ズルズルと口の中に引きずり込まれていく。

（別の夢）ピアノを弾きながら沖縄の歌（「花」？）をうたっている。歌詞に気を取られて、途中で何度かコード進行を間違えてしまう。

相変わらずの曇り空。寒い。

午前中に、学校の前のNgong《ンゴング》 Rd.《ロード》を下ったところにあるショッピングセンターの

Adams《アダムズ》 Arcade《アーケード》まで歩いて行ってみる。ここのJava《ジャヴァ》 House《ハウス》のコーヒー（50KS）は、チェーン店だがなかなか美味しい。

　水がまったく止まり、学校から200メートルほど離れた、上田さん一家が住む家のプールの水をバケツで運ぶことになる。水洗トイレの水だけは確保しておかなければならない。何往復かしたら、腕、腰、背中が筋肉痛でパンパンになった。

6月25日（日）

　ナマコが大盛りになった皿から、一匹が逃げ出す。そのナマコはいろいろなものに変身しながら逃げる。カエルとかサカナとかネズミとかネコとか。でも体色とか皮膚の質感はナマコのまま。

　（別の夢）バスルーム（かなり大きい）に入ると、シャワーの水が出っぱなしになっているので、栓を閉めていく。一つだけ、どうしても水が止まらない栓がある。そのハンドルをどんどん右に回すと、天井が開いていって青空が見える。小さい男が入ってきて、キイキイ声で何か話しかけるが、何を言っているのかわからない。

『DAILY NATION』2000.6.24

今日は一日、外に出る気がしなかった。絵を描いたり、文章を書いたり、リコーダーを吹いたり。

水がまだ出ないので今日もバケツ運び。ＪＡＣＩＩの今季の卒業式で上演するスワヒリ語劇の演目は、『美女と野獣』だそうだ。

６月26日（月）

平べったい小さなドラゴンが机の上にいる。裏返しになったかと思うと、くるっと丸まって球になる。その球体の真ん中に穴があいていて、妹（幸ちゃん？）が覗き込むと、その中にひゅーっと吸い込まれる。慌てて助け出そうとするのだが、もう間に合わない。

アウラからＦＡＸが来た。二ヶ月で、あのでかい段ボール箱が手紙類でいっぱいだそうだ。いやはや。

今日の昼食はおでんだった。ＪＡＣＩＩの食事は充実している。相変わらず水不足でバケツ運び。筑摩書房の『私写真論』がＧ・Ｐ・Ｏ（中央郵便局）に届いているという知らせ、明日にでも取りに行かないと。
Euro 2000 のベスト4が出揃った。ポルトガル、オランダ、イタリア、フランス。順当というべきだろう。やはり開催国のオランダが強そう。

そういえば、今日 Ngong《ンゴング》 Rd.《ロード》を歩いていたら、白いパンツを履いた少年がいた。そのパンツをよく見たら、スーパーの UCHUMI《ウチュミ》のポリ袋だった。紙オムツみたいに履いて、腰のところで取っ手を結んでいる。笑うべきではないのはわかっているが、やっぱり笑ってしまう。

6月27日（火）

モリシゲヒサヤと一緒に、自転車に乗ってどこかに帰ろうとしている。モリシゲが勝手に別な方向にどんどん行ってしまう。誰かが、自転車に乗る前に頭が痛いと言っていたから大丈夫だろうと言うが、モリシゲの姿はもう見えない。

仕方がないので、僕も出発することにする。黒っぽい砂の道。ちょっと反動をつけるように、足で地面を蹴りながら進むと楽なことがわかる。植田正治さんの砂丘の写真のような風景の中に、白っぽいオブジェがぽつん、ぽつんと置かれている。

今日もどんより曇っていて寒い。荷物からセーターを引っ張り出して着る。

『私写真論』をG・P・Oから取ってきた。いかにも鈴木成一さん（14）らしい、真っ黒な渋めの装丁。やや暗すぎとは思うけど、内容にはマッチしているかもしれない。売れるといいけど。

午後、エミレーツ航空のオフィスに行って、ナイロビからの帰りのチケットを予約してきた。とりあえず、10月17日。シンガポールにトランジットで一泊の予定。今日は水に余裕があるので、バケツ運びはなし。

6月28日（水）

朝は例によって寒い。午後から少し晴れてきた。せっかくギリシャに行くのだからと思って、ＪＡＣＩＩの書棚にあった澤柳大五郎『ギリシアの美術』（岩波新書）を読む。名文。だいたいの輪郭は掴めた。

午後はやはり暇なので、今度は村上春樹の『世界の終りとハードボイルド・ワンダーランド』（新潮文庫）を読み始める。ただし、ＪＡＣＩＩにはなぜか上巻しかない。まあ、いいか。

（14）鈴木成一（1962〜）。筑波大学出身のグラフィック・デザイナー。

夜は松田君、のり子さん、ＪＡＣＩＩの45期の宮園なぎさ君と、Ngong《ンゴング》 Hills《ヒルズ》 Hotel《ホテル》でビールを飲みながら、ＴＶでEuro《ユーロ》 2000のフランス―ポルトガル戦を観る。前にザンジバルで試合中継をたまたま見て、それ以来応援していたポルトガルが、1―2で延長逆転Ｖゴール負け。しかもハンドでＰＫを取られてという最悪の結果だった。後味が非常に悪い。でもフランスはさすがに強い。ジダンが最高の動き。ディフェンスが異常に固い。ポルトガルはルイ・コスタの調子が悪くて途中交代してしまった。

6月29日（木）

どこかの学校の入学式に来ている。式が始まる前に、Ｉ組という列に並んで座っている。僕以外はみんな若い子なので、話がうまく合わせられない。一人が自転車を逆さにしたような変なマシーンで遊んでいる。（場面が変わって）同じ子がエレクトーンのような楽器を弾く。それを借りて「トトトトトト　トトトトトト　とても強いニワトリだ」という曲を一本指で弾く。途中でつっかえたが、何とか最後まで弾き切る。

ファルコン・トラベルの上野さんのオフィスに行って、エジプト航空のギリシャ行きのチケットをもらってくる。７５９ドル。トラベラーズ・チェック払いにしてもらう。朝、7時半出発なので、空港まで車を手配してくれるという。どうしようかと思っていたので安心した。

夜はまた、松田君たちとNgong《ンゴング》 Hills《ヒルズ》 Hotel《ホテル》にサッカーの試合を観に行く。準決勝のオランダ―イタリア戦。退場者を出したイタリアが、一〇人で延長まで守り切り、0―0のＰＫ戦に持ち込む。そうなると、既にＰＫを二本はずしていたオランダが勝てるわけがない。最初の二人が続けてはずして、4―1でイタリアの勝利。オランダはゴールに呪われているとしか言いようがない試合。なんとＰＫを六本蹴って五本はずしてしまった。とんでもない試合で、サッカーの怖さを見た。それにしても、怒りの持って行き場がないオランダのファンが、暴動を起こさないといいけど。

これで決勝戦はフランス―イタリアに決定。フランスが強そうだが、こうなると、神がかり的につきまくっているイタリアが逆に不気味。

6月30日（金）

今日も一日、ぼーっとして過ごす。絵を描いたり、文章を書いたり。

街に出て、Japan《ジャパン》 Information《インフォメーション》 Center《センター》で新聞を読む。国会議員選挙。自民党は負けたけど過半数を維持。渋谷の選挙区では、民主党の長妻昭が粕谷茂を破っていた。

7月1日（土）

今日も一日、ぼーっとして過ごす（昨日も同じことを書いた気が）。こうメリハリがないとさすがに辛い。早く旅に出たいもの。

それにしても『世界の終りとハードボイルド・ワンダーランド』の文庫本の下巻はどこに消えてしまったのか？　いいところで終わっているので、何とも宙ぶらりんな気分。

夜、僕がもうすぐ出発するというので、ＪＡＣＩＩでお別れ会を兼ねてスキヤキパーティをする。上田さん、ＪＡＣＩＩのケニヤ人向けの日本語講座の講師の黒田さんと俵さん、学生さんたち四人が参加。肉、野菜、豆腐、ビールなどの費用は僕が持った。パーティの後で、初めて黒田さんとじっくり話したのだが、物事をしっかりと、深く考えている人だった。

7月2日（日）

生徒会長（高校？）の選挙の日。立候補者も揃ってうまくいきそうなのに、誰かが選挙のやり方を変えて、何か特殊な方法（忘れてしまった）で、明日投票をしたほうがいいと言い出す。せっかくの盛り上がりを萎ませないためにも、いまここですぐに投票したほうがいいと力説する。

昼はヤヤ・センターのイタリア料理屋で、パスタ＋ジュース＋カプチーノ（７５０KS）。アガサ・クリスティの『オリエント急行の殺人』を読む。前に読んだことがあるはずなのに、すっかりストーリーを忘れていた。でも、途中でだんだん思い出してくる。

夜は共同通信の大野さん、ＪＡＣＩＩの学生で毎日新聞社の香取さん、フリーカメラマンの中野さんと、ウェスト・ランドの中華料理屋へ。北京ダック、２０００KS。美味しい。

その後、Ngong《ンゴング》 hills《ヒルズ》 Hotel《ホテル》でEuro《ユーロ》 2000の決勝を観戦。フランス―イタリア戦。フランスがトレゼゲの劇的な延長Vゴールで、2―1で勝利。

四章　島の生活

［ナイロビ→アテネ（ギリシャ）→パロス島→アモルゴス島→アスティパリア島→ロードス島→マルマリス（トルコ）→エフェス→カッパドキア→アンカラ→イスタンブール］

7月3日（月）

朝、ファルコン・トラベルの車が、5：30にちゃんと迎えに来る。ナイロビは今日も曇り空。

エジプト航空は一時間遅れで出発。午後1時過ぎにカイロに着いて、5時発の乗り継ぎ便を待つ。待合室でチェックインまで待機しているが、こういう時の時間の進みは遅い。ナイロビでパンと水を買っておいてよかった。カイロは蒸し暑く、白っぽい光が射し込んでくる。推定気温35℃。

アテネには7時過ぎに着いた。まだ空は明るい。空港でツーリスト・インフォメーションに立ち寄るが、誰もいない。面倒なので、市内行きのバス（250ドラクマ［以下D］）に乗って、近くに安宿が多いと聞いていたシンタグマ広場まで行く。ホテル街はこっちのほうだと思ってバス停から歩き始めたら、まったく逆の方向だった。結局、シンタグマ広場を一周して、元の場所に逆戻り。もともと方向音痴なのだから、あまり自分の感覚を信じないほうがいいことを痛感する。

くたびれたので、パッと目についたAchilleas《アキレス》 Hotel《ホテル》というところに入る。1万9000D。もちろんエアコン、TV、バスルーム付き。居心地はいいけど、ちょっ

と高いので、明日はもう少し安いところに移ろうと思う。
夜中にＴＶで、プレイメイトのギリシャ代表を選ぶコンテスト番組をやっていた。さすが三美神の国。たいへんな美女揃い。

7月4日（火）

どこかの倉庫の片隅に穴があいていて、そこから黒く濡れたような毛並みのネズミの群れが出てきて、四方八方に散らばる。何とかつかまえようと思案して、「ゴキブリホイホイ」のネズミ版のようなものを考えつく。

（場面が変わって）女の子と新宿のラブホテルにいる。事に及ぼうとした時に、フロントから電話が来る。チェックアウトの時間まであと10分。入ったばかりなのでそんなわけはない。どうやらフロントが部屋を間違えたらしい。

くっきりと晴れている。ナイロビとのコントラストが大きい。
ただし、ここはめちゃくちゃに暑い。ＣＮＮの朝の天気予報を見たら、アテネは37℃と言っていた。

Eolou《エオロー》通りのTempi《テンピ》 Hotel《ホテル》に移る。トイレ共用で6000D。昼は近くのカフェでピタとシシカバブのセット+ビールで1200D。クロワッサンサンド+セブンアップで700D。食事は美味しいが、街を歩いていると、暑さでぐったりしてしまう。太陽の光線が怖くて、影から影へと忍者みたいに移動する。

市内観光も歩きではきついので、明日バスツアーに参加することにする。昼食付きで1万5500D。エアコン付きのバスで移動するほうが楽そうだ。

夕食はNikis《ニキス》通りのDelfi《デルフィ》 Restaurant《レストラン》。ホワイトソースをかけたラム肉+ライス、2400D+ビール二本、1200D。たしかにうまいが、ここは日本人観光客が多い。

夜になっても、全く気温が下がらない。喉が乾くのでビールが超うまい。ここの代表的なメーカーはMythos《ミソス》。

7月5日（水）

夜、暑くてなかなか眠れない。扇風機を回しても、熱風が吹きつけるだけなのでどうにもならない。宿の情報では今日は40℃を超えるのではないかとのこと。どうなることか。

Mythosのラベル

Delfi Restaurantのショップカード

8：30に近くのAttalos《アッタロス》 Hotel《ホテル》の前に集合して、エアコンのきいたラグジュアリー・バスで市内観光に出かける。アイディアはよかったが、アクロポリスの丘に登るときにはバスの外に出なければならない。道には大理石が敷き詰められていて、照り返しがきつくて暑さがさらに増す。暑すぎて、ガイドの説明も上の空。

モンバサで買ったセイコーの腕時計が止まってしまった。防水のはずなのに、なぜか中に水が入って気泡ができている。しょうがないので、時計屋でスウォッチを購入。1万2000D（カード払い）。

夜、Tempi《テンピ》 Hotel《ホテル》の同じ階にいるEphrosine《エフロジーヌ》さんと近くの日本料理屋に行く。シンタグマ広場に近いApolonus《アポロヌス》通りの風林火山（1）。オーナーはギリシャ人。リーズナブルな値段の寿司、冷やし中華など。エフロジーヌさんはハワイ生まれのギリシャ人。こちらのヴィザを取るために、二月から滞在中とのことで、いろいろ情報を教えてもらう。

やはり同じ階にいるスイス人は、日記がわりにマンダラのような細かな装飾模様のドローイングを描いている。なかなかのもの。僕の絵も見せて、二人で盛り上がる。旅人にもいろいろな人がいるものだ。

アクロポリスの丘のチケット

（1）もらってきた店のカードには、忍者がソバ（?）の皿を持って出前している絵がプリントしてあった。誤解を招きそうなデザインだが、このアテネの「JAPANESE Fast Food & Sushi」の店は、なかなかの拾いものだった。

7月6日（木）

相変わらずの晴れマーク。ドアを開けっぱなしにしていたらけっこう眠れた。しばらくは、これで行くしかないか。

新聞によると、昨日の気温は44℃だったという。これは僕が経験した最高記録だ。死者も二人出たようだ。それでも、案外慣れてきたような気がする。気温は同じくらいだろうが、昨日よりは過ごしやすく感じる。人間の適応能力の高さに自分でも驚く。

午後にエフロジーヌさんと民俗学美術館《フォークミュージアム》に行く。カルパトス島の写真がなかなかよかった。伝統的な習慣を保っているが、急速に観光地化しているようだ。スライドショーに、現地で録音した音がついている。

エフロジーヌさんからの情報で、パロス島に行くことに決める。地中海の島なら、少しは涼しいのではないだろうか。その足でピレウス港まで行き、フェリーの予約をしてくる。４７００D。８：00発なので、６時半にはホテルを出なければならない。

だんだん考えるのが面倒くさくなって、今日も夜は風林火山。ここの寿司はうまい。冷や奴＋ビールで４６００D。

風林火山のショップカード

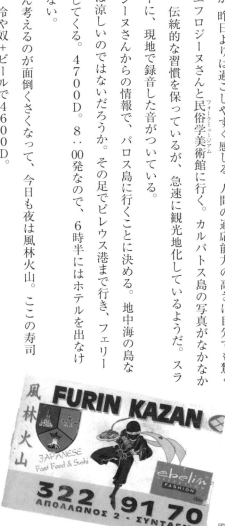

7月7日（金）

サユリちゃん、アウラと戸棚の後ろに針金を張ろうとしている。戸棚の上に置いてあるものが落っこちても、針金に引っかかって止まる。どうやら、マンションの契約更新で、2年後には引っ越ししなければならないらしい。あまり遠くには行きたくないが、家賃のことも考えなければならない。

6時起き。7時前に、無事パロス島行きのSantorini《サントリーニ》 Express《エクスプレス》号に乗り込む。僕のチケットは船室のないデッキ・パッセンジャー。出航の時間が近づくにつれて、どんどん乗客が増えてくる。バックパッカーだけでなく、休日を島で過ごそうという若者たち、家族連れも多い。

パロス島には午後1時頃に到着。港で声をかけてきたPelagos《ペラゴス》 Studios《ステューディオズ》に泊まることにする。まだ新しくて綺麗なペンション風のホテル。ザンジバルのKid's《キッズ》 Play《プレイ》 Guest《ゲスト》 House《ハウス》みたいだ。8000D。TV、冷蔵庫、電話もある。パスポートを預ける代わりに前払い（二泊分）する。

アテネよりはやや涼しいが、それでも相当に暑い。パロス島は、ミコノス島やサントリーニ島のように完全に観光地化しているわけではないが、やはりリゾートっぽい。旧市街は綺麗だし、ビーチも近いが、あまり観光気分に浸る気もないので、ちょっと居心地が悪い。

昼食に、ナイロビで買っていたマレーシア製のインスタントラーメンを、部屋の電熱器で料理して食べた。案外美味しい。夜は、道が入り組んだ旧市街のチャイニーズ・レストラン、Mey《メイ》 Tey《テイ》（福禄寿）で、ラム・カレーを食べる。ライス＋ジャスミンティーで３５００Ｄ。美味。

いま泊まっている部屋は、ハイシーズンは2万６０００Ｄらしい。三分の一以下に落ちていたのはラッキー。それだけ、この時期にはお客が少ないということだろうか。

7月8日（土）

今日もリゾート気分。港から渡し船に乗って、Kilios《キリオス》のビーチまで行く。２時頃まで泳いだり、日光浴をしたり。トップレスのおねえさん（というよりおばさん）が多い。ビーチのレストランで、ラムの焼肉（ケニヤのNyama《ニャマ》 Choma《チョマ》にそっくり）＋ビールで３５００Ｄ。

午後はＴＶを見たり、絵を描いたり。ギリシャではいま、猛暑の影響で山火事が相次いでいる。人家にも飛び火しているらしい。特にこれから行こうと思っていたサモス島では被害がひどいらしい。どうするか？

夜は、アテネで買ったトラベル・ガイド、『Lonely《ロンリー》 Planet《プラネット》』のギリシャ編に出ていたI Trata《イトラタ》に。Sword《スウォード》 Fish《フィッシュ》（メカジキ）のスブラキ（２）＋ビールで３０００D。

暑いので、腕や背中にまた汗疹ができてきた。天花粉（シッカロール）を買う（６６０D）。たしかモンバサでも買って、ナイロビに置いてきてしまった。

7月9日（日）

渡辺眸さん（３）とネパールのモンキー・テンプルに来ている。橋の欄干のようなところに猿が三匹いて目を瞑っている。猿の姿はしているが、人間が化けたのかもしれない。

相変わらず、暑い一日になりそう。そろそろ移動するべきか？

珍しく日本人の女性が一人で泊まっていた。声をかけて、島の反対側のAntiparos

（２）Souvlaki。肉や魚を串焼きにして、キュウリをヨーグルトとオリーブオイルであえたソース（Tzatziki＝サジキ）をかけて食べるギリシャの代表的な料理。シンプルだが美味しい。

（３）渡辺眸（１９４２〜）。写真家。東大全共闘を撮影したシリーズで知られているが、ネパールや日本の猿の写真集『猿年紀』（新潮社、１９９４年）もある。

まで行ってビーチで泳ぐ。ヒオキさん（?）。国際基督教大学（ICU）の3年生。NGOのボランティアで、マケドニア、イスラエル、ウガンダと回る途中だという。帰りにアモルゴス島行きのフェリーの予約をしようとしたら、コンピュータが故障。大丈夫か？

やっぱりかなり暑い。山のほうを見たら煙が上がっている。大丈夫か？

夜は、ホテルの中庭のバーベキューパーティに参加する。焼き魚がサンマっぽくて美味しい。ギリシャ産のワインもうまい。

7月10日（月）

ギリシャ語で「おはよう（Good Morning）」は「カリメラ」。Pelagos《ペラゴス》で働いているバリ島出身のアニタさんが教えてくれた。

今日も雲一つなく晴れている。ナイロビの曇り空が懐かしい。

今日もTVでサモス島の山火事についてのニュース番組をやっている。インタビューに答えるおじさんやおばあちゃんたちが、身振り手振りを混じえて朗々と語りかける。まるでギリシャ悲劇の一場面のよう。

パロス島→アモルゴス島のフェリー

高速フェリーのSeajetで、10：40にパロス島を出発。イオス島、サントリーニ島経由で、午後2時半くらいにアモルゴス島に着いた。

例によって、港で声をかけてきた男について行って、Panagiotis《パナギオティス》 Psichoyios《プシコイオス》というStudio《ステューディオ》に宿をとる。冷蔵庫、キッチン付きで７０００D。ここはカタポーラという名前の港。

アモルゴス島はひっそりとしていて、観光客もあまりいない。静かでいい。トラベル・エージェンシーでコス島行きのチケットを探したのだが、アスティパリア島で乗り継ぎしなければならないようだ。とりあえずそこまで買って、あとは成り行きということにする。明後日の早朝、４：45発。２８００D。

7月11日（火）

映画の主役の女優の相手役を募集している。戦争直後（１９４０～50年代）か？募集の条件は、軍隊に何年かいたことのある者。S…という若者が選ばれる。背が高く、逞しい体つき。

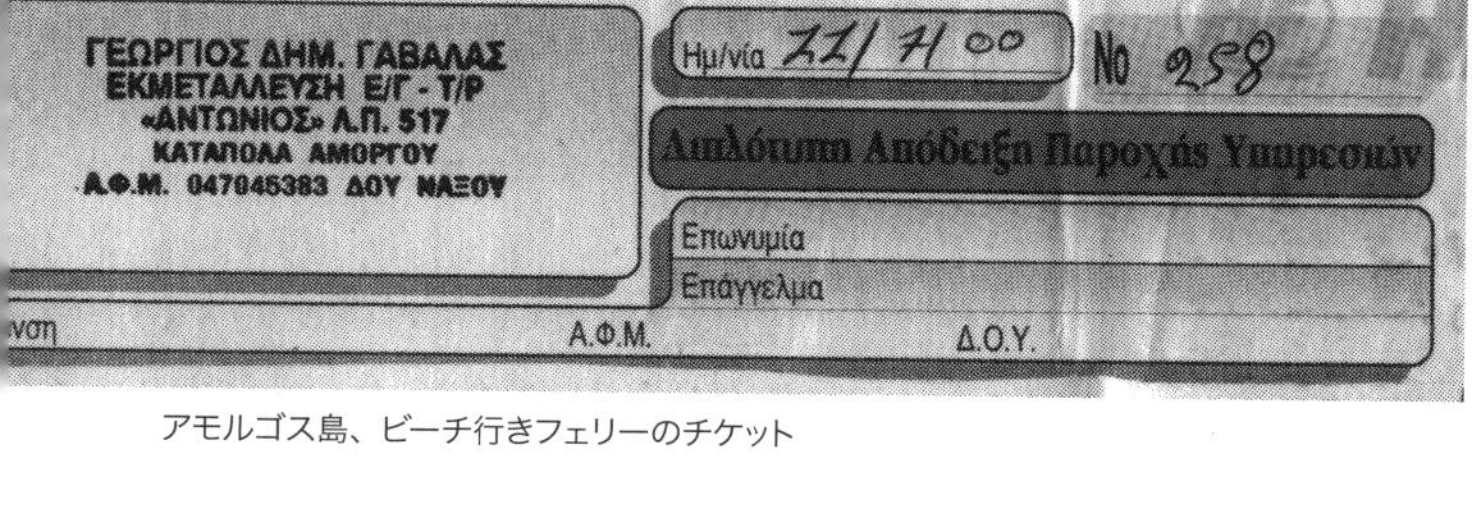
ΓΕΩΡΓΙΟΣ ΔΗΜ. ΓΑΒΑΛΑΣ
ΕΚΜΕΤΑΛΛΕΥΣΗ Ε/Γ - Τ/Ρ
«ΑΝΤΩΝΙΟΣ» Λ.Π. 517
ΚΑΤΑΠΟΛΑ ΑΜΟΡΓΟΥ
Α.Φ.Μ. 047045383 ΔΟΥ ΝΑΞΟΥ

Ημ/νία 11/7/00 No 258

Απλότυπη Απόδειξη Παροχής Υπηρεσιών

Επωνυμία
Επάγγελμα
νση Α.Φ.Μ. Δ.Ο.Υ.

アモルゴス島、ビーチ行きフェリーのチケットアモルゴスも、もちろん晴れている。午前中に小型船でビーチへ。手前に砂浜があるが、ごつごつとした岩場で人がいないのがいい。港の近くのレストランで昼食。チーズピザ＋グリーンサラダ＋ビール２０００Ｄ。サラダが新鮮でうまい。

午後にカタポーラの裏山に登る。ミノアという古代の街の遺跡。B.C.三世紀のヘレニズム時代からA.D.二世紀くらいまで街があったのだという。いまは何もない。その「何もない」という意味のなさに逆に感動する。それにしても、こんな高い場所（行き30分、帰り20分）まで、どうやって水や食料を運んだのか？坂道は、けっこうきつい。店で買った蚊取り線香の名前が笑える。「KATOL《カトール》」。蚊取る？

夜はホテルの近くの、海に面したレストラン。カラマリ（４）＋仔牛肉のトマト煮＋ライス＋ビール＋コーヒー、４２００Ｄ。美味しいけれど、ちょっと塩味がきつめ。

例によって、このレストランでも野良猫が数匹、食べ物を狙ってすり寄ってくる（５）。

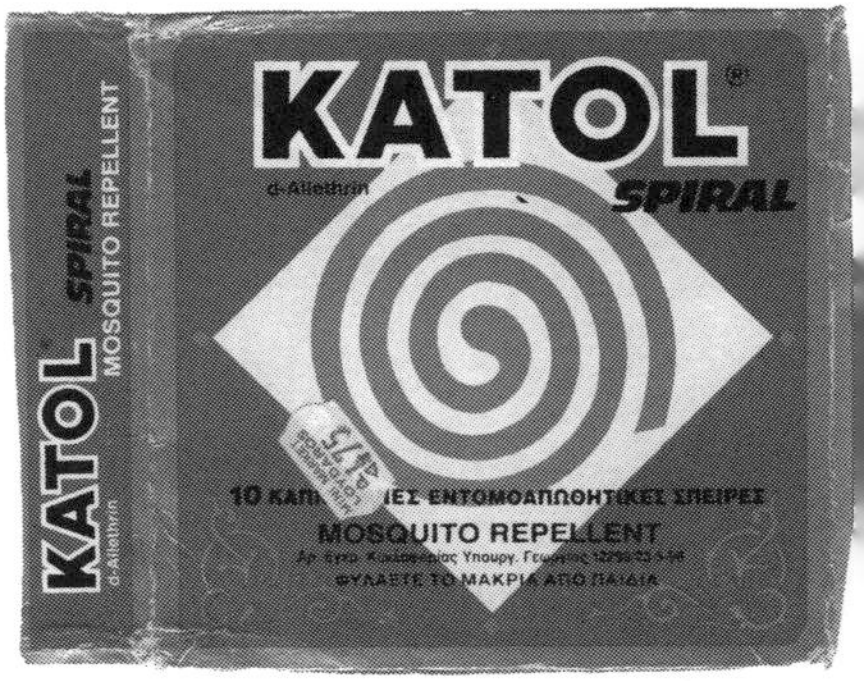

（４）Calamari。イカのリングフライ。地中海（エーゲ海）のイカはうまい。

（５）ギリシャの島々は猫たちにとってはパラダイス。気候が穏やかなので、野外で暮らせるし、遺伝性の疾患に罹りにくい体質の猫が多いという。殺処分もおこなわれないので、どんどん増える。

7月12日（水）

アスティパリア行きのHellas《ヘラス》 Ferries《フェリーズ》号は4：50頃にちゃんと来た。むろん、まだ真っ暗。船内はガラガラ。約一時間半でアスティパリア島に着いた。

ここでも例によってStudio《ステューディオ》を見つける。じいさん、ばあさんの経営。5000D。トラベル・エージェンシーに行ってみたら、ちょうど今日の夜中の2：30発のロードス島行きのフェリーがあるというので予約してしまう。連日の夜行フェリーはちょっときつそう。昼寝しておかないと。

電話局から日本に電話。クリアーに通じる。サユリちゃんがトキヲ(6)にいなかったので、伝言を頼む。アウラがぎっくり腰になったという。おやおや。

午後、裏山の城跡（Knight《ナイト》 of《オブ》 St.《セント》 John《ジョン》）まで行く。ここもまた「意味のない世界」。帰りにサジキを肴にアムステルビール。1100D。夜は港の近くのレストランで、ギュロス（ポークの薄切りの焼肉、トルコのケバブ）＋トマトサラダ＋ビール、2600D。

宿のじいさんが、早く出ていけとうるさいので、ちょっと口論になる。2時前に港に行くと、既にロードス島行きのPATMOS《パトモス》号は着いていた。2時半前に出発。あぶなく乗り損ねるところだった。

（6）土岐小百合が経営する有限会社。当時はアーティストとして活動しながら、主に映画の広報・宣伝の仕事をしていた。

島の生活

エーゲ海の島々を転々と巡っている。

パロス島、アモルゴス島、アスティパリア島、今日の夜中、二時過ぎの船で、トルコの国境に近いロードス島に向かう予定だ。

島の生活はこんな具合だ。朝九時過ぎに起きだす。当然ながら、よく晴れている。こちらに来てから、雲というものを見たことがない。

朝食は自分でつくる。というのは、エーゲ海の島々ではドマティア（Domatia《ドマティア》、Studio《ステューディオ》と称することもある）というペンション形式の宿が発達していて、部屋にキッチンと冷蔵庫が付いていることが多いからだ。昨晩のうちに用意しておいた野菜や果物を冷蔵庫から出して、簡単なサラダを作る。ビールがあればもっといい。

それに、インスタント・スパゲッティやピラフを添える、インスタント・ラーメンのスパゲッティ版（といっても麺はほとんど同じ）は、カルボナーラやメキシカンなど、いろいろな種類がある。ピラフは具入りのレトルトのライスを熱湯で炊けばすぐにできあがり。どちらも島のマーケットに売っている。

朝食を済ませたら、あとはビーチに行くくらいしかやることがない。街の近くでも、日本の海水浴場など逆立ちしてもかなわないのだが、今日はもう少し離れた、きれいなビーチまで足を伸ばすことにする。港から小さなフェリーで一〇分くらいだ。泳ぐのはそれほど好きではないので、ビーチパラソルを借りて、その陰でごろごろしている。トップレスのおねえさん（真っ赤に日焼けしたおばさんもいるが）も、最初はおおっと思ったのだが、すぐに目になじんでしまった。

昼過ぎに港に戻って遅い昼食。結局またビールを飲む。午後は街をぶらつくか、部屋に戻って昼寝。ノートに文章を書いたり、スケッチブックに絵を描いたり。日が沈む頃に、どこかのレストランで夕食。スブラキ、サジキ、ギュロス——ギリシャ料理はなかなかうまい。もちろんビールも。あとは気が向いたら、その辺りをふらふら散歩。部屋に戻ってビールかワイン。寝るのは真夜中近く。

というような生活を一週間ほど続けたら、さすがにちょっと飽きてきた。あまり社交的な性格でもないし、家族連れやバックパッ

Ancient Minoa（アモルゴス島）

カーのカップルは、それぞれ自分たちの世界に充足していて、入り込む余地がなさそうだ。どう考えても、ギリシャ中がリゾート化しているこの時期に、一人で旅行していること自体が間違っているのだろう。

アモルゴス島をぶらついていたら、〈Ancient《アンシェント》 Minoa《ミノア》〉という古代遺跡の案内板があった。時間はたっぷりあるので、看板の表示に従って歩いていくと、これが意外に遠い。途中からかなり急な上り坂になって、三〇分ほどかけてようやく遺跡に着いた。

〈Ancient Minoa〉は、小高い丘の頂上近くに広がっていた。柵の近くに解説の看板があったようだが、風に吹き飛ばされたのか、その跡だけが残っている。石積みの家をところどころ修復して再現してある。その近くの地面に、陶器のかけらが散らばっていた。小さなトカゲがちょろちょろ走り回っている以外は、生きものの影もない。

眼下に、僕が泊まっているカタポーラの港町が小さく見える。島の反対側にも同じくらいの大きさの湾があり、午後の遅い日射しがギラギラと反射している。丘の中腹に白い教会。さっき登ってきた道が、くねくねとうねって山裾に消えていく。くっきりと描かれた風景画を、死者たちとともに覗き込んでいるような、そんな気分の眺めなのだが、なぜか不思議な安らぎを感じる。

それにしても、古代ギリシャ人たち（B.C.三世紀～A.D.二世紀くらい）は、なぜこんな不便そうな場所に街をつくったのか。水や食料を運び上げるだけでも大変そうだ。それとも、昔はいまとは気候が違っていて、もう少し雨が多く、森が広がっていたのだろうか。そんな問いかけには、むろん誰も答えてはくれない。乾いた風がひゅうひゅうと吹きすぎていくだけだ。

不意に「Nothing《ナッシング》 is《イズ》 Nothing《ナッシング》」という言葉が頭に浮かんだ。「空《くう》は空《くう》」といったところか。意味のない、あるいは意味が失われた世界に、意味を求めてもしょうがないということだ。別に理屈を捏ね回すつもりはない。青空、海、枯れ草、石の丘、そして古代の遺跡、それらが明瞭に「Nothing」をかたどってそこにある。それだけのことだ。

だがおそらく、人は意味のない世界に長く耐えることはできないのだろう。魚が水のなかでしか生きられないように。だからこそ、道をつくり、家をつくり。城をつくり、街をつくり、家族や子どもをつくる。意味のないものに意味を与えようとする。それはそれで仕方のないことだ。

しばらくすると、少し日が傾いて、風が冷たくなってきた。柄でもない哲学的思考を中断して、遺跡に背を向けて坂道を下っていった。オートバイに乗ったカップルが、砂塵を巻き上げて追い越していく。

だんだん人の匂いがしてきて、街に近づいてきたのがわかる。

両側に石積みのある白っぽい道を曲がると、さっき追い越していったカップルが、道路脇にバイクを停めて激しく抱擁していた。おいおい、まだ明るいのに見せつけてくれるじゃないか。

もうそこは、意味に満ちあふれた世界だった。

7月13日（木）

日本に帰って早坂貞彦先生（7）に会う。「まだアフリカにいると思っていた」と言うので、「大学の集中講義のために一旦帰国した」と答える。すると、横にいた助手が「先生の授業は休講になっています」と口を挟む。その手続きをしたのをすっかり忘れていたので、気まずい思いをする。

ロードス島では、旧市街のKamiros《カミロス》 Rooms《ルームズ》 to《トゥ》 Let《レット》というところに泊まった。7000D。シャワー、冷蔵庫付き。

ロードスはアテネ並みの大観光地。午後にかけて、旧市街をぶらつき、Archaeological《アルケオロジカル》 museum《ミュージアム》（考古学博物館、800D）とThe《ザ》 Palace《パレス》 of《オブ》 Grand《グランド》 Masters《マスターズ》（中世のロードス騎士団の城）を見学する。なかなか見応えがあった。お墓の浮き彫りが繊細で素晴らしい。

夜は新市街の中華料理屋（名前を控え損ねた）。ビーフカレー＋ビール＋海老の揚げ煎餅、2200D。

（7）早坂貞彦（1937〜）。行動美術協会所属の画家。仙台一高時代に美術の担当教官としてお世話になった。当時は東北生活文化大学の教授で、僕は夏の集中講義の講師をしていた。

7月14日（金）

ゲーム業界の話。貴族と奴隷が登場するゲームを開発するが、発売できなくなってしまう。貴族が奴隷を酷使したり、鞭で打ったり、女奴隷と性的な関係を結んだりという内容なので、差別ではないかという告発があったため。宣伝を担当していた社員も、必要がないということで首になってしまう。

ロードス島は風が吹き渡っていて気持ちがいい。朝、夕はちょっと秋風みたいにも感じる。朝、ホテルでトースト＋卵料理＋オレンジジュースで４０００Ｄもした。

トラベル・エージェンシーでトルコのマルマリス行きのフェリーのチケットを買う。明日８：00発（６０００Ｄ＋出国税３０００Ｄ）。

7月15日（土）

朝、ロードス島を出て、無事マルマリスに着いた。入国審査も問題なし。港から街までタクシーに乗ったら３００万トルコリラ取られた。トルコは超インフレで、貨

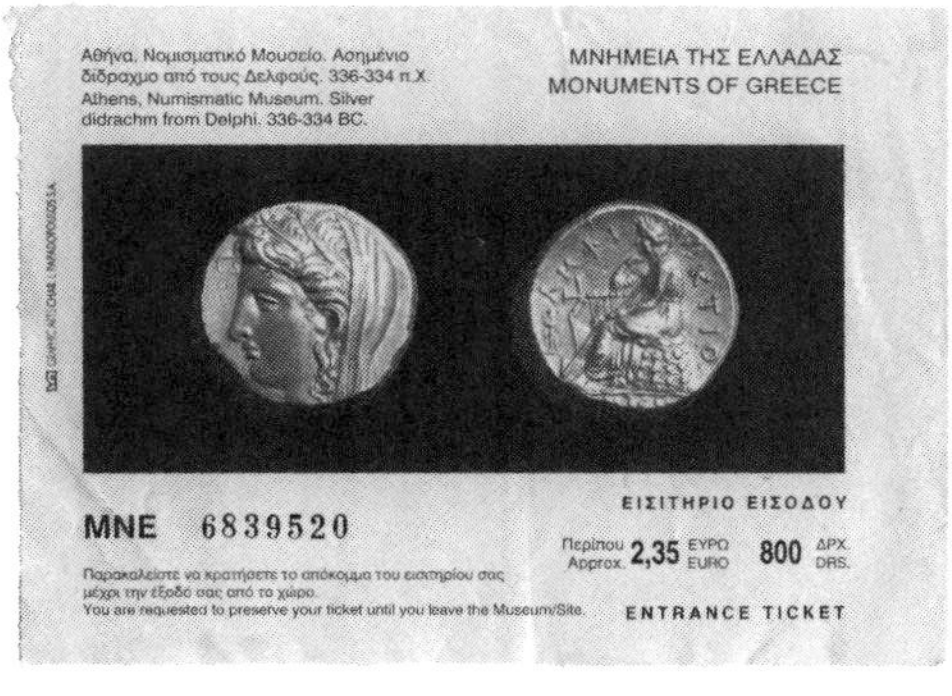

ロードス島、考古学博物館のチケット

幣単位が100万トルコリラ（Million《ミリオン》 Turkey《ターキー》 Lira《リラ》＝MTL）になるので混乱する。高いのか安いのか一瞬わからなくなるが、そのうち慣れるだろう。

朝食にパンとチキンスープ（0・75MTL）を食べた店のお兄ちゃんが、ホテル（トルコ語ではOtel《オテル》）を教えてくれた。Otel《オテル》 Nadir《ナディール》（7MTL）。感じのいい中級ホテルだ。トルコの街はギリシャよりごちゃごちゃ感があり、かえって馴染む。さっきスープを飲んだ店で昼食。ドネル・ケバブ（8）＋ビール＋スプライト（3・75MTL）。トルコ料理はすごくうまい。

ホテルのTVで、トルコの歌のベスト10番組をやっていた。曲の雰囲気が、インド音楽っぽい。演歌っぽい節回しもあり耳に馴染む。その後、スーパーに行ったら、「TORII《トリイ》」という松の木のマークの蚊取り線香を売っていたので、つい買ってしまった。なぜ「鳥居」なのかはよくわからない。

街をぶらついていたら「Korean《コリアン》 or《オア》 Chinese?《チャイニーズ》」と声をかけられた。「Japanese《ジャパニーズ》」と答えると、なんと流暢な日本語に切り替わった。ジュネイト・クライさん。日本人の奥さんがいて、渋谷に住んでいたのだという。僕が住んでいる恵比寿界隈のこともよく知っていた。

（8）Döner Kebap。トルコの国民食といってよいだろう。香辛料やヨーグルトなどで下味をつけた羊、鶏、子牛などの肉を串の周りに積み重ね、回転させて焼き上げる。それをナイフなどで削ぎ落として食べる。この頃から日本にもケバブ屋が増えてきて、ポピュラーな食べ物になった。

クライさんの店（絨毯屋兼レストラン）で食事。チキン＋サラダ＋アイラン（塩入りのヨーグルト）＋スパゲッティ＋ビール（二本）で６ＭＴＬ。後で、奥さんのとも江さんも来た。とも江さんは三月まで旅行会社に勤めていて、九月に日本に帰って、故郷の浜松で絨毯とトルコ料理の店をやるという。明日も店に行って、トルコの国内旅行についての情報を聞くことになった。ラッキー。

7月16日（日）

通っている学校（高校？）で暴動が起こる。日頃から、権威的で憎まれていた教師がいて、何か軽はずみな発言をして学生たちに取り囲まれ、糾弾されて殴り殺される。バットで脚の骨を折るような残酷な殺し方。

晴れているが、ちょっと雲が出ている。ひさしぶりに雲を見た。朝になると電気が止まって、ＴＶが観られない。節電のためだろうか？

ジュネイトさん、とも江さん夫婦を訪ね、いろいろ話を聞く。エーゲ海に面したエ

フェスとカッパドキアの二大観光地を巡る四泊五日（明日出発）のツアーを勧められる。335ドル。たしかに、自分で手配して回るのは面倒だし、せっかくトルコに来たのだから、たまには観光ツアーに参加するのもいいかもしれない。申し込むことにする。

とも江さんに借りた『地球の歩き方』のトルコ編でにわか勉強。その結果、トルコから抜けようと思っていたブルガリアの通過に、ヴィザが必要なことが判明した。どうするか？

KRAL TV（トルコのMTV）で見た、Nihat《ニハト》 Doğan《ドアン》という男性歌手がなかなかいい。ポップスと民族音楽の融合。基本的に同じ旋律の繰り返し。衣装を取っ替え引っ替えして、踊りつつうたう。バックダンサーの群舞は、インド映画と同じ造りだ。

7月17日（月）

ザンビアに向かうタンザン鉄道に乗ると、オガタさん、オオノさんといった昔の同人誌の仲間がいる。どうやら吉増剛造さん（9）とどこかに行くらしい。なんだか、あまり彼らと一緒にはいたくない気分。列車は湿地帯を進む。誰かが「ライオンを見

（9）吉増剛造（1939〜）。詩人。写真、映像、ドローイング、オブジェ作品なども多数発表。

た!」と興奮している。こんなところにライオンがいるはずがないのに。
(もう一つの夢)教室に入ると、アメリカ人たちが口論している。外国人と日本人の混合クラスのようだ。そのうちの一人、ちょっと細身の女の子に気があるのだが、クラス全体が騒然としていてうまく話しかけられない。

まず9:30発のバスで、マルマリスからイズミールに移動する(5・9MTL)。午後2時着。トルコのバスは東アフリカとは大違いで、エアコンが効いたゆったりシートで、水、コーヒー、お菓子などのサービスもある。

イズミールのオトガル(Otogar《オトガル》=バス・ステーション)からセルチュクを通るMetro《メトロ》 Bus《バス》に乗り換え、一時間ちょっとでセルチュクのオトガルへ(1・9MTL)。そこにSeven《セヴン》 Wonders《ワンダーズ》というトラベル・エージェンシーの車が迎えに来ていて、今日泊まるOtel《オテル》 Cenka《センカ》に連れていってくれる。一応三つ星で、TV付きのWルーム。

路上に張り出したカフェで、キョフテ(10)+サラダ+ビール、2・1MTL。すごく美味しかったのだが、キョフテについていたナンが巨大で、つい食べすぎて胃にもたれてしまった。ホテルに戻って正露丸を呑む。

(10)Köfte。ミートボール。トルコの代表的な料理だが、中東、東ヨーロッパ、南アジアなどに広く分布している。

7月18日（火）

妹（幸子）が数学のコンテストのようなもので優勝する。そのお祝いということで、鯛飯を炊いて食べる。


Cenka《センカ》の朝食はパン＋オリーブ、チーズ、トマトが載ったお皿＋コーヒーかお茶。

午前中からエフェス・ツアー。エフェス（エフェソス）は、月の女神、アルテミスを信仰するギリシャ人が建造した古代都市で、スタジアム、図書館、公衆トイレ、娼館（落書きがある）などがよく残っている。全盛期は二五万人以上の人口があったという。ツアーの参加者は、アメリカ、カナダ、イギリスの連合軍。例によって、暑いのとガイドの説明が長いので閉口する。

ホテルでバイキングの昼食の後、聖母マリアが余生を過ごしたという家（本当か?）に立ち寄る。なかなか充実したツアーだった。

夜、6：30過ぎに夜行バスが出発。途中のイズミールで、乗客多数が合流してカッパドキアに向かう。8時頃、カッパドキアの中心のネヴシール着。そこからミニバスに乗り換えてユルギュップへ。9時前にホテルに入った。Otel《オテル》

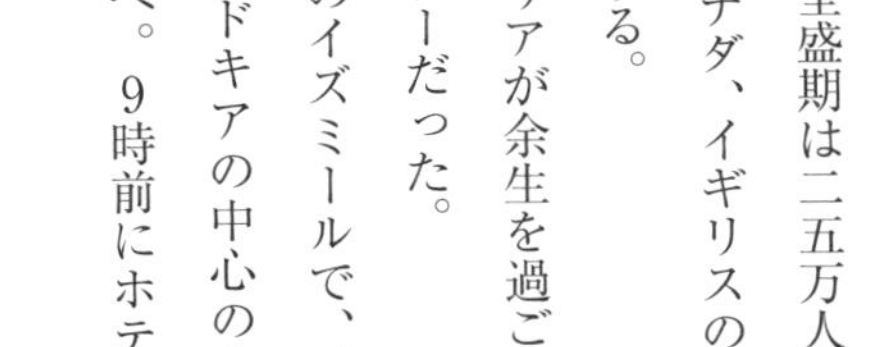

エフェス遺跡のチケット

Samtaş《サムタシュ》。普通の中級ホテル。トルコの夜行バスは、ゆったりしているのでよく眠れる。サービスも充実。映画を見ることもできる。

7月19日（水）

カッパドキア・ツアーの一日目。きのこみたいな岩をくり抜いて住んでいる家とか、ミュージアムとして公開されている教会とか、陶器作りとかを見学。エフェスほどではないが、やはり暑い。

日本人旅行者（サクマ夫妻）と途中まで一緒、あとのメンバーはオランダ、スコットランド、スペイン、韓国、香港の混成チーム。

昼はユルギュップのオトガルの前のレストランで、アダナ・ケバブ（ちょっと辛い）＋アイラン＋チャイ、2・3MTL。ケバブはどこで食べても美味しい。

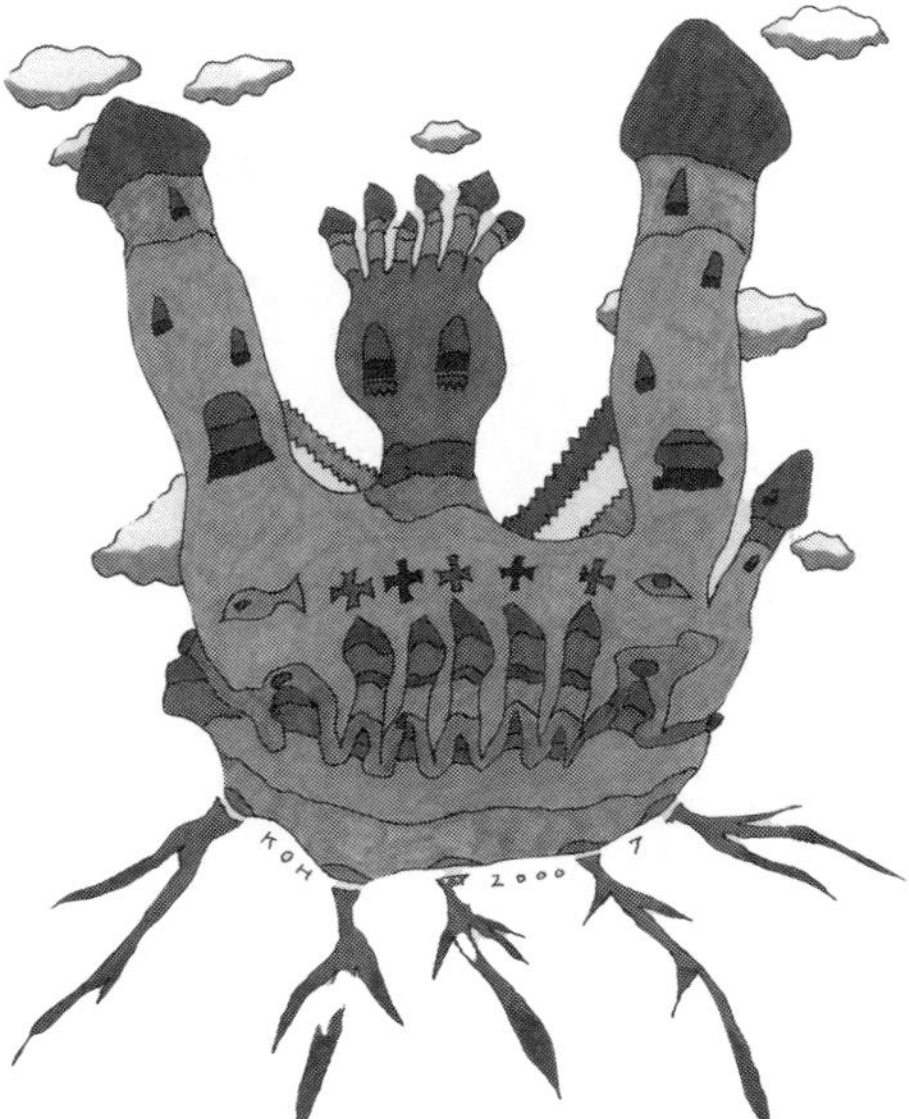

「カッパドキアの家」

7月20日（木）

今日もよく晴れている。このホテルは街はずれなので静かでいい。鳥の声がよく聞こえる。

カッパドキア・ツアーの二日目。午前中「薔薇の谷（Rose《ローズ》 Valley《ヴァレー》）」を散策。途中に岩をくり抜いた教会がある。天井近くの小窓から射し込む光、微風、樹々のざわめき。瞑想にふけるにはもってこいの場所だった。

昼食後、地下都市へ。冷蔵庫並みに寒い。迷路みたいな通路と外との温度差が大きく、ちょっとお腹の調子がおかしくなる。カッパドキアのランドマークにもなっている、Castle《キャッスル》と呼ばれる家へ。高い岩の中の階段をよじ登って頂上に出ると、カッパドキア全体がパノラマのように見渡せる。ツアーに参加してよかった。一人だとこうはいかない。エフェスもカッパドキアも、一度は見ておくべき場所と言えるだろう。

夜は、昨日と同じレストランで、肉のミックス・グリル＋アイラン。2・95 MTL。お腹の調子がいまいち。正露丸を呑む。

カッパドキア・ツアーの
チケット

カッパドキアの光（『写真について話そう』より）

S——今日、来るときに公園の横を通ったら、樹の枝の隙間から地面に落ちる光のまだら模様がすごく綺麗で、思わずカメラを向けてしまいました。

I——そうだね。陽が短くなって、斜めの光線でモノがくっきりと浮かび上がってくる。この時期の光には、心が動かされることが多いね。そういえば、三年前の夏にトルコのカッパドキアに行ったとき、こんな体験をしたんだ。

あそこには、一二世紀くらいから、修行僧が岩をくり抜いて住みついた教会や僧院がたくさんある。「薔薇の谷《ローズヴァレー》」という場所で、そのうちの一つに入ってみた。中は意外に広くて、アーチ型の梁《はり》でいくつかの部屋に区切られている。外は猛暑なのに、部屋の中はひんやりとして気持ちがいいんだ。天井近くに小窓が切ってあって、そこから一筋光が射し込んでくる。それが床にスポットライトみたいに当たって、そこだけが四角く発光しているように見えた。そのときに実感したのは、光っていうのは重さと質感を備えた、一種の物質だっていうこと……。

S——光子《フォトン》っていったかしら。光を素粒子としてとらえる考え方がありましたよね。

I——そうそう。光は電磁波であるとともに、フォトンの集合体でもある。でも、そういう物理学の原理のことではなく、そのときの光は、本当に手で触れそうな感じがした。まるで、水が岩のくぼみに溜まっているみたいなんだ。

で、その光のプールに手をかざしてみた。濃い影が床に落ちて、指と指の間に丸い輪のようなものができる。指を開いたり、閉じたりすると、光の輪も開いたり閉じたりする。その時に、あ、これが「小穴投影」の現象なのかって気づいた。

S―「小穴投影」……?

I―写真機の元になった光学現象だよ。ギリシャの哲学者、アリストテレスの『問題集』に「太陽の光が籠の目を通して地上に降り注ぐとき、目の形はさまざまなのに、地上に結ぶ像は全て円形なのはなぜか?」という問いがある。要するに、小さな穴を通過してきた光が、反対側の壁に外界の姿を投影するっていう「ピンホールカメラ」の原理だね。

この場合は、太陽の丸い形が地上に像を結んでいたわけだ。知らず知らずのうちに、写真の始まりを体験していたわけで、ちょっと感動したね。

*

I―カッパドキアの岩窟僧院の話の続きなんだけど、高窓からの光で遊んでいたときに、こんなことも考えたんだ。もしかすると、この光のプールは、修行僧たちにとっても大きな慰めになっていたのか

ピンホールカメラの原理
（アタナシウス・キルヒャー『光と影の大いなる術』1646 より）

もしれないってね。

トルコの片田舎の谷間で、何年も厳しい単調な生活を送っているわけでしょう。そんな彼らも、修行の合間に、ふと自分の掌を光にかざしてみたりすることがあったんじゃないかな。光と影がちらちら戯れるのを、子どもみたいにずっと見つめていたりとか。

長い冬が終わると、光のプールの位置がだんだん壁のほうへ動いていく。それは四季の移り変わりを計る物差しの役目を果たしていたのかもしれない。

S—いまでも、光の感触の微妙な違いで、季節の変わり目がわかりますよね。

I—うん。都会にいると、どんどんそんな感覚が鈍くなっていくけどね。でも、やっぱり今日あなたが公園で経験したように、時々びっくりすることがあるじゃない。光や影って、こんなに綺麗なものだったのかって。

考えてみれば不思議な気がする。毎年毎年、同じ季節には同じような光が射し込んでくるわけだけど、そのときのこの光を、こんなふうに見たり、味わったりできるのはただ一度だけ。来年になれば、こちらの意識も違っているはずだし、その美しさに感動することもないかもしれない。

S――そう考えると、すごく切ない気がします。

I――本当だよね。だからこの光を、ずっとこのままの形で残しておきたいっていう気持ちも湧いてくるんじゃないかな。

S――それが写真の始まり……?

I――うん。それだけじゃないけど、そんな思いが、写真を発明させるきっかけになったことは間違いないと思う。移りすぎていく光と影を、そのままモノとして固定したいという強い思いだね。

S――もし、カッパドキアの修行僧がカメラを持っていたら……。

I――そうだね。たぶん、あの光のプールの写真を撮っていたと思うよ。

7月21日（金）

朝、9時発のバスでアンカラへ。途中、二度ほど休憩を挟み、午後3時過ぎに着いた。ANKARAY《アンカライ》というミニ地下鉄でキズレイまで、そこから地下鉄を乗り継いでアンカラ旧市街の中心のウルスまで行く。

ちょっと歩いたらツーリスト・ホテル街があったので、その中からいかにもという感じのOtel《オテル》 Suna《スナ》にチェックイン。シングル、7MTL。シングルとしか言いようのない、こぢんまりとしたシングルルーム。ただし、茶翅のゴキブリが多い。ナイロビで買ったSUPER《スーパー》 DOOM《ドーム》が早速役立つ。

トルコの12chのTVニュースはかなり過激だ。海に転落した車から、水死体が引き揚げられる様子を堂々と映す。カメラマンが銃を持ったギャングに突撃取材。発砲されたり、カメラをぶっ壊されたり。家の取り壊しに抗議するデモ隊が、警官隊に激しく投石。シャム双生児の分離手術中継etc。大丈夫なのか?

7月22日（土）

何か犯罪を犯した男が、ピストルを乱射しながら逃げようとする。金髪の女が、

(İÇ HATLAR) YOLCU BİLETİ
DOMESTIC LINES PASSENGER TICKET
SERİ A SIRA NO.: 463516
İl Kodu : 38
Ürgüp V.D. Hes.No : 059001765
NEVTUR TURİZM
Aydın ALTAN
Tel.: (0 384) 341 43 02 - 341 33 03
Terminal İçi - ÜRGÜP
ANKARA 21/07/2000 09:00 9 5,000,000
A. ALTAN 463516 ÜRGÜP 17.45.07 19/07/0
NOT: Servis araçlarımız şubelerimizden 1 saat önce kalkmaktadır.
NEVTUR

アンカラ行きのバスのチケット

何度撃たれても、血を流しながら、ゾンビのように立ち上がって追いかけてくる。男は次第に絶望的な顔つきになり、恐怖のあまり、ピストルで自分の頭を撃って自殺してしまう。

アイランとビスケットで我慢していたら、お腹の調子がだいぶよくなってきた。

アンカラに来る途中、赤い血の色の水を湛えた大きな鹹湖《かんこ》を見た。赤は藻類やプランクトンの色なのだろう。ムンクの絵に出てきそうな、凄絶な景色だった。まさに「死の湖」。地図で調べたらTuz《トゥズ》 Gölü《ギョリュ》（11）という名前らしい。

朝食に出ようとしたら、宿のおばさんが何か言いたそうにしている。どうやら、部屋が危ないと伝えたいらしい。そういえば、昨日の夜も訳のわからないドアのノックがあった。気になるので、ホテルを移ることにした。Otel《オテル》 Gülhan《ギュルハン》。8・5MTL。表通りに面しているのでちょっとうるさいが、ずっと綺麗だ。

アンカラのオトガル（旧市街から地下鉄で50分くらい）まで行って、イスタンブール行きのバスのチケットを取ってくる。明日10：00発。帰りに新市街の中心のキズレ

（11）Tuz Gölüはトルコで二番目の大きさの湖で、面積は約1500平方キロ。塩分濃度が高く、ここで精製される塩は、トルコ全体の消費量の約70％を占める。ただし、ネットで写真をチェックすると、湖面はピンク色で真っ赤ではない。僕の見た「死の湖」は、違う湖だったのかもしれない。

「死の湖」

イに立ち寄る。旧市街より小綺麗な街並みで、ファッショナブルな若者たちも多い。本屋でイスタンブールの地図を買う。
夜は近くのレストランで、豆と肉の煮込み＋サラダ＋アイラン。まだ少し胃がもたれる。８ＭＴＬ。

7月23日（日）

父親の抽斗の中にある秘密の写真（男女の猥褻な行為が写っている）を見たいと思うが、蝶番の鍵がかかっている。蝶番のネジをドライバーで回して、鍵ごと外してしまえばいいと思いつく。やってみたら、割に簡単に外れた。秘密の写真は、古い黒革の手帳に挟まっているはずだ。抽斗の底のほうを探ってみたが見つからない。父親が別な場所に移したのだろうか。

今朝起きたら珍しく曇っていた。ナイロビを出て以来、曇り空は初めてかもしれない。８時過ぎにホテルを出て、近くのBosna《ボスナ》という店でチキンスープとアイランの朝食。１・４ＭＴＬ。ここは安くて美味しい。しかも二四時間営業。

バスはほぼ定刻通り出発。道中は特に問題もなく、何度かの休憩を挟んで、午後4時過ぎにイスタンブールに着いた。オトガルから地下鉄でアクサレイへ。そこでトラムヴァイ（路面電車）（12）に乗り換えて、旧市街のスルタン・アフメットへ、この辺りはバックパッカーの聖地で、安宿が集まっている。その中から、ガイドブックで目をつけておいた、Hotel《ホテル》 Aya《アヤ》 Sofia《ソフィア》 にチェックインする。15ドルのドル払いか9・5MTL。

なるほど、イスタンブールは緑も多く、雑駁で、エキゾチックでもあり、居心地がよさそうだ。ブルガリア大使館行きのバスをチェックしにエミノニュまで足を伸ばす。わかりにくいが、23番のバスが行くことはチェックできた。

夜は、ちょっとおしゃれなレストランで、スープ→キョフテ→アイラン→コーヒーというコースを頼んだら8・1MTLも取られた。

7月24日（月）

朝のうちにブルガリア大使館にヴィザを取りに向かう。エミノニュで23番のバスに乗ってオルタキョイへ。ちょうどバス停の前に警察署があったので、場所を聞いてみ

（12）イスタンブールの路面電車(Tramvay) はとても感じがいい。特に新市街側のT2線には、ノスタルジックな旧式の車両がそのまま走っている。いまはカードもあるようだが、当時はジェトンという一回限りのコインか、回数券を使っていた。

有料トイレのチケット

たら、タクシーで行ったほうがいいくらいの距離だった。

タクシーを拾って、大使館にようやく辿り着くと、なんと推定一〇〇人くらいの人たちが周りを取り囲んでいる。ほぼ全員がブルガリアのヴィザの取得希望者のようだ。朝、5時に来れば整理券を配るということで、これではどうにもならないと諦めた。

結局、ブルガリアは飛ばして、その先のルーマニアまで飛行機で飛ぼうと決める。スルタン・アフメットに戻って、トラベル・エージェンシーで、ルーマニアのブカレスト行きのチケットを手配した。130ドル。27日の18：40発。宿で、空港行きのピックアップバスの手配も済ませた。これで一安心。あとは、明日ルーマニア大使館に行って、ヴィザを取るだけ。ブカレストの空港でも取れそうだが、こちらで確保しておいたほうが安全だろう。

午後はトプカピ宮殿を見学（4MTL）。さすがに豪華。86カラットの巨大ダイヤモンドは見もの。

夕方に思いついて、アウラに電話してみた。回線の調子が悪く、声が聞きとりにくかったが、まあ元気そう。夜は近所の定食屋でチキンの煮込み定食＋ビール、3・6MTL。

トプカピ宮殿のチケット

7月25日（火）

朝、エミノニュまで歩き、そこからバスで新市街のタクシムへ。ルーマニア総領事館の場所はすぐわかったが、ヴィザ・セクションはビルの反対側。しかも9：00〜受付開始のはずなのに、12：00〜と表示が出ている。しょうがないので、ちょうどヴィザを取りに来ていた日本人学生のK沢君とお茶を飲んで時間を潰すことにした。彼は、ドイツのイエナの大学に半年留学していて、3日前にイスタンブールに遊びに来たとのこと。12：00に総領事館に戻り、写真、書類、手数料1ドルを渡すと、30分ほどでヴィザは簡単に取れた。

ところが、K沢君は、持ってきたドイツ銀行のカードがATMで使えなくなっていると言う。なぜか残額不足という表示が出る。タクシムのドレスデン銀行で聞いてみたら、ドイツ銀行はちょっと離れたババベクというところにあるというので、K沢君はバスに乗ってチェックしに行った。手持ちの現金は5MTLくらいしかないと言うので、カードが使えないとかなりきつい。

ケニヤでよく使っていた洗剤。
トルコにもOMOが

午後はアヤソフィア大聖堂とイスタンブール考古学博物館へ。アヤソフィアのモザイク壁画や教会（現在はモスク）の建築は確かに素晴らしいが、予想の範囲内。考古学博物館で見たアレクサンドロス石棺が凄かった。レバノンのシドンの巨大墓地（ネクロポリス）で1887年に発掘された石棺で、アレクサンドロス3世とペルシャ人たちとの戦いの場面の浮き彫りが施されている。静けさを秘めた、緻密かつ力強い造形。生と死の交錯。特に馬と戦士の棺と、近親者の死を嘆く女性たちの棺が凄い。何の予備知識もなく見に行ったので、逆に驚きつつ感動した。

近くのレストランでドルマス（13）+ライス（2・1MTL）の夕食を済ませて宿に戻ったら、K沢君が訪ねてきた。やはりバベクのドイツ銀行の支店でもATMは使えず、ほかの支店で試してもダメ。万策尽きて、結局一度ドイツに帰ることにしたという。しょうがないので夕食を奢って、とりあえず明日、トラベル・エージェンシーでドイツ行きの航空券を当たってみることにする。

それにしてもATMは便利だけど怖い。結局実体のない数字を動かしているだけなので、その数字が何かの拍子にふっと消えてしまったら、どうにもならなくなる。

（13）Dolmas。中央アジアから北アフリカまで広く分布している料理で、米、タマネギ、野菜、ひき肉などを香辛料で味付けして捏ね、ブドウの葉などに包んだ料理。あるいは、ピーマン、パプリカなどの中身をくり抜いて詰め込む。この時に食べたのはピーマンのドルマス（ビベル・ドルマス）。

7月26日（水）

足にまつわりつく濡れた猫を引き離そうとしても、べたべたくっついてなかなか離れない。そこで目が覚めたら、汗でべたつく自分の足をシーツから引き出そうとしていた（これは夢と言えるのだろうか？）。

K沢君は、結局ミラノ経由、フランクフルト行きの飛行機でドイツに帰ることになった。16：15分発、135ドル。フランクフルトからイエナまでは、鉄道のパスを持っているのでOK。空港までのバス代とか食事代とか、あわせて160ドルを貸すことにする（日本に帰国後に返してもらうという約束）。それにしても、僕とルーマニア総領事館で会わなかったら、どうなっていたかと考えると、彼にとってはラッキーとしか言いようがない。ATMの怖さが身に染みた（といっても、対策のとりようがないが）。

午前中、トルコ・イスラム美術館へ（2・25MTL）。イスラム美術のモザイク模様の、空間恐怖的なパターンへの執着には半ば呆れてしまう。

トルコ・イスラム美術館のチケット

五章　秋の国へ

［イスタンブール↓ブカレスト（ルーマニア）↓シナイア↓ブラショフ↓シギショアラ↓クルージ・ナポカ↓ブダペスト（ハンガリー）／ケチケメート↓プラハ（チェコ）／プルゼニュ］

7月27日（木）

今日も暑くなりそうだ。午前中、荷物をパックした後で時間ができたので、前から気になっていた地下貯水池（Yerebatan《イエレバタン》）に行ってみることにする（1MTL）。東ローマ時代に建造されたもので、かなり大きなスペース。天井から水が垂れ、床が池のようになって魚が泳いでいた。奥まったところにメデューサの首の浮き彫りがあり、一つは横向き、一つは逆さになっている。緑色の苔で、邪悪な印象がさらに強まる。出口近くのカフェでチャイ（0・5MTL）を飲む。ベートーヴェンの第九（1）がかかっていた。

午後3時ごろに迎えのバスが来て、早めにアタテュルク空港へ。ルーマニア航空機は一時間ほど遅れて7：30頃に出発、ブカレストには約一時間後に着いた。

イミグレーションなどは問題がなかったのだが、空港を出た途端にタクシーの客引きにつかまる。街まで10ドルというのは相場のようだが、『地球の歩き方』で783番のバスがあることを知っていたので、ふり切ってバス乗り場に向かう。

Victoriei《ヴィクタリエイ》通りの革命広場で降り、地下鉄でGara《ガラ》 de《デ》 Nord《ノルド》（北駅）へ。この辺りがまた、柄の悪いところで、用もなさそうなのにうろうろしている怪しい奴がたくさんいる。

地下貯水地のチケット

（1）「交響曲第九番」ニ短調作品125（合唱付き）。スタンリー・キューブリック監督の映画『時計じかけのオレンジ』（A Clockwork Orange、1971年）の挿入曲として、実に効果的に使われていたのを思い出す。

そのうちの一人につかまって、駅の中にある、恐ろしく汚い部屋に連れ込まれそうになる。12ドルというので、『地球の歩き方』に出ていたCerna《セルナ》 Hotel《ホテル》をチェックしてからと言うと、なんとホテルまでついてきた。Cernaも12ドル（トイレ、シャワー共用）。こちらのほうが部屋はずっと綺麗なのでチェックインする。ブカレストはナイロビやダルエスサラーム以上にヤバそうだ。いま11時10分前。近くの店でドイツ・ビール（Hopfen《ホッフェン》 König《クーニグ》）を買ってきて飲んでいる。けっこううまい。

イスタンブール→ブカレストのボーディング・パス

7月28日（金）

円盤（フリスビー？）のようなものをパスしながらゴールまで運ぶ、バスケットボールのような競技をしている。一人がラインの外にいて、もう一人の選手の足を持ち、体を長く伸ばして、つながったような状態で移動していく。

Cerna《セルナ》 Hotel《ホテル》は、部屋自体は悪くない。二重窓で防音しているので通りの騒音も入ってこない。ただしトイレットペーパーが切れている。シャワーは出っぱなしになって

しまう。午前から午後にかけてブカレスト市内を歩く。社会主義時代に建造された、単調でだだっ広い街路。街自体の面白みはまったくない。早めに移動したほうがいいかもしれない。物価は安い。桃が一キロで1万6000レイ（「以下L」、日本円換算で80円）くらい。マックチキン＋ポテトチップ＋スプライトのセットで4万L（200円）。

革命広場の国立美術館のコレクションは、なかなか充実している（3万L）。ティントレット、クラナハ、ブリューゲル、ファン・エイク、レンブラント、エル・グレコ——名画がずらりと並んでいた。

一番の問題は、ファーストフード以外のレストランがほとんど見当たらないこと。夕食時に何とか一軒見つけて入ったのだが、相当にひどかった。まず、お金を払ってレシートをもらい、それを出して食べ物や飲み物を受け取る。ミニハンバーグ＋ピーマンの煮込み＋ライスの定食だが、冷え切っていてべちゃべちゃ。今回の旅で最悪の料理か。おそらく、ルーマニア人に外食の習慣があまりないのと、社会主義時代の官僚主義の名残なのではないだろうか。

駅はものすごい混み方なので、切符が取れるかどうか心配だが、明日、ブカレスト

ルーマニア国立美術館のチケット

からシナイアに移動する予定。

7月29日（土）

駅の裏手から、坂道を下っていく。ガードレールのようなもののところで道が二つに分かれていて、右のほうに折れるとかなり急な坂。古い型のオート三輪車（青い色）が、エンジンふかして、なんとか上り切っていく。工事が中断しているらしい建物があり、その剥き出しの鉄骨の上で、親子（父親と息子が二人）が野球の練習をしている。真ん中にいる父親がボールを投げると、息子の一人がバットで打ち返す。それを父親が受けて、くるっと一回転して反対側に投げる。それをもう一人の息子が打ち返す。めまぐるしいほどの速さ。

昨日からバスルームの電灯がつかない。夜に駅前を走る路面電車を窓から眺めていたら、電線の継ぎ目から青い火花が散っていた。萩原朔太郎の『青猫』（2）を思い出す。ビニール袋を口に当てて、フラフラ歩いている少年。シンナーを吸っているのか？　ブカレストはだいぶ荒廃しているようだ。

（2）『青猫』（1923年）は、大正末から昭和初期にかけてのデカダンスの匂いが漂う東京を舞台とした、萩原朔太郎の第二詩集。改訂版の『定本 青猫』（1936年）の「自序」に「都會の空に映る電線の青白いスパークを、大きな青猫のイメーヂに見てゐる」とある。

チケットは割と楽に取れた。思いついて、比較的空いていた一等車の窓口に並んだのが正解。10万L（500円くらいか）。9：26発。少し遅れて出発して、一時間ほどでシナイアに着いた。

結局、昨日も今日も朝食は駅の構内のマクドナルドで済ませた。マックチキンのセットが4万L。ブカレストでは、高級ホテルは別にして、まともな食堂はマックくらいしかないのだから仕方がない。うまくもなければ、まずくもない味。逆に世界中どこに行っても、これだけの同じ味を保てるのがすごいと思う。

シナイアは、ちょっと軽井沢といった雰囲気の山間の避暑地。吹き抜ける風が気持ちいい。駅でじいさんとばあさんの客引きコンビにつかまり、僧院の近くの「プライヴェート・ルーム」に泊まることにする。10万L。水の出があまりよくないのが気になるが、感じのいい部屋。ばあさんは英語がまったく喋れない。

昼、レストランで、初めてルーマニア料理らしい食事にありつく。肉とじゃがいものスープ、トルコのキョフテにあたるMititei《ミティティ》というミートボール。ビールも飲んで6万Lくらい。その後、ロープウェイでブセギ山に登る。山の上は風がひんやりしていて爽快。美しい谷間が見渡せて、まさに『サウンド・オブ・ミュージック』（3）！

（3）『The Sound of Music』。1965年公開、ロバート・ワイズ監督のミュージカル映画。映画の冒頭で主演のジュリー・アンドリュースが、アルプスの壮大な眺めをバックにうたい踊る。

という感じ。リフトもあり、冬はいいスキー場になりそうだ。

「プライヴェート・ルーム」は安くていいが、家族と一緒なのでちょっと気を遣う。

ここはじいさん、ばあさんだけだと思っていたら、夜になると娘さん（?）とその子どもたちがやってきた。

7月30日（日）

工場の設備を改装して、何か新しい製品を作ることになる。砂糖菓子のようなカラフルな色の薬品（?）。その国の人たちは、皆見上げるように背が高い。

(別の夢)ブヤさん(下中弘さん)が、手づくりの料理でご馳走してくれることになる。お礼を上げようと思ってスーツケースを開けると、ビニール袋の中にエビが入っている。ブヤさんはたしか甲殻類アレルギーのはずなので、エビはあまりよくないと思い、ビニール袋から取り出して流しに捨てようとすると、何匹か逃げ出して大騒ぎになる。スーツケースの中には別なビニール袋もあり、そこには大根の漬物が入っている。

午前中に宿から15分ほど歩いて、ペレシュ城とペリショール城に行く。ルーマニアの初代国王、カロル一世の夏の王宮だったペレシュ城は、超豪華で装飾過多なドイツ風宮殿。古今東西の武器、マハラジャから送られたチーク材の家具、巨大な鏡、伊万里の陶器などのコレクションが、各部屋に飾られている。ヨーロッパで最初に電気設備が完備した城だったということで、エレベーターがあったり、映画が上映できる部屋があったりする。

ペリショール城は、カロル一世の甥のフェルディナンド公の館。エディンバラから嫁いできた妻のマリアの趣味で、アール・ヌーボー、アール・デコのスタイルが取り入れられている。彼女自身も絵本を描いたり、椅子をデザインしたりしていたらしい。ペレシュ城のごたごた趣味とは対照的な、すっきりしたモダン・デザインのお城だ。

この二つの城を、二〇人ほどのグループで、英語の解説付きで回る（ペレシュ城／7万L、ペリショール城／6万L）。なかなか面白かった。

昼にちょっとしたレストランに入ったのだが、肉は味なし、サラダは冷凍野菜、スー

ペレシュ城のチケット

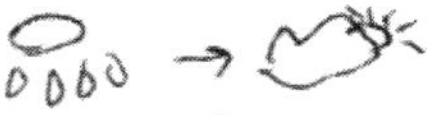

プはインスタント、その割には値段が高く、11万Lも取られた。ルーマニアの食事は、本当に何とかならないだろうか。

夜は、ややましな料理を出すレストランで、ポーク焼肉＋肉野菜スープ（Chorba《チョルバ》 Vacuda《ヴァキューダ》）＋ポテトフライ＋ビール、7万2750L。それほど美味しくはないけれど。

7月31日（月）

廬山《ろざん》亭とか何とか、仰々しい名前の料亭に来ている。二階の格子窓の窓枠に、傘が二本引っかけてある。そのうちの一本を下に落とすと、中庭の地面に突き刺さる。それが面白くて、もう一本も同じように落っことす。女将が顔を出したので、傘を取りに行きたいと頼むと、中庭はいま●●中（理由を述べるのだがよく聞き取れない）なので入れないと言う。なぜか都築響一さん（4）がそこにいたような気がする。

朝起きたら小雨が降っていた。かなり冷え込む。昨日からトレーナーの出番。9時過ぎに駅に行って、ブラショフ行きの切符を買う。ところが、その切符が手書きなので列車番号が確認できず、ホームと発車時刻がわからない。どうやら、一本向こうの

（4）都築響一（1956〜）。編集者、写真家。『TOKYO STYLE』（京都書院、1997年）で第二三回木村伊兵衛写真賞を受賞した。

ホームに来ている列車らしいとわかって、慌てて線路を横切り、柵を越えてようやく乗り込む。何とか間に合った。ブラショフまでは一時間弱。例によって、駅を出たところで「プライヴェート・ルーム」の男（クリスティという名前）に声をかけられ、彼の車で街へ。10ドルという約束だったのに、満員なので15ドルの別の部屋というので、かなりきつめに交渉して、結局10ドルになった。中心街からは少し離れたスケイ地区にある部屋だが、静かで感じはいい。

トランシルヴァニア地方の入り口にあたるブラショフには、中世以来の街並がそのまま残っている。たしか写真家のブラッサイ(5)がこの辺りの出身のはずだ。今日は月曜なので美術館とかは休み。ゴシック建築の黒の教会と、フレスコ画が綺麗な聖ニコラエ教会を見学。

夜は広場に面した長城酒楼で中華料理。ルーマニアのような食事難民の国では、チャイニーズがあると助かる。四品＋チャーハン＋ビールで30万L。ちょっと濃いめの味だが美味しかった。

（5）Brassaï（本名 Gyula Halász、1899〜1984）。旧オーストリア＝ハンガリー帝国領だったブラショフで生まれ、1924年からパリで活動。『夜のパリ』（1933年）などの名作を残す。

トゥンパ山のケーブルカーのチケット

8月1日（火）

ヴラド・ツェペシュ

どんより曇っていて寒い。気温は15℃以下。昼前から少し晴れてきた。

午前中に民俗博物館に行く（６５００Ｌ）。仮面や民俗衣装が面白い。Krampusz《クランプス》と称される魔物の仮面、衣装は、なまはげを思わせる。キリスト教伝承以前のアニミズム信仰の名残か？

午後2時前にクリスティに誘われて、彼の車でブラン城へ。ブラン城は、ワラキア公、ヴラド・ツェペシュの居城。トランシルヴァニア地方を舞台とする『吸血鬼ドラキュラ』（６）の館のモデルになったとされる。それほど、おどろおどろしい雰囲気はないが、屋根裏に隠し部屋があったりする。その後、ケーブルカー（2万5000Ｌ）で街を見下ろすトゥンパ山に登った。赤い瓦屋根の街並みの向こうに麦畑が広がる。なんだか物寂しい光景。

夜に入ったレストラン、相変わらずひどかった。肉に味がない。固くて噛みきれない。名前、値段を書く気にもなれず。

（６）『吸血鬼ドラキュラ』（Dracula,1987）は、アイルランド出身の作家、ブラム・ストーカー作のゴシック・ホラー小説。ドラキュラ伯のモデルとなったのは、捕虜に対する残虐な行為で、「串刺し公」と称されたワラキア公、ヴラド・ツェペシュだが、「吸血鬼」伝説は完全にストーカーによる創作である。

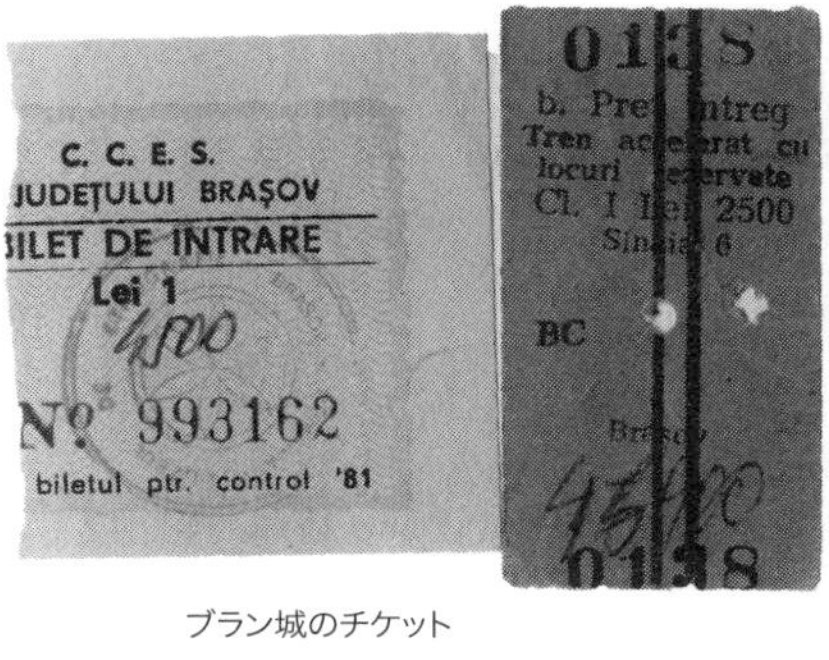

ブラン城のチケット

秋の国へ

ルーマニアの中央部を貫くカルパチア山脈を越えて、トランシルヴァニア地方に入ると、まったく気候が変わった。

八月の初めだというのに肌寒く、長袖の上着が必要なほどだ。一日に何度か、空が急に曇って雨が石畳の歩道を濡らす。Tシャツに半ズボンの観光客が、身をすくめて足早に行きすぎる。山をまたぎ越して、ここにはもう既に秋が来ているかのようだ。

トランシルヴァニアの入り口にあたるブラショフは綺麗な街だった。赤い瓦屋根の、中世以来の街並がそのまま残り、ゴシック建築の教会の尖塔がそびえ立つ。街の中心に面したカフェで、お茶を飲みながら辺りを見回すと、いまがミレニアムの年とは思えなくなる。コカコーラやマルボロの看板さえなければ、街のたたずまいは中世の騎士物語の映画のセットのようだ。

だが、どこか物哀しい。舞台の書割めいた建物や街路が、逆にその印象を強めるのだろうか。さっきからしつこくまつわりついてくる、赤ん坊を抱えたジプシーの女。舗道の隅をうつむいて歩いていく、全身黒ずくめの老婆。裏通りの、すり減ってところどころに凹みのある石畳。街のどこにいても聞こえてくる教会の鐘の音。それらの全てが、悲哀の色に染め上げられているように感じてしまうのだ。

いや、たぶんそんなふうに反応してしまうのは、こちらに問題があるのだろう。日本を出て三ヶ月以上がすぎ、そろそろ体だけではなく心にも疲れが出てくる頃だ。一人旅を続けていると、自分がどこで何をしているのかわからなくなって、ふっと放心状態になってしまうことがある。この街の雰囲気は、そんなややセンチメンタルな気分に、あまりにもぴったりしすぎている。

ちょっと無理に気を引き立てて、夕食を食べに出かけることにした。目抜き通りに、割と大きなホテルがあったので、そこのレストランなら少しはましな料理が出るのではないかと考えたのだ。というのは、ルーマニアではあまり外食をする習慣がないようで、これまでは、どこに入っても失望続きだったからだ。

ところが、意気込んで入ったそのレストランでも、やはり「まずい」としか言いようがない肉料理を食べる羽目に陥ってしまった。しかも、お客は僕一人。量だけは多いが、味も素っ気もない固い肉をもぐもぐ噛んでいると、ますます気持ちが沈んでくる。

こうなったら、開き直るしかない。秋の国は秋の国らしく、黄昏の街を、影法師みたいに身を細らせて通りすぎることにしよう。

クローンシュタット
（現・ブラショフ）17 世紀

レストランを出ると、雨上がりの青空が、茜色の雲を浮かべて高く、遠く、広がっていた。もう九時近いというのに、まだ空は明るく澄みきっている。裏通りに入ると、人の往き来はほとんどない。半ば崩れかけた建物の庭に、真紅の薔薇が色鮮やかに咲いている。ルーマニア正教会のドームの横を曲がりかけて、一人の老人とすれ違った。背の低い、ぎょろりとした大きな眼のその男は、ブラッサイにそっくりだった。

そういえば、一九三三年に写真集『夜のパリ（Paris de nuit）』を出版して名声を博したブラッサイ（本名、ギュラ・ハラース）は、たしかこのブラショフの出身だったはずだ。彼によく似た男がこの街を歩いていても、別におかしくはないだろう。

黒い大きな犬が道の真ん中を歩いてくる。仔牛ほどもある堂々たる体つき。皮の首輪はつけているが、飼い主の姿はどこにも見えない。闇の力を凝縮したようなその巨躯を、呆然と見送る。

しばらくして、黒犬はあのブラッサイの親戚（と勝手に決め込んだ老人）の飼い犬だったのかもしれないと気づいた。彼の後に、つかず離れずで寄り添っているのだろうか。

泊まっている宿の部屋に戻って灯りをつける。壁に一枚、油絵がかかっている。枯れ草と倒れた樹に、うっすらと雪が積もっている寒々しい光景。そこには、もはや秋すらも飛び越して、長い冬の訪れが告げられていた。

8月2日（水）

今日はよく晴れている。昨日まで別の部屋に泊まっていたイギリス人のカップルは、今朝早く出発してしまったらしい。

午前中にサユリちゃんに電話したら、めずらしく繋がった。渡辺義雄さん（7）が亡くなったという話には驚きはなかったが、Bゼミの小林昭夫（8）さんも、という話はやや意外だった。去年会ったときは元気そうだったのに。

昼は広場の近くのカフェでスパゲッティ・ミラネーゼ（2万7000L）。やっぱりまずい。ルーマニア人には料理の才能がないのだろうか？

午後、部屋のTVで、マーティン・スコセッシ監督、ロバート・デ・ニーロ主演の映画（9）を見る。途中から見たのでタイトルがわからないが、Rupert《ルパート》 Pupkin《パプキン》というコメディアン志望の男の話。デ・ニーロの偏執狂的な演技に引き込まれる。妄想と現実の区別が次第に薄れていくプロセスが怖い。

夜は結局また長城酒楼へ。豚肉と筍の炒め物＋春巻＋ライス＋ビール、15万L。味は相変わらず濃いめだけど、ちゃんと料理になっていることに感動する。

（7）渡辺義雄（1907〜2000）。新潟県三条出身の写真家。日本写真家協会会長、東京都写真美術館館長などの要職を歴任。

（8）小林昭夫（1929〜2000）。現代美術家。1967年、横浜市南区に現代美術家を養成するBゼミ（のちにBゼミスクーリングシステム）を設立。同校には、何度か講師として招かれたことがあった。

（9）この時に観たのは『キング・オブ・コメディ』（The King of Comedy,1982）だった。ロバート・デ・ニーロが演じるルパート・パプキンが憧れる大物コメディアンとして、ジュリー・ルイスがジュリー・ラングフォードという役名で出演している。

『キング・オブ・コメディ』
映画パンフレット

8月3日（木）

ひさしぶりにO・Sの夢を見る。大学の頃に二ヶ月ほどつきあって、ふられた女性。筑波大学の辺りに彼女とバスで来ている。バス停から降りると、どこかにとことこ歩いて行こうとするので、呼び止めて夕食に誘う。意外にすんなりOKが出る。土浦の花火大会の日らしい。

９：57発の列車でブラショフからシギショアラへ。一時間半ほどで着く。駅で「プライヴェート・ルーム」の声をかけてきたのは、今度は少年だった。６ドル。駅に近いのがいい。シャワーが水しか出ない以外は問題なし。

シギショアラは、一時間もあれば回れそうなこぢんまりした街だった。ブラン城の城主だったヴラド・ツェペシュ（ドラキュラ伯のモデル）の生家はここにある。やや雑然としていて、ブラショフほど物哀しい感じがないのもいい。また夏が戻ってきたようで陽射しがきつい。

歴史博物館になっている時計台に上る（６０００L）。広場に面していて、街が見渡せる。東京まで８８９０キロという表示があった。

時計台のチケット

ルーマニアの食事の悪口ばかり書いてきたが、今日夕食を食べたParla《パルラ》というイタリアン・レストランは、かなり美味しかった。パスタ＋サラダ＋ビールで7万5000Lくらい。これまで、たまたま運が悪かっただけかもしれないが、レストラン自体の数が少ないのもたしかだ。

食事を終えて宿に戻ると、隣の部屋でかなり激しい夫婦喧嘩が始まった。「プライヴェート・ルーム」では、家族の日常がうかがえるのが面白いと言えば面白いが、うるさ過ぎるのも困る。夫婦喧嘩はどう見ても奥さんのほうが優勢。口では敵いっこない。旦那が一方的に責められまくっている。

8月4日（金）

学校の教室のすぐ横を川が流れている。そこで泳いだらしい別のクラスの学生たちが、水の滴をぽたぽた垂らしながら教室に入ってくる。水が床に落ちて溜まるので、モップで拭きとらなければならない。彼らが自分で始末するべきだし、そもそも体をよく拭いてから教室に入るべきだ。そう注意しようと思うのだが、彼らはどこかに行ってしまったらしく、もう姿が見えない。

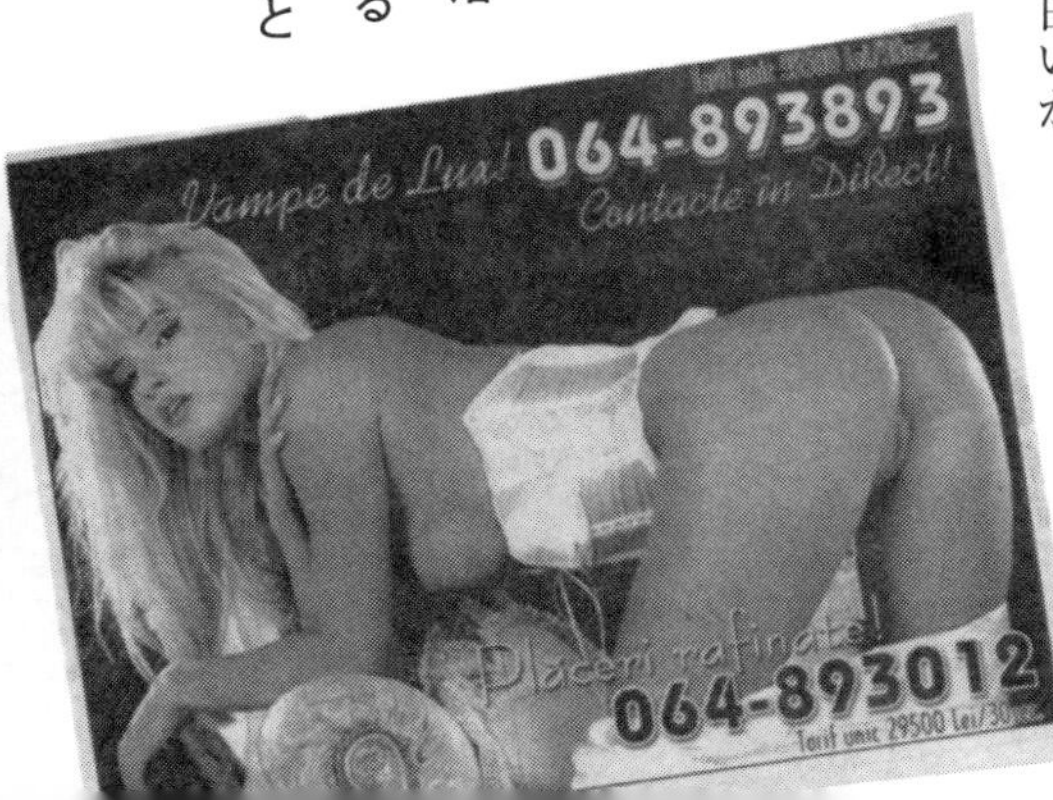

テレフォン・セックスの広告（?）

午前中、シギショアラの街をぶらつく。悪くはないが、見どころはあまりなく、すぐに退屈しそうだ。

昼は昨日と同じParla《パルラ》で、今度はピザを頼んでみる。けっこう美味しい。宿に戻ったら、オーストリア人のカップルが庭にテントを張っていた。庭で泊まるつもりだろうか？　陽射しは強いが、木陰は涼しくて気持ちがいい。

午後、小高い丘の上のルーテル教会へ。屋根付きの階段をのぼる。屋根の隙間から光が漏れて、水の中を歩いているみたいだ。途中に、物乞いをしている老人がいる。何世紀も前から階段に同化して座っているように見える。

夕食はどこかのホテルで食べようと思っていたが、どこも閉まっている。近くのカフェでスパゲッテイ。予想通りまずいが、デザートの木苺入りパイの包み揚げはうまかった。

隣の部屋にイギリス人らしい女性二人組が入って、なんだか賑わってきた。

［ルーマニアで気づいたこと］

1.男がよく上半身裸、短パン一丁で歩いている。日に焼けるのがファッション

なのか？

2.女の子に厚底草履《サンダル》が多い。世界的な流行なのか？　ほっそりして脚の長い子が、別に厚底を履かなくてもいいと思うのだが。

3.男女問わず、金髪に染めるのが流行っている。眉毛が黒っぽいので、染めているのがすぐわかる。

4.子どもたちが、どう見ても汚い川で平気で泳いでいる。

5.ミネラルウォーターは、全部発泡水。

6.ファーストフード業界は、コカコーラとマクドナルドの一人勝ち。

8月5日（土）

眠れないので、羊の数を数えようとすると、誰かがそれはやめたほうがいいと言う。羊が柵を越えるときに、大きな手が伸びてきて、どこかにさらわれてしまうから。代わりに「Under the very big chestnut tree……」という歌をうたうことになる。「大きな栗の木の下で」の英語ヴァージョンらしい。

どうも寝つきが悪く、ベッドを輾転として眠れなかった。考えてもしょうがないことを考えてしまう。

朝、庭にテントを張っていたオーストリア人カップルと、カフェに朝食を食べに行く。彼らはウクライナから回ってきたとのこと。大学院を修了して、先生になる前の旅行だそうだ。

シギショアラ発、12：29の急行で、クルージ・ナポカに向かう。間違えて一等ではなく二等の客車に乗ったのだが、かえって気楽でよかった。ブカレストから来た二家族と、片言の英語で話しながら行く。

夕方4時過ぎにクルージ・ナポカ着。珍しく、「プライヴェート・ルーム」の誘いがなかったので、駅前のPax《パックス》 Hotel《ホテル》（一つ星）にチェックインした。Wルームを一人で使って、34万L。トラムで二駅行くと、街の中心の広場（往復6000L）。クルージ・ナポカは落ち着いた雰囲気の中都市だった。

広場に面したMelody《メロディ》 Hotel《ホテル》で早々と夕食。白身魚のフライ＋サラダ＋スープ＋ビール＋コーヒー、7万5000L。案外まとも。ただ、相変わらずレストラン自体が少ない。

駅で列車の時間をチェックする。国境のオラデア行きは朝早い6：30発の急行か、14：30発の各駅停車しかない。それとも、朝5：22発のブダペスト行きで、一気にハンガリーに入ってしまうか。いずれにしても、明日もう一泊して考えることにしよう。

8月6日（日）

空間を一瞬のうちに移動する能力。何か空間の割れ目のようなものを見つけて、そこを通り抜ける。何でもコピーできる能力。目で見たものを全部そのまま写真のように焼きつけて再現できる「人間コピー機」。そういう超能力を持つ者たちを組織した集団がある。何か重要な任務を遂行するために集められた。

午前中に、クルージ・ナポカの三つの博物館、美術館を回る。民俗博物館はブラショフよりも展示内容が充実している。各地の民族衣装、仮面、道具類。歴史博物館は、古代から現代までのルーマニア（トランシルヴァニア）の歴史を辿る。発掘品などでごちゃごちゃ。美術館は一九世紀から現代までの作品が中心。全体的に退屈だが、何人か面白い作家もいた。

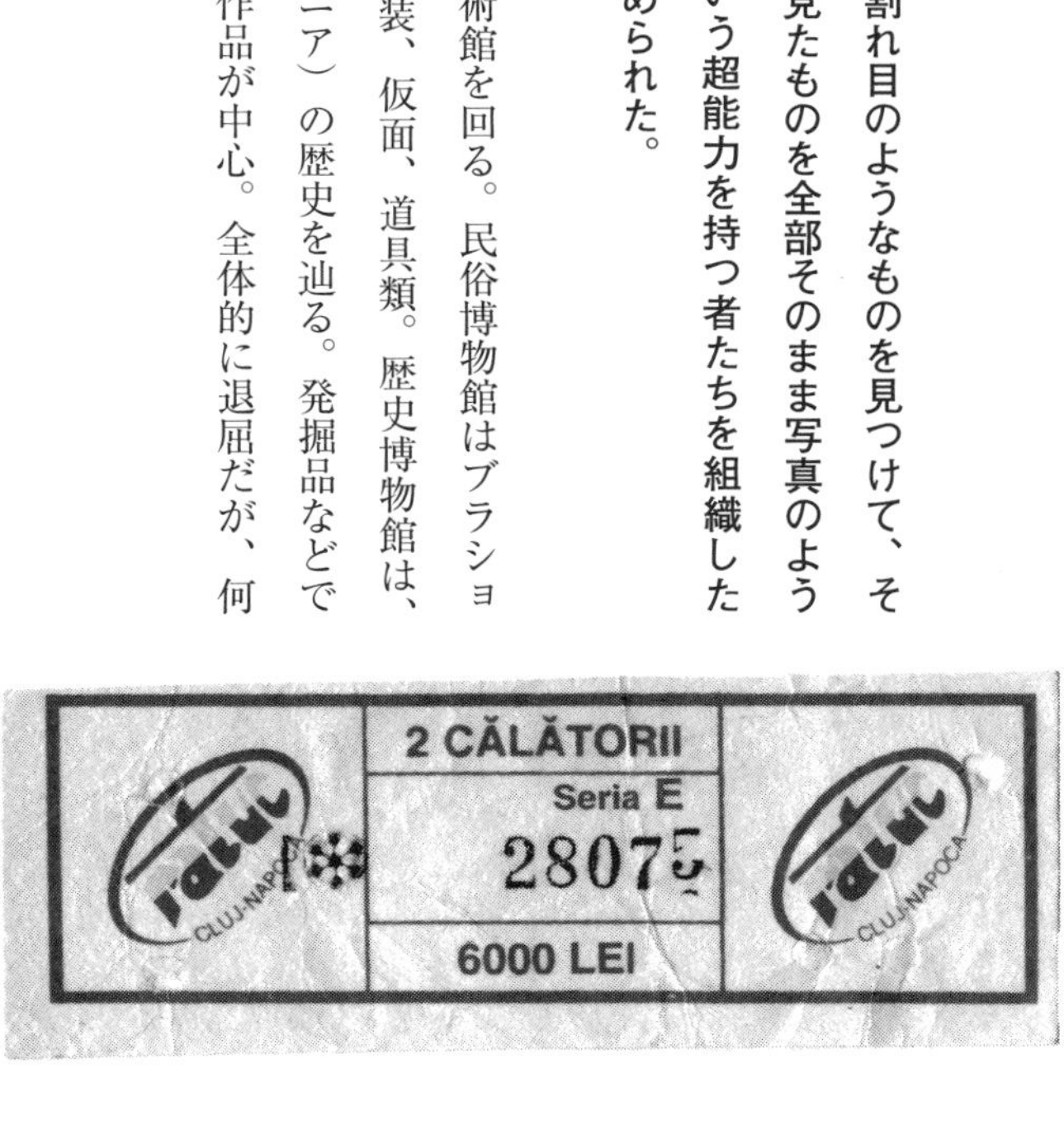

トラムのチケット

午後、ブダペスト行きのチケットを買おうとしたのだが、窓口の対応が要領を得ない。最後にようやく、チケットは発車の一時間前、つまり4：22にならないと発売しない（予約できない）ということが判明する。早起きするしかないか。ダメならもう一泊。

マクドナルドは偉大だ。これだけの味と雰囲気をキープするには、なみなみならぬ努力が必要なのでは。昼に食べに行ったら、どこかの一家が誕生会をやっていた。まあまあ。

夜は広場に面したContinental《コンティネンタル》 Hotel《ホテル》へ。ミートパイ＋スープ＋コーヒー、8万L。

荷造りをしていて、トラベルウォッチ（目覚まし時計）がないことに気がつく。落っことしたのかも。早起きする時など、やっぱりあったほうがいいので、どこかで買わないと。

8月7日（月）

朝、4時過ぎに駅に行って、窓口に並ぶと、たしかに4：22きっかりに切符が出てきた。二等車、55万L。心配するまでもなく、席はがら空きだった。

ルーマニア国境でのパスポートチェックは問題なし。ハンガリー側ではパスポートをちらっと見ただけで、スタンプも押さない。かえって、出国のときに大丈夫かと心配になる。

ブダペスト東駅（Budapest《ブダペスト》 Keleti《ケレティ》 pályaudvar《パーイアウドゥヴァル》）に着いて、例によってマクドナルドでマックチキンのセットを食べていたら、いきなり「飯沢さんじゃないですか?」と声をかけられた。何と、前に作品を見せてもらったこともある写真家の春田倫弘君だった。彼は東ヨーロッパをテリトリーにしていて、ルーマニア人の彼女（クリスティーナさん）とブダペストに滞在中だという。めったにない偶然に驚く。

春田君の案内で、Dózsa《ドージャ》 György《ジェルジ》 通りのユースホステル、Diáksport《ディアクスポルト》 のドミトリー（相部屋）に落ち着く（2800フォリント［以下FL］）。明日、シングルが空いたら、そちらに移る予定。春田君も、スロヴァキアからチェコに抜ける予定なので、スロヴァキア大使館でヴィザを取るための情報をチェックしてもらうことにする、いろいろ大助かり。

ブダペストは洗練されたイスタンブールという感じ。何といっても、街の真ん中をドナウ川が流れているのがいい。川を挟んで、王宮のあるブダと庶民的なペストに、

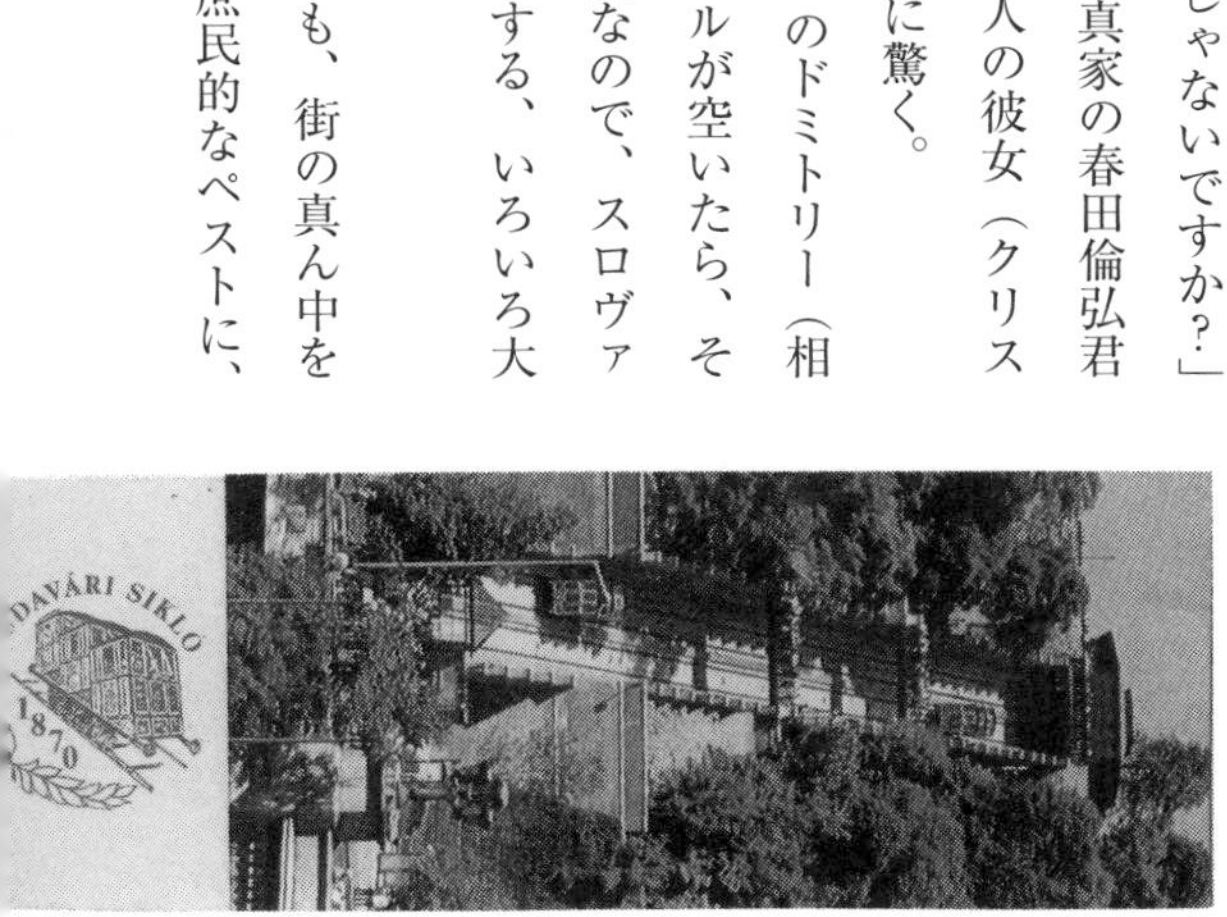

王宮の丘のケーブルカーのチケット

街がくっきりと二分されている。街を見渡せる王宮の丘の上まで、ケーブルカーで行ってみる。明日からゆっくり見物することにしよう。

夜8時に春田君、クリスティーナとデ・アーク広場のマクドナルドで待ち合わせて、近くのレストランに移って夕食。三人いるとワインもボトルで頼めていい。Edel《エデル》の赤ワインを飲む。「Dream《ドリーム》 of《オブ》 Harlem《ハーレム》 Ladies《レディーズ》」という、ちょっと変わったメニューがあったので注文してみたら、バナナ入りのコロッケだった。美味しい。グヤーシュ（10）もつける。ルーマニアとは大違いで、ハンガリー料理はかなり期待できそうだ。

8月8日（火）

ユース・ホステルのドミトリーも最悪というほどでもない。むさ苦しい男たちがゴロゴロしているのを気にしなければ、けっこう眠れた。無事にシングル・ルームに移る（３８００FL）。

午前中から午後にかけてブダの王宮の丘の博物館、美術館を回る。歴史博物館では、古代から１９５０年代くらいまでのハンガリーの歴史をパノラマで辿る。国立美術館には、中世から現代までのハンガリー美術家の作品が並ぶ。19世紀の国民画家、ムン

（10）Gulyásleves。ハンガリー料理の代表格。牛肉とパプリカ、ジャガイモ、トマトなどの野菜を、ハーブを効かせて煮込む。

カーチ・ミハーイ（ハンガリー人の名前は日本人と同じく姓―名前の順）の作品が目玉。現代美術館では、ちょうど「After《アフター》 the《ザ》 Wall《ウォール》」という企画展をやっていた。中・東欧の若手作家のオンパレードで、写真・ヴィデオ・CGなどを使った、政治性の強い作品がほとんど。かなりいい企画だが、せっかく仕事抜きで来ているのだから、ざっと見るだけにしておこう。

夜は、春田君、クリスティーナと食事。春田君の話では、スロヴァキアのヴィザを取るのはけっこう大変そうだ。クリスティーナは今夜の夜行列車で、ルーマニアに帰る。いい子だった。またどこかで会えるといいけど。

8月9日（水）

貴ノ浪（11）が横綱に昇進している。ただ力は衰えていて引退寸前。記者会見（あるいは食事会）のようなものが催されていて、各社の新聞記者が大勢来ていたが、潮が引くように帰ってしまう。貴ノ浪は憮然とした表情。背後の床の間には、ＳＭＡＰから贈られた伊万里の大皿が飾ってある。貴ノ浪の母親は小さなロシア人で、名前はテレサという。

（11）貴ノ浪貞博（1971〜2015）。青森県出身。藤島部屋→二子山部屋→貴乃花部屋。公称一九六センチ、実際には二メートル以上という長身力士で、右上手を肩越しに取り、強引な投げや河津掛けなどを繰り出す豪快な相撲で人気があった。横綱寸前までは行ったが、結局は大関止まりに終わる。

いやはや、完全にやられてしまった。二階の僕の部屋のドアの外に、扉がついた木製の物入れがあり、金属製の蝶番にチェーン錠をかけて、お金、航空券などを入れておいた。それがボックスの扉ごと引きちぎられて、中身はからっぽ。現金500～1000ドル、ナイロビ行きのチケット、電子辞書、アーミー・ナイフ、旅のノートなどがなくなっていた。

お金はカードがあるので何とかなるが、ノートが一番痛い。ただ、東アフリカの分はナイロビでコピーをとって日本に送ってある。ギリシャに来てからの分を、記憶を辿って書いてみたら、何とか再現できそう。ちょっとほっとする。

鍵がかかるとはいえ、部屋の外（廊下）に貴重品を出しておいたのが大失敗。朝、起きてすぐにスロヴァキア大使館にヴィザを取りに行ったので、その時は気づかなかった。やられたのは昨日の夜だろう。そういえば、夜半に何かゴソゴソ音がしていたような気もする。それにしても「ここに貴重品を入れないでください」とか何とか、注意書きを出しておいてほしかった。

夕方、近くのポリスに盗難届けに行く。ずいぶん待たされたが、「ドクトル」と呼ばれる中年男が出てきて調書を取られた。なんと英語と日本語を話す。駒場東大前に一年住んでいたというから、東大の学生だったのだろう。最後に「何かこれ以上できることがありますか？」と訊いたら、答えは一言「Nothing《ナッシング》」。

夜、サユリちゃんに電話。春田君が来たので愚痴を聞いてもらって助かった。

8月10日（木）

午前中、スロヴァキア大使館に行って、預けていたパスポートを受け取る。ヴィザは問題なし。

ナイロビのファルコン・トラベルの上野さんに電話。まずはブダペストのエジプト航空のオフィスに行って相談ということなので、チケットの控えをＦＡＸで送ってもらう。停電で午後2時過ぎにようやく届いた。その足で、デ・アーク広場近くのエジプト航空のオフィスへ。窓口のおねえさんの対応は悪くない。ナイロビにテレックスを送り、その返事が帰ってき次第、再発行の手続きをするという。受け取りは明日か来週月曜。やれやれ、これで一安心だ。

春田君と話して、すっかりケチがついてしまったブダペストをちょっと離れて、ハンガリーのちょうど真ん中辺りにあるケチケメートに行ってみることにする。たぶん、

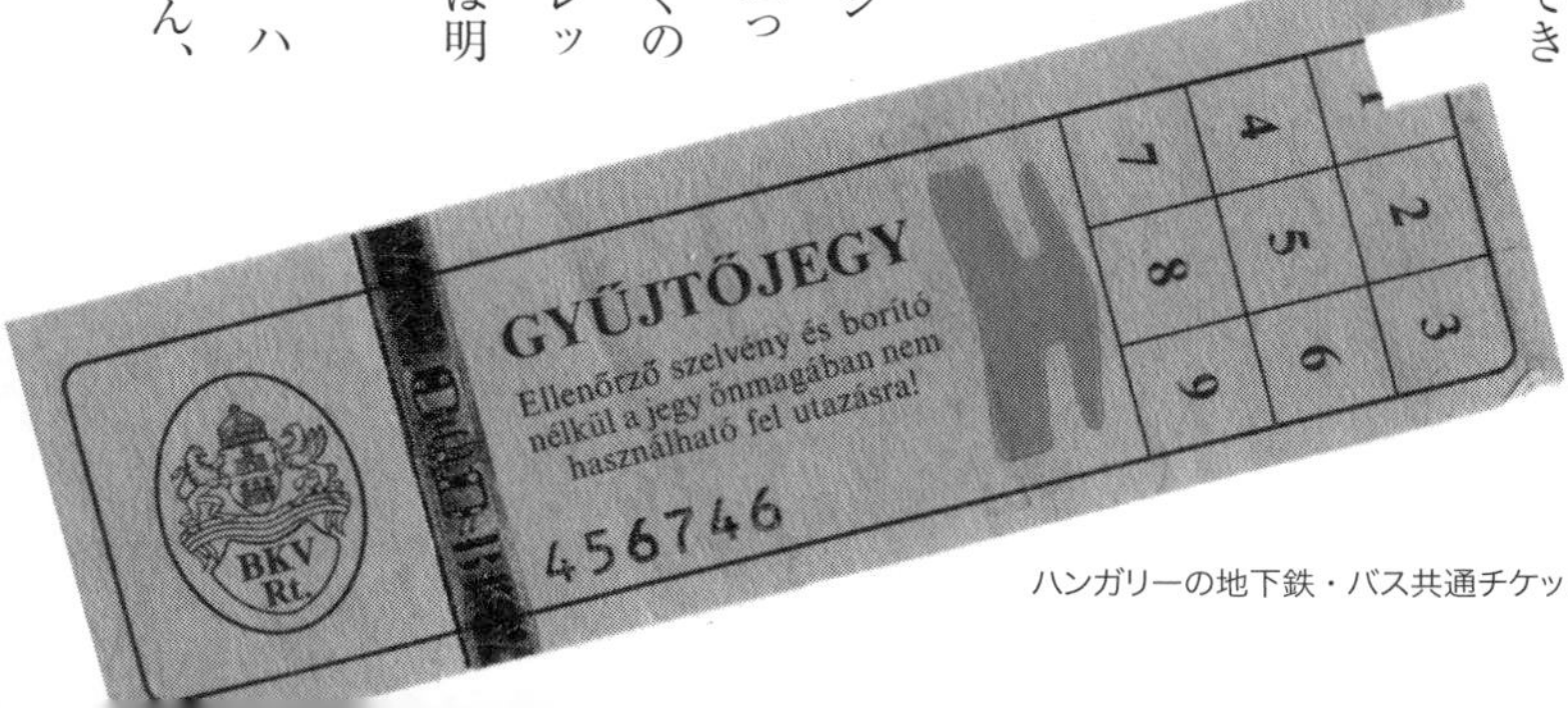

ハンガリーの地下鉄・バス共通チケット

春田君も一緒。国立写真美術館があるらしい。

驚いたことに、夜にY.H.に戻るとノート類が入ったバッグが出てきた。航空券も無事。電子辞書、アーミー・ナイフ、現金だけが抜かれている。

事情はこんな風だったらしい。昨日の朝、僕が出た後で掃除のおばさんが二階に上がると、ボックスが壊されていることに気づいた。おばさんは、その中に残っていたバッグを取り出し、レセプションのセーフティ・ボックスに預けておいた。ところが、レセプションの引き継ぎがうまくいかず、そのままになっていたということのようだ。ノート類とチケットが残っていたのはラッキー。悔しいけれど、現金や電子辞書などは高い授業料と諦めるしかない。

ハンガリーの食事はたしかにうまい。昼食べたマッシュルーム＋チーズ入りクリームシチュー＋ライスは絶品。

夜は食前酒＋ミートボール（トルコのキョフテみたい）＋デザート＋コーヒーで２５００FLくらい。

8月11日（金）

足の先を、ピザを切るみたいに三角形にカットしていく。痛みは全く感じない。ぷよぷよしていて、グレープフルーツの果肉みたいだ。

午前中にエジプト航空のオフィスに行って、航空券が見つかったことを告げる。その足で西駅（Nyugati《ニュガティ》 pályaudvar《パーイアウドゥヴァル》）から列車に乗り、ケチケメートへ。春田君も一緒。

ケチケメートは、全体が公園と教会みたいな綺麗な街だった。ハンガリー国立写真美術館は、小ぶりな建物だが、展示内容はしっかりしている（入場料１５０FL）。ちょうど、１９３０～50年代の絵画的なサロン写真の展覧会をやっていた。日本のアマチュア写真家クラブの作品との共通性を感じる。朝日新聞社主催の「国際写真サロン」入賞の賞状なども飾ってあった。もとはシナゴーグ（ユダヤ教会）だったという。収蔵点数は五〇万点とか。

ホテルはできたばかりの新しい建物だった（名前を控え忘れた）。朝食付き、２８００FL。

ハンガリー国立写真美術館のチケット

8月12日（土）

ムゼー（星野芳樹氏）の墓参りに群馬県沼田市に来ている、街は高台にあるので、かなり急な坂を上っていかなければならない。ＪＡＣＩＩの後輩のヤマウチさん（？）が、宝川温泉で飼っていた熊が、台風で増水した川に呑まれて、檻ごと流されたという話をする。

（別の夢）温泉に入ること、それ自体を目的とするイベント。アート・フェスティバルのような催しの一環か。男湯と女湯の入り口が分かれていて、中は一緒になっている。入場者は一名にしたいのだが、同時に二名入ってきた場合の対応はどうするのか、事務局内で揉めている。

午前中にケチケメートを散策。ここはユニークな美術館が多い、ナイーフ・アート・ミュージアム、トイ・ミュージアム etc。ケチケメート・ギャラリーは、建物がアール・ヌーボー（セセッション）風で、曲線の多い独特の様式。ここの市庁舎を設計したレヒネル・エデンの弟子の作品だという。ボゾー・ヤーノシュというケチケメート出身の画家が蒐めた、宗教・フォークロア関係のコレクションが充実していた。ボゾー自

『ビートルズがやって来る
ヤァ！ヤァ！ヤァ！』

身の絵も力強い風景画。個人コレクションと遺作を市に寄贈して、現在は美術館として運営している。

夜、川魚（鯉？）のセルビア風煮込みと赤ワイン（850FL）で食事を済ませて広場を通りかかると、スクリーンを張って『ビートルズがやって来る　ヤア！ヤア！ヤア！』（12）を上映していた。ジョンもポールもジョージもリンゴもみんな若い。溌剌としている。リンゴ・スターの天衣無縫な演技が楽しめた。ラストの「ハードデイズ・ナイト」を聴いていたら、ちょっと泣きそうになった。

8月13日（日）

ケチケメートを午後1時過ぎに出て、二時間余りでブダペストに戻る。春田君が列車の席で何気なく取り出した本を見て、目が点になった。なんと、ナイロビで上巻だけ読んで、そのままになっていた村上春樹の『世界の終りとハードボイルド・ワンダーランド』の下巻ではないか。この偶然にも驚いた。

早速、彼に借りて、夜までに全部読み切ってしまった。春田君は結末が気に入らないと言うが、僕は一応納得した。この小説は村上春樹の「作家宣言」だと思う。

（12）原題は『A Hard Day's Night』（監督：リチャード・レスター、1964年）。

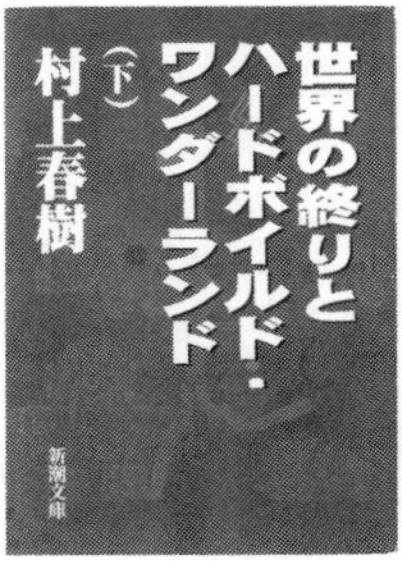

『世界の終りとハードボイルド・ワンダーランド（下）』
新潮文庫

ときどき雨

だからこそ、「僕」は「影」と別れて、物語の世界の中で生きることを選択するのだ。

ブダペストでは西駅の近くのHostel《ホステル》 Bánki《バンキ》のドミトリーに泊まることにする。普通のビルを改装したユース・ホステル。八人部屋。そのうち四人が韓国人。

午後は、西駅からつながっている大ショッピング・モール、WEST《ウェスト》 END《エンド》へ。映画館やレストランなど、何でもある。春田君と、ここがWEST ENDなら、ルーマニアやブルガリアはもう西洋じゃないってことだね、と話す。

夜はホステルの近くの無国籍料理屋へ。インド、中華、日本の天ぷらまであった。ナスのしぎ焼き（味噌）+アゼルバイジャン風肉だんごスープ、デザートにカッテージチーズ（苺ソース）、コーヒーで〆る。二人で6000FL。洗練された味だった。ブダペストの料理は点数が高い。

8月14日（月）

時々小雨がぱらつく。春田君は今日ブダペストを出て、スロヴァキアに抜ける予定。

朝、ハンガリー国営鉄道のオフィスに行って、プラハ行きのチケットを予約する。明後日、16日の朝6：20発。二等車、1万4400FL。

ブダペスト↔ケチケメートの切符

せっかく、ブダペストに来たのだからと思って、温泉に行くことにした。ゲッレールトの丘の麓のRudas《ルダシュ》温泉。４５０FLのチケットを買って中に入ると、着替え室があり、そこで紐付きの小さな布（エプロンと称する）を渡される。このふんどし状の布を付けて温泉に入る。たしかに前は隠れるが、後ろから見るとブラブラしているものが丸見え。イギリス人らしい少年たちが、お互いの格好を見て大笑いしていた。中はかなり広く、ドーム型の教会のような雰囲気。浴槽は八角形で、38℃くらいのあまり熱くないお湯。白く濁ってはいるが、さらっとしていて気持ちがいい。サウナ室もあり。お客はほとんど中年男と老人たちだった（ここは男湯のみ）。

東駅のツーリスト・インフォメーション・センターに寄ったら、シングル・ルームがあるY.H.を紹介してくれた。明日はそちらに移る予定。

8月15日（火）

昨日の夜、ドミトリーに不思議な男が泊まっていた。腕から首の辺りまで、星とか太陽とか髑髏とか、びっしりと刺青を彫り込んでいる。上半身裸になって、凄い集中

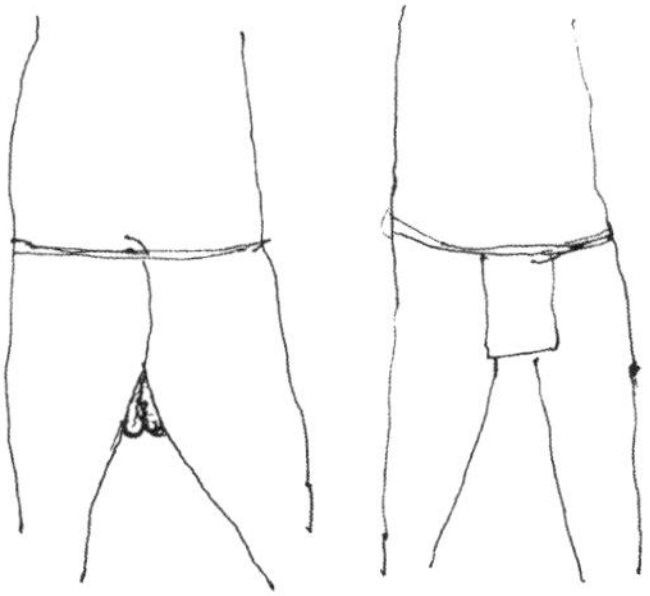

エプロン

力で、スケッチブックに鉛筆で何か細かな絵を描いていた。よく見ると、お札（どこの国のものかはわからない）のデザインをそのまま写しとっているのだ。緊張感が漂っていて、とても声をかけられるような雰囲気ではなかった。朝、かなり早く、部屋を出て行ってしまった。

他に韓国人、エジプト人、フィンランド人、スペインとイギリスのおねえちゃんたちとか、カオス状態。ドミトリーも面白いけど、ちょっと疲れる。ただ、なぜかよく眠れる。

Hostel《ホステル》 Universitas《ユニヴァシタス》に移る。ここは、まさに大学の寮そのもの。おそらく夏休み中の寮をそのまま利用しているのだろう。ツイン・ベッドルーム。冷蔵庫もある。2700FL。

ブダペストの地図を見ているうちに、彫刻公園（ハンガリー語ではSzobor《スゾボル》 Park《パルク》）というのを見つけた。どうやら社会主義時代の広場などにあった彫刻群を集めた公園らしい。面白そうなので行ってみることにした。

途中で市内バスから郊外バス（Volán《ヴォラン》 Bus《バス》）に乗り換えて、約40分。エルドという場所の公園の一画に、四〇体ほどの彫刻が並んでいる。ブ

彫刻公園

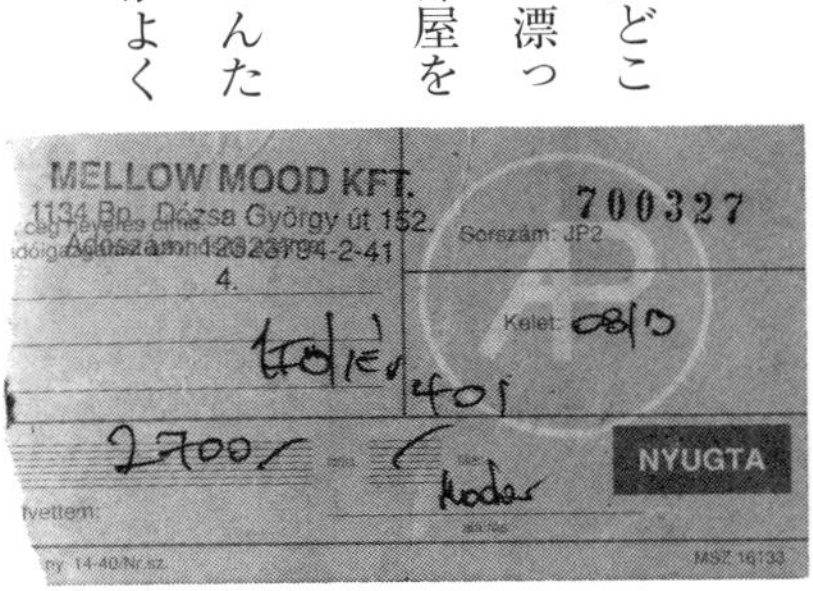

Hostel Universitasのレシート

ダペストのDózsa《ドージャ》 György《ジェルジ》通りにあったという巨大なレーニン像（高さ四メートル）をはじめとする、仰々しい石やブロンズの彫刻群は、もはやグロテスクとしかいいようがない。こういうアイディアを実現してしまうところに、戦乱をくぐり抜けてきたハンガリー人の、シニシズムすれすれのユーモア感覚を感じる。

午後、駆け足でカシャーク・ラヨーシュ美術館、ヴァザレリ美術館、レヒネルが設計したセセッション様式の工芸美術館を回る。ハンガリー人の視覚芸術に対する能力の高さは特筆すべきだろう。

8月16日（水）

朝、5時頃に起きてトラムと地下鉄を乗り継ぎ、ブダペスト東駅へ。ユーロシティ（ヨーロッパの国際列車）の車両はすごく綺麗。二等だけど、エアコンも効いていて快適だ。パスポートチェックも問題なし。スロヴァキアを抜け、7時間揺られて、1：30過ぎにプラハのHolešovice《ホレショヴィッツェ》駅に着いた。

駅で両替したら、インフォメーション・センターがあったので、プラハ中心街に近いHostel《ホステル》 Budeč《ブデシュ》を予約する。450クローネ［以下K］。地下鉄のI.P.《アイピー》 Pavlova《パヴロヴァ》駅からちょっと歩く。静かな部屋で、まったく問題なし。

プラハはブダペストよりもっと小綺麗で、ツアーガイドが引率する観光客が多い。治安もよさそうだ。ただ、さっきY.H.に来る途中で、指輪を地面に落としては通行人に声をかけている妙な男を見た。注意は必要かも。

旧市街広場に近いSt.《セント》 Martin《マーティン》 Magic《マジック》という劇場で、「プラハ物語」という出し物を見る。200K。ガイドの説明のあと、映画+3D映像+サウンドで、ビロード革命までのプラハの歴史を見せる。なかなかよくできていた。

夜はつい「ぷらは田村」という日本食レストランに入ってしまった。親子丼+和風サラダ+日本茶で400K。日本茶がうまい。プラハは夜、店じまいが早そうだ。7時にはスーパーも閉まってしまうので、セブンアップとネクターを買い込む。

8月17日（木）

自動車教習所に通っている。前に一日だけ通ったことがあるところ。壁に絵が貼ってあるのだが、誰かがそのキャンバスの布の部分だけを、切り抜いて取り出そうとし

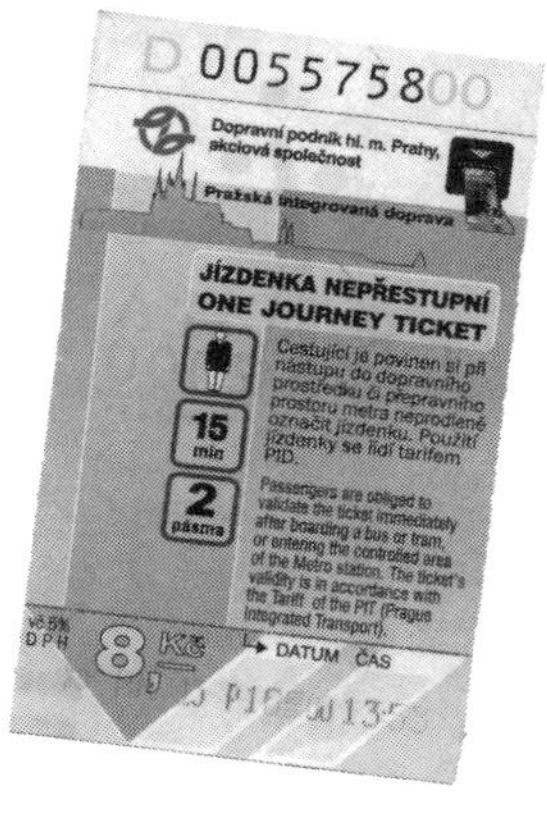

プラハの地下鉄の
シングルチケット

カフカの父親の装身具店のマーク

ている。

（別の夢）上田さんと一緒に自動車を運転している。上田さんがブレーキ、僕がハンドルとアクセルを担当。そのうち、上田さんが車の前に座席ごとすっと飛び出てしまう。一人で運転しなければならなくなって、すごく不安。

一日中プラハを歩き回る。ちょっと疲れたけど、面白い街だった。

旧市街広場に面したゴルツ・キンスキー宮殿の「フランツ・カフカの家」にまず行ってみる。生家ではなく、カフカの父、ヘルマンが経営していた装身具の店が入っていたところだ。いまは KAFKA《カフカ》 BOOK《ブック》 SHOP《ショップ》 という本屋になっているその店には、Tシャツとかポストカードとか、いろいろなカフカ・グッズも売っていた。そこで『KAFKA《カフカ》 IN《イン》 PRAGUE《プラーグ》』という小冊子を買う。カフカがプラハで住んだ家、職場（労働者災害保険局）、行きつけのカフェなどの場所を載せた地図がついている。それを眺めているうちに、「カフカ巡り」をしてみようかと思いついた。

カレル橋を渡って王宮へ。観光客が多い。ここの錬金術師小路にも、カ

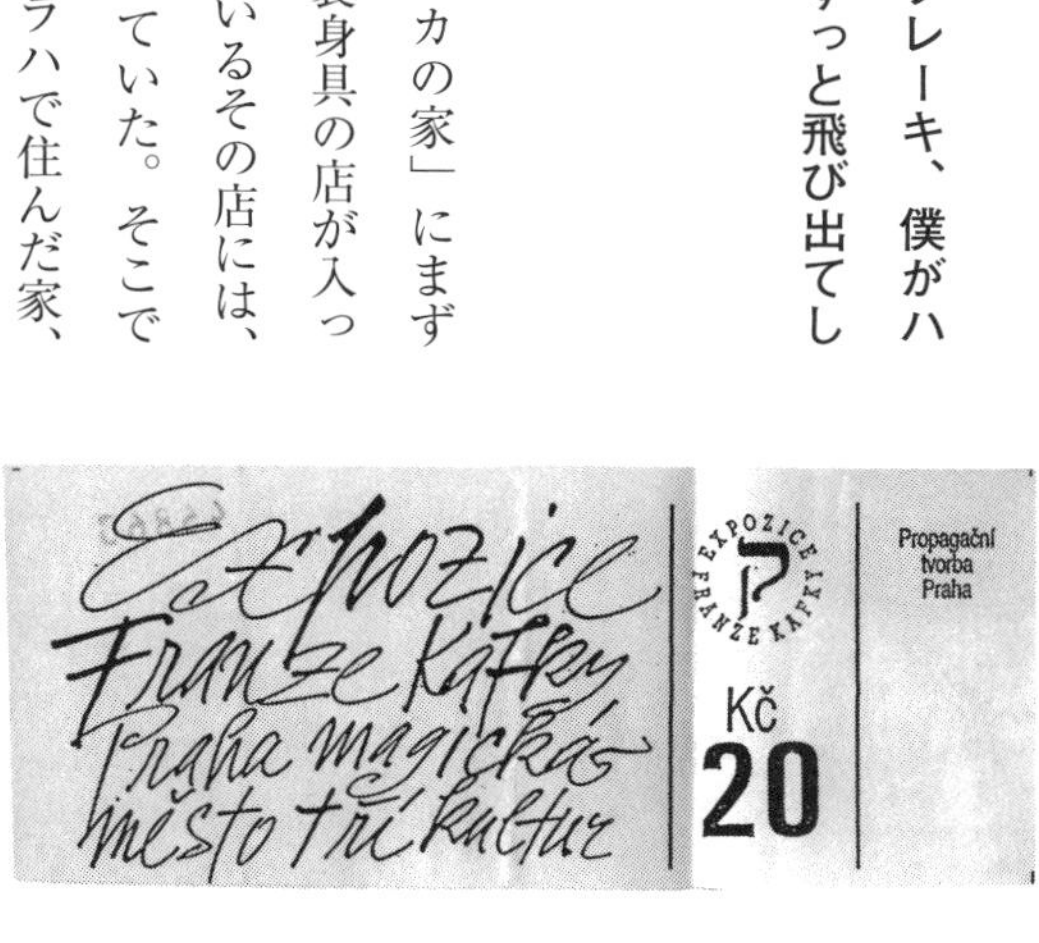

フランツ・カフカの家のチケット

フカが1916年以来執筆のために借りていた家がある（いまは土産物屋）。近くで、ピアノ、チェロ、フルートのミニ・コンサートをやっていたので覗いてみた（400K）。ビバルディ、ハイドン、モーツァルト、ショパン、ドヴォルザーク。熱演で盛り上がっていたのに、最後にピアニストの自作の現代曲をやったので、観客がどっとしらける。気持ちはわかるけど。プラハ国立美術館の絵画コレクションはなかなかのもの。デューラー、クラナハ、ルーベンス、エル・グレコ、クリムト。レンブラントのいい肖像画（「読書する学者」）が一点あった。

極め付きは、カレル橋の近くの中世拷問具博物館（100K）。ありとあらゆる拷問具が並ぶ。よくもまあ、人を苦しませるための仕掛けをこんなに考えつくもの。鍵付きの貞操帯もあった。

8月18日（金）

朝から「カフカ巡り」をやっていた。勤めていた保険会社、労働者災害保険局、行きつけのカフェ・サヴォイ、住んでいた家、マックス・ブロート（13）らと会っていた文学サロン、プラハ大学etc。

中世拷問具博物館のチケット

（13）Max Brod（1884～1968）。プラハ大学時代からのカフカの文学仲間。1924年にカフカが亡くなった後、遺稿を全部焼き捨てるようにという遺言を実行せず、作品を次々に公開した。そのことで、カフカの名前は後世に残ることになったが、遺稿の組み替え、改稿をおこなったことに対しては批判もある。

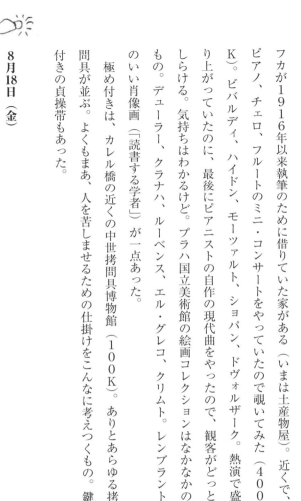

カフカ一家が住み、父親の装身具店もあった三王館（Three Kings）の建物は、コダックの写真店になっていた。カフェ・サヴォイはチェスカ・ホスポダ（Česká Hospoda）と名前が変わって、チェコ料理店に。ちょうどお昼時だったので、フィレステーキ＋スープ＋ビールを注文して食べる（２５０K）。なかなか美味しかった。

カフカが最初に勤めた保険会社は銀行になっていた。なんとそこは、僕がプラハで最初にＡＴＭでお金を引き出した銀行だった。既に縁があったということか。

ついでに蝋人形館も見る（１２０K）。カフカの人形もちゃんとあった。ネクタイを締めて、若々しい感じ。あまりカフカっぽくはない。

プラハ中央駅の航空券売り場で、イスタンブール行きのチケットについて聞いたら、スイス航空、チューリヒ経由で１８０ドルというのがあったので、カードを使って買ってしまう。8月25日、朝７：35発。また、早起きしなければならない。

8月19日（土）

荒木経惟さんが映画を作っている（あるいは出演しているだけ？）。記念撮影をするシーンがあって、家族がカメラを向いて並ぶのだが、荒木さんが何かひょう

プラハ蝋人形館のチケット

きんな仕草をするので、吹き出してしまってなかなかうまくいかない。

朝、巨大スーパーのTESCO《テスコ》に行く。ブダペストで買った中国製のトラベル・ウォッチがもう壊れてしまったので、少しいいものを買う。２５０Ｋ。ついでにスポーツ用品店を覗いたら、ブダペストで盗られたスイス・アーミー・ナイフとほぼ同じ機能のナイフが、６２０Ｋで売っていたので、それも購入。さすがに電子辞書はない。

午後は「カフカ巡り」の続き。いまはアメリカ大使館になっている住まい（シェーンボルン宮殿）とか、子どもの頃に通ったギムナジウムとか。例のKAFKA《カフカ》 BOOK《ブック》 SHOP《ショップ》で、『INTRODUCING Kafka（カフカ入門）』（Icon Books/ Totem Books, 1993）という本を買う。このカフカ入門本、コミック・アーティストのロバート・クラム（14）が『変身』とか『城』とかを漫画化している。すごくいい。半分くらい一気読みしてしまった。

8月20日（日）

（14）Robert Crumb（１９４３〜）。アメリカのアンダーグラウンド・コミック・シーンの第一人者。『フリッツ・ザ・キャット』シリーズ（１９６５年〜）で知られる。

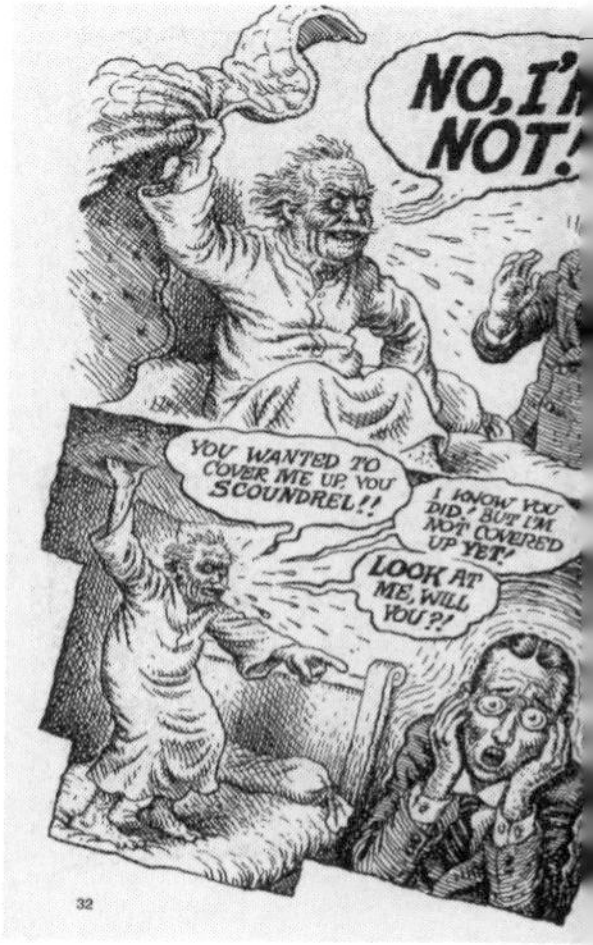

夜中に雷雨が来る。夏も終わりか？

「カフカ巡り」の最後にユダヤ人墓地へ。ミュージアム駅で地下鉄A線に乗り換えて四つ目、Želivského《ジェリフスケーホ》駅で降りたら、目の前が墓地だった。

カフカ家のお墓は、表示が出ているのですぐにわかる。素気ない、先の尖った墓標に、フランツ・カフカと父ヘルマン、母ユーリエの名前が刻まれていた。お墓の周りには、花束やロウソクが置かれ、小石が積み上げられている。ノートの切れ端に何かメッセージを記して、上に小石を載せているのもある。自分の墓が観光名所になっているのをカフカが知ったら、何か皮肉の一つでも書き残しそうな気もしないではない。

夕方にヴァーツラフ広場の辺りを歩いていたら、いきなり旧知の写真家の長船恒利さん(15)と出くわした。勤めている高校の夏休みを利用してプラハに滞在中。チェコの写真家、ヤロミール・フンケ（16）に興味があって調べているという。「ぷらは田村」で親子丼を食べながら話をした。写真のことを避けようとしても、向こうからやって来るのだから仕方がない。

『INTRODUCING Kafka』より、ロバート・クラム筆

（15）長船恒利（1943〜2009）。静岡県藤枝市を拠点に、1970年代から自主運営ギャラリーなどでの展示を重ね、写真表現の本質を問い続けた。プリペアド・ピアノを演奏し、石彫を試みるなど、写真家の枠を越えた活動も展開する。

（16）Jaromír Funke（1886〜1945）。ヨーゼフ・スデックとともに、1930年代のチェコ写真のモダニズム時代を代表する写真家の一人。

カフカの小函

プラハ滞在中に「カフカ巡り」をしていた。

旧市街広場に面したゴルツ・キンスキー宮にあった、フランツ・カフカの父、ヘルマンが経営していた装身具の店は、カフカ・ブック・ショップという本屋になっていた。そこで見つけた『KAFKA《カフカ》 IN《イン》 PRAGUE《プラーグ》』という小冊子に載っていた地図を辿って、カフカ一家が住んでいた家、カフカが通ったギムナジウムや大学、勤務していた労働災害保健局、行きつけのカフェ、夜の執筆に使っていた「錬金術師小路」の部屋などを巡っていたのだ。

プラハでのカフカの行動範囲は意外なほど狭い。旧市街広場を中心として、半径一キロ以内にほぼおさまってしまう。カフカは好きな作家だが、それほどマニアックな興味を抱いていたわけではなかった。でも、せっかくプラハに来たのだし、これくらいの範囲なら短い滞在期間でもなんとかなるのではないかと思いついて、行きやすいところから回り始めたのだ。

それから三日ほどかけて、地図に記してあった一六ヶ所に全部足を運んだ。別にこれといって特別な発見はなかった。一世紀ほど前にカフカが通りすぎた街を、自分も歩いているのだという、多少の高揚感はあった。でも夏の真っ盛り、観光客で賑わっているプラハで、あの痩身で早足だったというカフカの影法師を追いかけようと思っても無理がある。まあ、こんなものか、というのが正直な感想だった。

「カフカ巡り」の最後に、ちょっと市内から離れた、地下鉄A線のジェリフスケーホ駅の真ん前にあるユダヤ人墓地を訪れた。やはり「カフカのお墓」は見ておきたかったのだ。墓の位置がすぐにわかるかどうか心配だったのだが、ちゃんと表示が出ていた。そっけない墓標に「Dr. Franz Kafka」と記され、父、ヘルマンと、母、ユーリエの名前も付されている。

お墓の周囲には小石が積み上げられ、花やロウソクが所狭しと並んでいた。紙に何かメッセージを書いて、小石を載せているものもある。人のことは言えないが、ここまで観光名所化していると、地下のカフカも呆れているかもしれない。皮肉の一つも書き残したくなるのではないだろうか。

お墓参りを済ませて、墓地の入り口に向かいかけたとき「エクスキューズ・ミー?」と声をかけられた。やや青っぽいスーツの上下、あまり背が高くない金縁眼鏡の中年男だ。「あなたを何度かお見かけしましたよ。その本を持っているので、すぐわかりました」と言う。たしかにそのときも、例の『KAFKA IN

In tiefstem Schmerz geben wir bekannt, daß unser Sohn

JUDr. Franz Kafka

am 3. Juni im Sanatorium Kierling bei Wien, 41 Jahre alt, gestorben ist.
Das Begräbnis findet am Mittwoch, den 11. Juni um 3/4 4 Uhr auf dem jüdischen Friedhof in Straschnitz statt.
PRAG, am 10. Juni 1924.

Hermann und Julie Kafka,
Eltern,
im Namen der trauernden Hinterbliebenen.

3302

Von Kondolenzbesuchen bitten wir abzusehen.

カフカの墓碑銘

PRAGUE』を手にしていた。「実は私も」と、彼が手提げ鞄の中から取り出したのも、同じ『KAFKA IN PRAGUE』だった。思わず笑ってしまった。同好の士がもう一人いたわけだ。

そのジョン・ポールと名乗るアイルランド人から、プラハ市内に戻ってビールでも一杯飲まないかと持ちかけられた。なんだか墓場の立ち話だけで終わるのはもったいない気がしたので、誘いに乗ることにした。

道すがら、どうしてカフカの足跡を辿っていたかという話になって、日本を出て、ナイロビ、ザンジバル、アテネ、イスタンブール、ブカレスト、ブダペスト、プラハと移動して、たまたまキンスキー宮で『KAFKA IN PRAGUE』を手に入れたので、何となく回り始めたというようなことを喋ると、なんだか釈然としない顔つきでうなずいた。「君はどうなの?」と水を向けると、「うーん。話が長くなりそうなので後ほど」と言う。やはり釈然としないまま、うなずき返した。

ヴァーツラフ広場に近いカフェで、彼はギネスを、僕はピルスナー・ウルケルを注文する。乾杯の後で、あらためて彼が「カフカ巡り」をしていた理由を尋ねると、手提げ鞄の中をゴソゴソ探って、黒い皮カバーのファイルと白い厚紙の小函を取り出した。それらをテーブルに置いて、広げながら喋ってくれた。

おおよそ、こんな話だ。

「フランツ・カフカ」

私はDoll Maker（人形師）です。精巧な人形を作るのですが、ただの可愛らしい人形ではありません。これを見てください（と、ファイルを開いて写真を見せてくれた）。

そう、ご覧になっておわかりのように「カフカ人形」とでもいうのでしょうか。

カフカの小説の一場面をミニチュアのセットのようにつくり、そこに人形を配しています。

これは『変身』の場面ですね。グレゴール・ザムザが、朝に夢から覚めると毒虫に変身しています。はい。動きますよ。次の場面では、ザムザ虫はドアまで移動して、ドアの鍵を顎で挟んで回そうとしています。ドアの外では、父親と母親と妹が、不安そうにその様子をうかがっています。

ありがとうございます。よくできているでしょう。

「オドラデク」

次は『判決』です。父親がベッドの上に立ち上がって、息子のゲオルクに「死刑」を宣告している場面です。父親の厳しい顔にスポットライトを当てました。この後、ゲオルクは頭を抱えて部屋から外に飛び出し、モルダウ川に身を投げます。

これはおわかりですね。そう『ある流刑地の話』です。これをつくるのには苦労しました。なにしろ、囚人の体に刺青を彫り込む機械の、複雑な動きを再現しなければならないのでね。おかげさまで、なんとか完成まで漕ぎつけることができました。

「歌姫ヨゼフィーネ」ですか？　もちろんありますよ。これです。わたしもあの話は大好きです。彼女がチュウチュウ声で歌っていて、まわりを鼠族の面々が取り囲んでいます。これには音もついています。知り合いの音楽家に頼んで、チュウチュウ・ミュージックをつくってもらいました。

というわけで、他にもいろいろあるのですが、すっかりカフカにはまってしまいましてね。そうですね。二〇個くらいはつくったでしょうか。いろいろな美術館で開催される「カフカ展」に貸し出したり、ギャラリーで特別展示をしたりしています。そのうち、パノラマ館みたいな常設の展示施設をつくるのが夢です。

でもね（ジョン・ポールはそこで言葉を切って、天を仰いだ）。だんだん疑問に思えてきたんです。たしかに、自分で言うのもなんですが、よくできていると思います。観客の評判もかなりいい。でも所詮、つくり物なんじゃないかって思ってしまいましてね。カフカの小説の、あのなんというか、そうそう、マジック・リアリズムですかね。それがやっぱりないんですよ。

これを見てください（彼は厚紙の小函の蓋を開けた）。どうです？　そう、『父の心配』に出てくるオドラデクですよ。星型の糸巻きみたいなボディに棒がついていて、カサコソ音を立てて、家の中を動き回っている。二ページほどでほんとに短いけど、わたしはあの話が大好きで、もしかするとカフカの書いたものの中では一番好きかもしれない。ええ、動きますよ。ゼンマイを仕込んであるのでね。ちょっとやってみましょうか（ジョン・ポールがゼンマイの螺子を回すと、それは意外なほどの速さで、ツ、ツ、ツーとテーブルの上を移動した）。

でもね。やっぱり物足らない。人形づくりの限界でしょうか。精巧につくればつくるほど、カフカの世界からは遠ざかるような気がしてきましてね。それで、決心したんですよ。プラハに行ってみようって。この街に来れば、何かヒントがつかめるんじゃないかって。で、ここ一週間ほど、カフカの後を追いかけて、街を歩き回っているというわけです。

結果ですか。うーん、むずかしいですね。ただいくつか、可能性は見えてきました。要するに、仕掛けをつくっては駄目だっていうことですかね。人形たちが、自分で勝手に動き出さなければならない。といっても、どうやればいいのかはまだわかりませんが。ギリシャ神話のピグマリオンの話のように、ヴィーナスが命を吹き込んでくれれば最高ですが、なかなかそうはいかないしね。

でも、まだ諦めてはいません。この後、カフカが亡くなったウィーン郊外のサナトリウムにも足を伸ばすつもりでいます。


ジョン・ポールはそこでギネスのグラスをあおった。もう三本目だ。僕も二本目のウルケルを注文する。おつまみのチーズとソーセージも添えてもらう。

それから、いろいろ話をした。レイ・ブラッドベリの『刺青の男』。そういえばあの話も、月の光に照らし出されて刺青の図柄が勝手に動き始め、ストーリーを語るというものだった。人形を動かすのには、月の光がいいのかもしれない。たしか今日は満月の夜のはずだ。

ジョン・ポールは日本人形が怖いという。ダブリンの日本人の友人の家に飾ってあった髪の長い日本人形の、切れ長の目、赤い唇がどうにも不気味で、夜中に動き出しそうな気がしたのだそうだ。そういえば、知らないうちに市松人形の髪の毛が伸びていた、という都市怪談があったのを思い出した。その話をしたら、怖そうに肩をすくめていた。

気がついたら、だいぶ時間がすぎていた。テーブルの上には、ギネスの瓶が五本、ウルケルの瓶が三本並んでいる。トイレに立って、席に戻ると、ジョン・ポールは、テーブルに突っ伏して眠り込んでいた。

眼鏡はちゃんと外して脇に置いてある。起こそうかと思ったが、よく寝ているので、しばらくそっとしておくことにした。

ふと、テーブルに置いたままになっていた白い小函に目をやると、それがちょっと動いたような気がした。驚いて、さらに目を近づけると、たしかにかすかに振動している。カサコソ、カサコソという音も聞こえてくる。オドラデクが生き返ったのだろうか？　そっと函を持ち上げて、てのひらに載せ、蓋を開けてみた。オドラデクはそこにいた。でも、うんともすんとも言わない。ひっそりと押し黙ったまま、見えない目をこちらに向けている。

もしかすると、さっき螺子を巻いたゼンマイが、まだ緩みきっていなかったのかもしれない。間を置いてほぐれて、ちょっと動いて、また止まったのだろう。でも、持ち主が眠りこけている間だけ、人形たちが生命を得て動いたり、笑いさざめいたりしていると考えるほうが、ずっと楽しい。Doll Makerだけが知らない秘密の時間。そんな奇跡がオドラデクにも起こったのだろうか。

しばらくして、ジョン・ポールは目を覚ました。代金をダッチ・カウントで払って店を出る。別れ際に、「オドラデクにもよろしく」と挨拶をしたら、なんだか不思議そうな顔をしていた。

プラハ、旧ユダヤ人ゲットーのシナゴーグ

8月21日（月）

ある老婦人が、川で絨毯を洗っている。じゃぶじゃぶ濯《すす》いでも、川の水が汚いのでかえって薄よごれてしまう。文句を言うのをなだめるため、ある男が出かけていく。うまく事をおさめて帰ってきたので、皆どうやったのかを尋ねるのだが、笑って答えない。老婆は楽しそうに鼻歌をうたいながら作業をしている。

朝起きたときに、つげ義春にカフカの小説を元にした漫画を描いてもらうというアイディアを思いつく。「ねじ式」(17)のタッチの、『変身』や『失踪者』や『断食芸人』をぜひ見てみたい。

午前中、旧ユダヤ人ゲットーの旧新シナゴーグ、ピンカス・シナゴーグ、墓地などを回る（六ヶ所で480K）。ピンカス・シナゴーグの壁には、第二次世界大戦中のホロコーストの犠牲者、八万人の名前と生没年月日が記されている。二階にはテレジン強制収容所で子どもたちが描いた絵。「絶対に忘れさせない」という強い意志を感じる。

(17) つげ義春が、月刊漫画雑誌「ガロ」（1968年6月号）に掲載した漫画。実際につげが見た夢を元にしたもので、海辺の漁村での出来事がシュールな設定で描かれている。

「ねじ式」

夜7時に、スロヴァキアを抜けてきた春田君と、ヴァーツラフ広場の騎馬像前で待ち合わせ。ビールとワイン。帰ろうと思ったらいきなり雷雨が来た。

8月22日（火）

アウラの高校にクワタロー（18）が転校してきた。アウラとクワは小さい頃によく遊んでいたので、なんだかいい感じで話をしている。夏休み前の放課後の教室。

プラハから列車で1時間40分ほどかけて、ボヘミア地方西部のプルゼニュ（Plzeň、ドイツ語名はピルゼン）に来ている。ピルゼン・ビールの産地。中世のお菓子の家みたいな建物が並ぶ綺麗な街だ。

駅のインフォメーション・センターで予約したPençion《ペンシオン》 City《シティ》（８００Ｋ）は、朝食付き、ＴＶ、電話ありの快適な中級ホテルだった。

夜はイタリアンで、ミネストローネ＋リゾット＋ワイン＋エスプレッソ＋デザート（ティラミス）で１８９Ｋ。プラハより安くて、なかなかうまい。

（18）下中桑太郎。下中弘・菜穂夫妻の長男。アウラの幼馴染だったが、この頃はほとんど会っていなかった。

8月23日（水）

この世と天国との間にある国（中つ国？）。そこに行ったまま帰ってこない友人を助けるために、天国にいるはずの父親にメッセージを送る（複雑な内容の夢で、他にもいろいろあったのだが、大部分は忘れてしまった）。

サユリちゃんに電話。まあまあ元気そうだった。

午前中に、プルゼニュの民俗博物館、ビール博物館、地下道のツアーなどに行く。充実した展示。15キロにわたって掘り抜かれた地下道には、井戸、水道、シェルター、食料貯蔵庫などが完備していた。

午後は疲れ気味なので、ホテルでＴＶを見ながら、絵を描いたり文章を書いたりして過ごす。

夜は美味しいピルゼン・ビールを出すので有名なレストランU《ウ》 Salzmannů《サルズマンヌー》へ。中華料理みたいな肉野菜のパイ包み＋桃＋コーヒー（もちろんビールも）で１２０Ｋくらい。すごく安い。ドイツから観光客が押し寄せるわけだ。

プルゼニュの地下道

8月24日（木）

プルゼニュからプラハに移動。ちょうど急行列車が出るところだったので、急いで乗ったら、一時間半ほどで着いた。

前に止まったHostel《ホステル》 Budeč《ブデシュ》に行ってみたら、三人部屋しか空いていなかった。明日はイスタンブールに向かうので、とりあえず一日だけ泊まることにする。

ゴルツ・キンスキー宮殿に新装のプラハ国立美術館ができたので、そこの柿落《こけら》としの展覧会「The《ジ》 End《エンド》 of《オブ》 the《ザ》 World《ワールド》?」を見る。この「世界の終わり?」展は、中世の絵画・彫刻と現代美術を「黙示録」というテーマで繋ぐという意欲的な企画。会場のインスタレーションも、石壁が剥き出しの地下スペースをうまく使っていて見応えがあった。

春田君と、夜6時半に待ち合わせて食事。彼がスロヴァキアで入手したという写真雑誌「imago《イマーゴ》」は、すごくレベルが高い。中・東欧、旧ソ連諸国の写真家たちの特集。写真の世界も大きく動きつつあるようだ。

いやいや、いまはあまりそんなことを考えたくはない。明日は早いのでもう寝ることにしよう。結局、部屋の相客はイギリス人一人だけだった。

プルゼニュ民俗
博物館のチケット

六章　目眩と祈り

［プラハ→イスタンブール（トルコ）→
アレクサンドルーポリ（ギリシャ）／サモトラキ島→テッサロニキ→
アテネ→ナイロビ（ケニヤ）］

8月25日（金）

早起きして、地下鉄で共和国広場へ。反対側の出口に出てしまって、慌てて戻って、何とかプラハ国際空港行きのバスに間に合う。一瞬の判断ミスが命とり。今回はセーフだった。

スイス航空便、チューリヒ経由でイスタンブールへ。14：00過ぎに到着。Havaş バスで市内へ（200万トルコリラ＝2MTL）。また貨幣単位が大きくなって頭が混乱する。アクサライで降りて、トラムヴァイでスルタン・アフメットへ。一度来ている街は移動が楽でいい。

例によってHotel《ホテル》 Aya《アヤ》 Sofia《ソフィア》に泊まろうとしたら、一ヶ月前は一泊15ドルだった料金が、20ドルになっていた。レセプションの兄ちゃんと交渉して、四日間で64ドル（16×4ドル）まで下げた。この辺りが、トルコのアジア・アフリカっぽいところ。人の態度、姿形も、お高くとまったヨーロッパとは違っていて、むしろ気持ちに馴染む（イスタンブールは地理的には一応ヨーロッパだが）。

スルタン・アフメットのトラムヴァイの前のレストランで遅

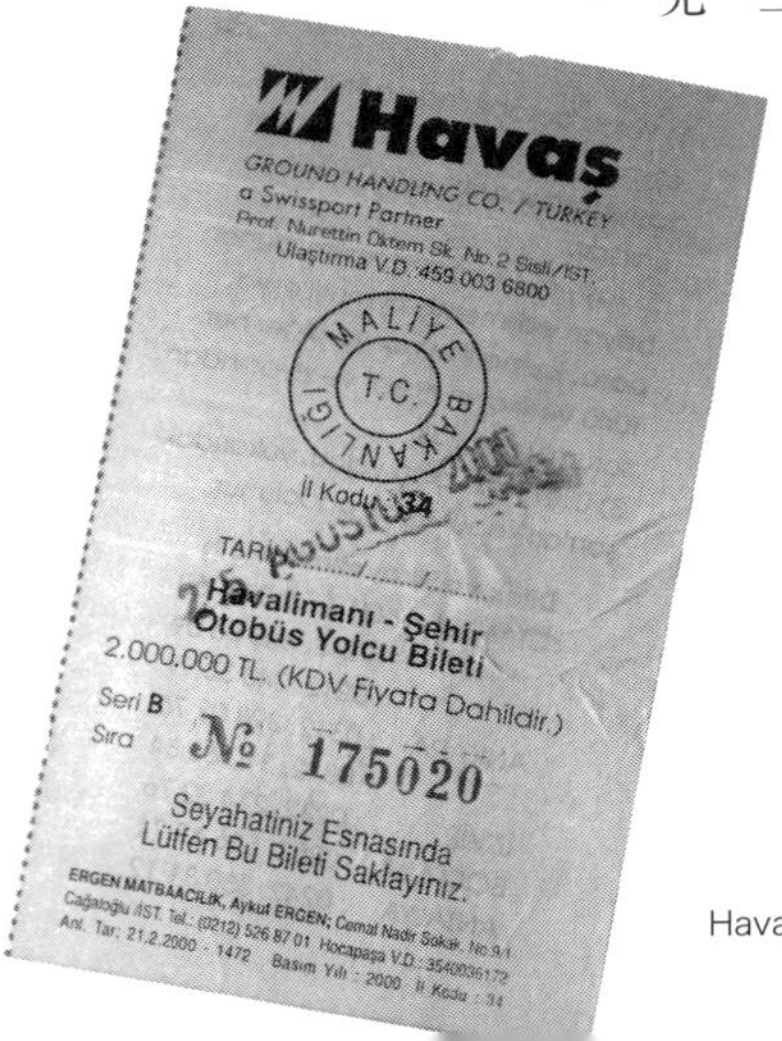

Havaş バスのチケット

い夕食を食べていたら、見るからにエキセントリックな雰囲気の日本人女性に話しかけられた。何とAya《アヤ》 Sofia《ソフィア》の雇われマダムだという。その山森さんは、一〇年ほど前からトルコに来ていて、Aya Sofiaのオーナーと知り合い、いろいろ相談を受けて、二ヶ月ほど前からこのホテルの面倒を見ているとのこと。ハマム（トルコ式浴場）を作りたいとか、屋上をカフェにするとか、いろいろアイディアを話してくれた。ザンジバルの三浦砂織さんもそうだが、日本人女性は世界各地で頑張っている。

　ナイロビ以来書き溜めてきた旅のノートの原稿が、だいぶ溜まってきた。ブダペストの盗難事件のようなことがあるので、清書したほうがいいかもしれないと思いついた。原稿用紙は自分で作ることにする、文房具屋でＢ４の紙を買ってきて、ボールペンで枡目を引いて、手製の四〇〇字詰原稿用紙を作った。あとは、これを大量にコピーすればいい。

　貧乏性というべきか、ほとんど病気というべきか、旅の間にそんなことをしなくてもいいようなものだが、やっぱり文章を整えていくプロセスそのものが好きなのだろう。

8月26日（土）

Kさんに「アルチンボルド効果」の話をする。アルチンボルド（1）の絵のようにモノを細部まできっちりと撮影し、その画像をつなぎ合わせて人間とか動物の姿を浮かび上がらせる。たとえば野菜でできた貘《ばく》とか。Kさんはつまらなそうな顔をして聞いている。

チョルバ（スープ）とアイランの朝食を済ませて、新市街のタクシムへ。昨日作った手製の原稿用紙を、とりあえず清書用に50枚コピーしてもらう。

帰りにガラタ塔に昇る。尖り屋根の九階建ての塔。丘の上からイスタンブール市街を見下ろすのに絶好のポジションだ。帰りにガラタ橋を渡ってエミノニュまで来たら、いきなりすごい雷雨になった。雨が雹《ひょう》に変わり、親指の爪くらいの大きさの氷の塊が、駅舎の屋根を叩く。周り中大騒ぎ。蜘蛛の子を散らすように屋根の下に逃げ込む。30分くらいで嵐はおさまって、トラムヴァイでスルタン・アフメットに戻ってきた。

イスタンブールは食事もビールもうまいし、居心地がいい。ずるずる居続けそうになるので、ギリシャ行きのバスの時刻と値段を調べに行かなければならないと思う。

（1）Giuseppe Arcimboldo（1526～1593）。イタリア・ミラノ出身で、マニエリスムの傾向を代表する画家。野菜、果物、花などで構成された肖像画のシリーズで知られる。

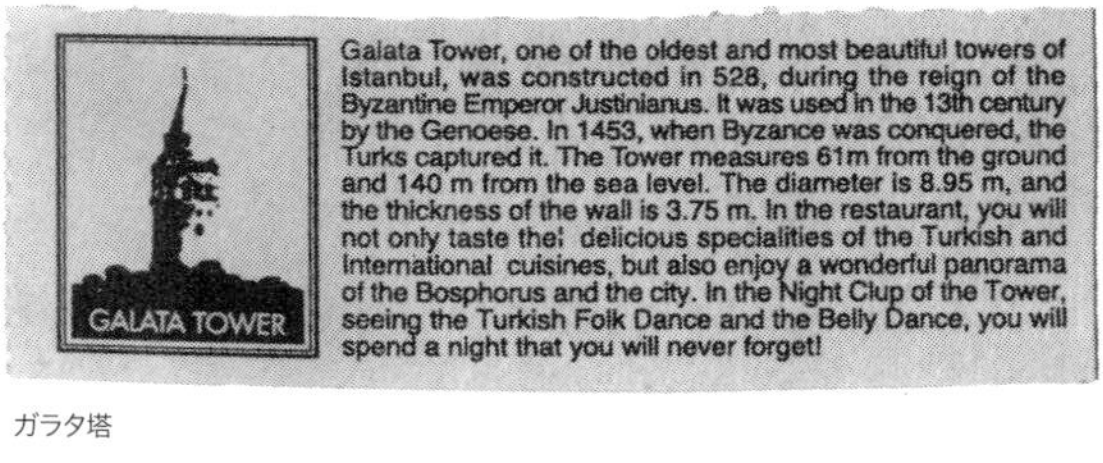

Galata Tower, one of the oldest and most beautiful towers of Istanbul, was constructed in 528, during the reign of the Byzantine Emperor Justinianus. It was used in the 13th century by the Genoese. In 1453, when Byzance was conquered, the Turks captured it. The Tower measures 61m from the ground and 140 m from the sea level. The diameter is 8.95 m, and the thickness of the wall is 3.75 m. In the restaurant, you will not only taste the; delicious specialities of the Turkish and International cuisines, but also enjoy a wonderful panorama of the Bosphorus and the city. In the Night Clup of the Tower, seeing the Turkish Folk Dance and the Belly Dance, you will spend a night that you will never forget!

ガラタ塔

8月27日（日）

時々、雨がぱらつく日曜日。イスタンブールのガイドブックを見ていたら、新市街のガラタ・メヴラーナ博物館で、メヴレヴィー教団の旋回舞踊（2）の公演があるという記事が出ていた。まさに今日の17：00〜、５ＭＴＬ。これは見に行かなければと思って。街をぶらついて時間をつぶしてから出かけていった。

まず音楽の演奏があり、それが終わると長老《シーク》を先頭に一五人ほどの男女の踊り手が入場する。頭にベージュ色の長帽子を被り、黒いマント姿。マントを脱ぐと男性は白、女性は緑、赤、黄色などのスカートのような衣装になった。長老が祝福を授け、手を広げながら反時計回りに旋回し始める。動きが速くなってくると、顔が上気し、何とも言えないエクスタシーの表情になる。単純だが、なかなか深みのある踊り（というよりは祈り）だった。

Aya《アヤ》 Sofia《ソフィア》に泊まっていて、やはり公演を見に来ていた奈良出身のりょう子さん、たまたまイスタンブールに来ていた日本人女性二人と、公演後に食事、お茶に行っていろいろ話す。そのうちの一人の岩瀬さんは、講談社の「with」の編集部の人だった。

（2）メヴレヴィー教団は、アナトリアの古都、コンヤを拠点とするイスラム教神秘主義（スーフィズム）の教団。宗教儀式（セマー）として、ひたすら回転し続ける旋回舞踊をおこなうので知られている。

眩暈と祈り

宿でガイドブックをパラパラめくっていたら、新市街のガラタ・メヴラーナ博物館でメヴレヴィー教団の旋回舞踊の公演があるという記事が出ていた。なんと、今日の夕方五時からではないか。前からぜひ一度見たかったので、ともかく出かけてみることにした。

雨上がりの強い西日が射し込む会場で、まず楽団が演奏し始める。竹笛、シンバル、琴のような伝統楽器に、クラリネットやチェロのような西洋楽器も加わっている。旋律が途切れることなくうねうねと続く宗教音楽を、三〇分ほど演奏した。

この前座の演奏が終わると、ホールが綺麗に片づけられ、いよいよ舞踊団が登場する。白髭の長老《シーク》を先頭に、男女ほぼ半数、一五人ほどの踊り手が、会場をぐるりと回って、互いに挨拶を交わす。ベージュ色の長い帽子に黒マント。厳粛な雰囲気なのだが、どことなくユーモラスで、現実離れしている。きのこの国の住人たちのようだ。

音楽の調子が変わると、全員がマントを脱ぎ棄てる。長老が一人一人に祝福を与え、踊り手たちはくるくると反時計回りに旋回し始めた。セマーと称される宗教儀式だ。胸の前でクロスしていた腕を少しずつ開き、右手は天に、左手は地に、てのひらを向けて大きく広げる。頭を回転の方向に少し傾けてバランスをとっている。

男性は白、女性は赤、緑、黄色など原色に近い、裾が広がったスカートのような衣装を身につけている。旋回するたびにスカートが大きくふくらみ、その下で脚を小刻みに動かしているのが見える。

音楽のテンポが速まると、回転の速度が増し、踊り手の顔もほんのりと赤く上気してくる。目を半ば閉じ、ひたすら回り続けることに集中している彼らは、エクスタシーの表情を浮かべている。アッラーの神への一体化と、地上の束縛からの解放を舞踊によって表現しているはずなのに、その姿はエロティックとしか言いようがない。

この単純きわまりない独楽のような旋回運動は、不思議な感動を与える。いや、簡単そうに見えるが、遠心力に逆らい、同じ場所に留まって回転し続けるのには、大変なエネルギーと集中力が必要なはずだ。メヴレヴィー教団の踊り手たちは、子どもの頃から一日三時間の修行を積むのだそうだ。

三曲ほど、短い休止を挟んで旋回舞踊を続けると、最後に長老がふたたび中央に進み出て、右手でマントの裾を開き、ゆっくりと、威厳を保って体を回転させた。踊り手たちはふたたび黒マントを身にまとい、床に頭をつけて感謝の意をあらわしてか

トルコ製の人形

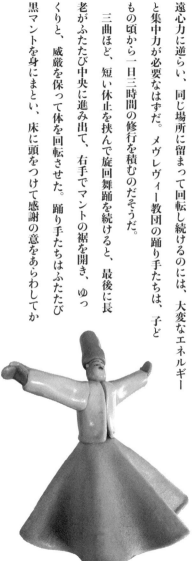

ら、一人ずつ退場していった。

長老と踊り手たちが全員姿を消すと、静寂が一瞬城内を支配した。拍手する者もいない。やがて、観客たちは酔いから醒めたように立ち上がり、ざわついた日常の空気が戻ってきた。

それは踊りというよりも、最も純化された祈りの行為だった。祈りに没入している者は、現実の時間や空間を超越している。それは、美しくも、はかない幻だ。だがメヴレヴィー教団は、幻を地上に固定するためのメソッドを編み出し、長い時間をかけて磨き上げ、洗練させてきたのだ。

誰でも子どもの頃、ぐるぐると体を回しては、足がふらついて地面に倒れる遊びをしたことがあるだろう。その時、知らず知らずのうちに、眩暈がエクスタシーに変容していく過程を経験していたのではないだろうか。

メヴレヴィー教団は、おそらく意識的に遊びと祈りとを混同し、結びつけようとした。どちらも、内から湧き起こる力に突き動かされた、無償の行為であることに変わりはない。旋回し続けている限り、幻はそれが宿る肉体を得て、地上に留まることができる。

会場を出て、宿に戻っても、幻の極彩色の独楽の残像は、そのあたりにずっと消えることなく漂っていた。踊り手たちの、あのエクスタシーの表情が、眼の裏に貼りついて離れない。長い夢を見続けていたような気分だった。

8月28日（月）

なんだかひどく眠い。メヴレヴィー教団の旋回舞踊には、催眠効果もあるのだろうか。午前中は、部屋で清書の作業をする。結局、あと三日間泊まりを延長することにした。ここは本当に居心地がいい。

昼過ぎにイスタンブールのオトガル（バス・ステーション）に出かけて、9月1日（金）、ギリシャのアレクサンドロポリス行きのバスを予約する。Varan《ヴァラン》 Bus《バス》、朝10時発、13・6ドル。

8月29日（火）

昨日くらいから急に肌寒くなった。秋の気配。

メヴレヴィー教団の公演で知り合った日本人女性二人、りょう子さん、さおりさんと、エミノニュからボスフォラス海峡を遡ってアナドル・カヴァウまで遊覧船で行くツアーに参加する（1・8MTL）。船からの眺めはいいし、着いた街のレストランで焼き魚を食べて、白ワインを飲んで、なかなかいいツアーだった。

りょう子さんは奈良でホテルの仕事をしながら、旅行三昧。今夜、バンコク経由で帰国。さおりさんは、イラン人と結婚していたが、何かあったようで、一人でイスタンブールに来ている。マレーシア航空の空席待ち。夜、スルタン・アフメットのキョフテ屋で食事をして別れる。

サユリちゃんに電話。アウラは高校の演劇部の合宿に行っているとか。お腹の調子があまりよくない。

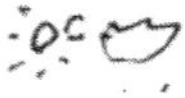

8月30日（水）

演劇の公演らしい。舞台に丸い大きなテーブルがあって、その周りに役者たちが座っている。いろいろやりとりがあり、皆で黒いマントのような布の中に頭を突っ込む。「そんなことをしていて、人格というものをどう考えるんだ」と誰かが言うと、もう一人が「あたしたちおカマには人格なんてありませんよ」と答えて、大爆笑（夢を見ている時にはすごく面白かったのだが、こうして書いてみるとそうでもない）。

午前中、なんだかくたびれて、寝たり起きたり。お腹の調子もいまいち。洗濯屋に長ズボンとトレーナーを出す。ちょっと生乾きだが、二時間ほどでできあがってきた

（1・6ＭＴＬ）。

午後にまた、アレクサンドロス石棺を見に考古学博物館に行く。やっぱり凄い。死を巡る表現の最高峰だと思う。何か書きたいところだが、いまはちょっと手に余る。宿題というところか。

ギュルハネ公園を抜けて海辺に出る。今日は「勝利記念日」の休日なので、家族連れが多い。陽射しもきつくなく、風が気持ちよい。

夜、「With」の岩瀬さんと食事。薄いクレープ状のピザ。美味しいけれど、お腹の調子があまりよくない。彼女も口内炎ができて医者に行ったとか。

8月31日（木）

恐慌で銀行が全部潰れてしまう。「この国では国立銀行だけが営業を続けています」とTVのニュースで言っている。すぐにシティ・バンクに行って、何とかドルの現金を確保しなければと思う。

午前中、タクシムの軍事博物館へ。人を殺す道具の美しさについての考察が必要。

アレクサンドロス石棺

午後、岩瀬さんにつきあって、アヤソフィア大聖堂、地下貯水池など。シルケジ駅のレストラン、Continent《コンティネント》 Express《エクスプレス》でチキンの醤油煮込み、ワインで食事。美味しいのに、こちらは胃の調子が悪いし、岩瀬さんは口内炎であまり食べられない。スルタン・アフメットに戻ってお茶をして別れる。

9月1日（金）

8：45にホテルを出て、トラムヴァイ、地下鉄を乗り継いでオトガルへ。Varan《ヴァラン》 Bus《バス》は30分遅れの10：30頃に出発した。

国境のイプサラまでは順調だったが、そこからが凄いことになっていた。自動車が数百台、列を作っていてまったく動かない。バスは優先レーンに入って、トルコ側の国境を抜け、ギリシャ国境（キピ）との中間地帯に入ったら、また止まってしまった。ギリシャのイミグレーションでのパスポート・コントロールで、延々と待たされる。しかも、荷物を全部一旦バスの外に出して、一個一個チェックする。国境で結局四時間を費やした。

同じバスに乗っていたトルコ青年曰く「これはTorture《トーチャー》（拷問）だ！」。お

Varan バスのチケット

そらく長年のギリシャとトルコの確執のとばっちりが、国境での検問にもあらわれているということだろう。陸路で国境を越えると、単なる一本の線の重みがよくわかる。国境からアレクサンドロポリス（ギリシャ名はアレクサンドルーポリ）までは約40分。夜8時頃に着く。Hotel《ホテル》 Lido《リド》にチェックイン。感じのいい一つ星ホテル。6500ドラクマ（＝D）。なんとなく、お腹の具合がよくなってきた。移動するとむしろ調子がよくなる。

9月2日（土）

チーズとハム入りのクロワッサン＋コーヒー＋ヨーグルトの朝食。ホテルの近くのカフェ、1200D。美味しい。

サモトラキ島行きのフェリーのチケットを取る。明日午後1時半出発。2300D。アレクサンドルーポリは、外国人はほとんど見かけないが、ギリシャ人ツーリストが多い観光地。カフェやレストランも多い。ただ、まだお腹が本調子ではないので、脂っぽいものは避けたい。Gooday's《グッディズ》というハンバーガー・チェーンでギリシャ風のピタサンド＋サラダバー。午後はホテルの部屋で書き物の続き。「国境の上」（3）とか。

（3）「国境の上」。『歩くキノコ』（水声社、2001年）におさめる。

夜は近くのレストラン（というよりトルコ風食堂《ロカンタ》）で、野菜シチュー＋ライス。なるべく胃に負担をかけないものということで。

9月3日（日）

女たちが皆、戸板のようなものにさまざまな格好で縛られて、とても残酷なやり方で殺されていく。顔の皮をナイフでべろりと剥がれるとか、腹を裂かれるとか。中世の魔女狩りのようでもある（ひどくエロティックな夢で、性的に興奮する）。

1時半発のフェリーでサモトラキ島へ。約二時間半。観光客はまだけっこう多い。港（カマリオティッツサ）でばあさんが声をかけてきたのでついていく。例のペンション風のDomatia《ドマティア》。悪くはない。６０００D。ばあさんもじいさんも、英語はまったく喋れない。紙に数字を書いて値段の交渉。

近くに適当なレストランが見当たらないのが難と言えば難。ギュロス（トルコのケバブ）とピタパンで済ませる。

サモトラキ島行きのフェリー

9月4日（月）

早坂貞彦先生の教室に行くと、描きかけの抽象画（高校時代に描いたもの？）があったので、その続きを描く。１００号くらいのキャンバス。腕を左右に大きく動かして、色を塗ると気持ちがいい。

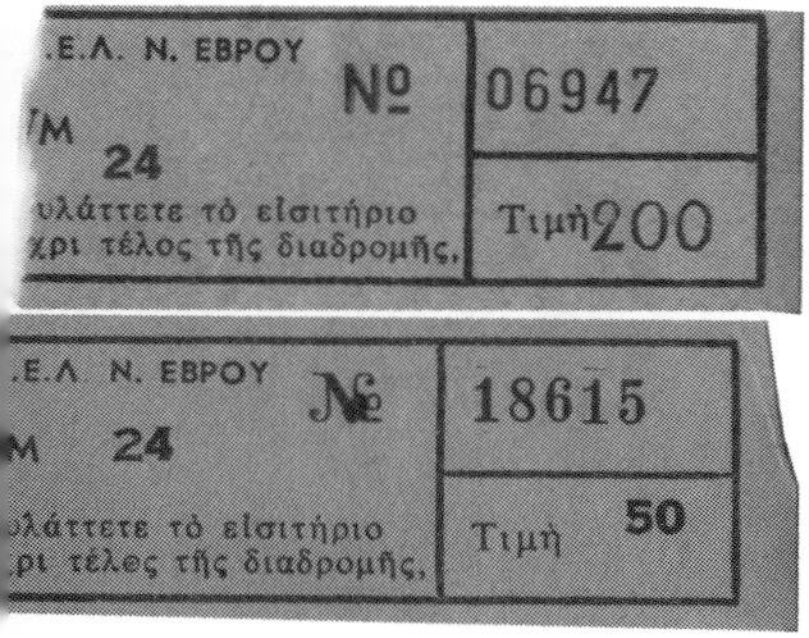

バスのチケット。兄ちゃんが車内で売っている

ゆっくり起きて、10時くらいに海辺のカフェで朝食。ハム入りのオムレツ（250D）＋フラッペ。なかなかうまい。11時半のバスで、島の中央部のホラへ。いかにもギリシャの田舎の村という感じ。坂道を登ると、城塞跡があり、そこからのエーゲ海を見渡す眺めは絶景だった。杉本博司（4）が「Seascapes《シースケイプス》（海景）」のシリーズを思いついた気持ちがよくわかった。

ホラのバス停の近くまで戻って、レストランで昼食。チャーシューのような焼き肉（塩味）＋トマトとタマネギのサラダ、２２００D。絶品。お腹の調子も戻ってだいぶ元気になってきた。

（4）杉本博司（１９４８〜）。ニューヨーク在住の写真家。代表作の「Seascapes」（１９８０年〜）は、画面のちょうど中央に水平線を置いて、海と空を二分割して撮影したシリーズ。

9月5日（火）

今日もホラまでバスで行って、そこから旧市街のパレオポリの遺跡まで歩く。綺麗な舗装道路になっていて歩きやすい。景色は例によって「意味のない世界」。逆に無意味に耐えきれず、意味づけようという欲求が高まるので、ギリシャには哲学者がたくさん出現するのでは。

一時間ほど歩いて、Sanctuary《サンクチュアリ》 of《オブ》 Great《グレート》 God《ゴッド》 へ。ここは、古代に祭儀がおこなわれた場所。遺跡群と小さな美術館（500D）。海と山（1611メートルのフェンガリ山）との間にある聖なる空間は、なかなかの見ものだった。バス停で一時間ほどバスを待って、また「意味のある世界」に戻ってきた。

レストランでギュロス＋ピタパン＋ビール（850D）の夕食を済ませて、海辺をぶらついていたら、少年たちが、舞台のようなものの上にいる小さな男をからかっていた。どうやら彼は「ラッキー」と呼ばれているらしい。少年たちが声をそろえて「ラッキー！」と呼ぶと、男は鈍重な仕草でそのほうをふり向き、両腕を頭の上まで持ち上げてみせる。それを何度も繰り返している。

ΜΝΗΜΕΙΑ ΤΗΣ ΕΛΛΑΔΑΣ
MONUMENTS OF GREECE
MNE 3621827
ΕΙΣΙΤΗΡΙΟ ΕΙΣΟΔΟΥ
ΔΡΧ. DRS. 500
ENTRANCE TICKET
Παρακαλείστε να κρατήσετε το απόκομμα του εισιτηρίου σας μέχρι την έξοδό σας από το χώρο.
You are requested to preserve your ticket until you leave the Museum/Site.

Sanctuary of Great God の
チケット

フェリーニ（5）の映画の一場面のような光景。そういえば子どもの頃、僕の故郷の家の近くに、知的障害者の施設があって、「ラッキー」たちとよく出くわしていた。子どもたちが、見かけよりずっと残酷にふるまえるのも、どこでも同じだ。懐かしさとともに、どこか神話の中の出来事のようにも見える。ギリシャでは人びとの言動、表情、身振りもくっきりと単純化（様式化）されていて、神々も、英雄も、悪者も、聖なる愚者も、ごく身近にいるように感じる。

アレクサンドルーポリ行きのフェリーのチケットを取る。明日11：30発。２３００D。

9月6日（水）

昨日の夜、雷をともなった大雨が来て、すっかり秋の気配になってしまった。夜、停電で真っ暗になる。手探りで便所に行った。

朝、港の近くのカフェに入り、ハム入りオムレツ＋コーヒーで時間を潰す。雨が降ったり止んだり。「ラッキー」の姿をまたちらりと見かけた。今日はなぜか、煙草の吸い殻でいっぱいの灰皿を胸のところで抱えていた。

（5）Federico Fellini（１９２０～１９９３）。イタリアの映画監督。『道』（１９５４年）、『甘い生活』（１９６０年）、『8½』（１９６３年）、『フェリーニのアマルコルド』（１９７３年）など名作が多い。

フェリーは11時半に出港。アレクサンドルーポリに近づいた時、乗客の一人がパンをちぎってカモメに餌をやり始めた。こういう奴もどこにでもいる。たちまちカモメがどんどん集まってきて、ヒッチコックの『鳥』（6）状態になった。

また、Hotel《ホテル》 Lido《リド》にチェックイン。街をぶらつくが、特に面白いものはなかった。

夕方、また雨が降り出す。大気の状態がだいぶ不安定のようだ。

9月7日（木）

チャイニーズやコリアンと、戦争ごっこのようなものをして遊んでいる。彼らが何者なのかよくわからないが、同じくらいの年頃の子どもだ。誰かが赤い玉を一度に打ち出すことができる銃（?）を使う。一個一個の玉に針金がつながっていて、それを手繰って大きな玉に丸めて投げ返す。相手は驚いて逃げ出す。その様子を見て、みんな大笑い。

昨晩、レストランで食事をして雨の中を帰ったら、急に寒気がしてきた。肉＋スパゲッティ＋ホウレンソウと米の煮込み（レモンのドレッシング）＋ビールと、調子に

（6）『鳥』（The Bird、1963年）は、アルフレッド・ヒッチコック監督、ユニヴァーサル配給のアメリカ映画。鳥たちの不気味な増殖ぶりが強烈な印象を残す。

乗ってやや食べすぎたからかもしれない。これはまずいと思って、すぐに寝たら、そのまま一〇時間以上眠ってしまった。今日はよく晴れているが、気温は低い。

午前中に街を散策中、海辺のカフェに立ち寄って、コーヒーを飲んでいたら、道端に何台かトレーラーが止まっていた。どうやら移動式の見せ物小屋のようなものらしい。「SAFARI《サファリ》 SHOW《ショウ》」という文字が、車のボディに描かれている。残念なことに、公演は既に終わってしまったようで、団員らしい男女が荷物を積み込んでいるのが見えた。しばらくすると準備が終わったらしく、トレーラーは一台ずつ、どこか遠くの街へと出発していった。

その時に「物語」が天から降ってきた。ストーリーの細部まで、鮮やかに目の前にあらわれたので逆にびっくりしてしまった。あわてて勘定を済ませて宿に戻り、四時間余りかけてその物語をノートに書き写した。

自分ではよく書けたと思うが、どうだろうか？　さすがにこんな経験は初めてだ。イスタンブール以来「書く」というエネルギーの水位が上がってきていて、コップの縁から溢れ出してきたのだろう。

サファリ・ショウ

それは毎年夏になるとやって来た。

一晩のうちに、街中に黄色い紙に刷ったポスターが貼りめぐらされる。「サファリ・ショウ！　今年も来たる。開演は七月三〇日」。黒い縁どりの真っ赤な文字が踊っている。

街はずれの広場には金色と黒のテントが設営される。テントの周りには、旗竿が立てられ、口を大きくあけて吠えているライオンと、青い月と星のマークが並んだ旗が、ひらひら風に靡いている。広場の入り口の「SAFARI SHOW」と記した横断幕の周囲には、色とりどりのイルミネーションが点され、夜になるとキラキラ光り輝いて人々を誘う。

サファリ・ショウが来たという噂はすぐに街を駆けめぐり、子どもたちは指折り数えて開演の日を待つ。その日は朝からテントの前に長い行列ができる。誰もが最初の日の出し物を見たいのだ。楽しみの少ないこの街では、会期が終わるまでにたいてい二回や三回は足を運ぶことになる。

出し物は毎年ほとんど同じだ。サーカス団というよりは見世物小屋といったほうがいいかもしれない。それでも、新入りの団員が加わって演目が少しずつ変わっていくこともある。

笛を吹いてコブラを踊らせたり、首に巻きつけたりする蛇使いがいる。長い剣を次々に呑みこんで見せる老人、重い岩を頭の上まで持ちあげたり、胸に何重にも巻きつけた鎖を断ち切ったりする力持ちの芸人なども常連だ。ほかに全身にびっしりと不思議な模様や文字を彫りこんだ刺青男、ひょうきんな動作で芸を披露する小人たち、骸骨のように痩せほそった空中ブランコ乗りの男女……。

そして紫色の薄いベールをまとった女占い師がいる。「マグダラの水晶占い」という看板がかかった小さなテントにお客を招き入れ、水晶玉のなかにちらちらと燃える炎の模様を読みとって未来の運命を告げてくれる。

広場に入ってすぐには檻が据えられ、茶色っぽい体色の大熊が入れられている。いつものっそりと歩き回っているのだが、時おりテントの前に連れ出され、二本足で立ち上がってお辞儀をする芸をする。熊使いはカウボーイハットをかぶった仏頂面の若い男だ。芸が終わると熊に骨つきの肉を与え、鞭を鳴らして容赦なく檻のなかに追い立てる。

錆びついてペンキが剥げかけたメリーゴーラウンドもある。五頭の木馬となぜか雄鶏が一羽。哀しげな音色の音楽に合わせてぐるぐる回り、いつも子どもたちが群がっている。

二週間ほどの公演が終わると、サファリ・ショウは次の街に移動する。一晩のうちに、テントや熊の檻やメリーゴーラウンドが消え失せてしまっているのは、まるで手品を見ているようだ。彼らが街からいなくなると、短い夏ももう終わりだ。冷たい雨が何日も続き、秋が駆け足でやって来る。街角のところどころに、文字が色褪せた黄色いポスターだけが残っているが、やがて雨に打たれ、風に引きちぎられてぼろぼろになってしまう。

サファリ・ショウの公演も終わりに近づいたある日の放課後、いつものように熊の芸を見たり、屋台で氷水を飲んだりして時間をつぶした。だいぶ陽が傾いたので、広場を出て家に帰ろうとすると、郵便局がある十字路で、ジェロにばったり出くわした。ジェロは小学校以来の同級生で家も近い。ただの友だちというよりはもっと深い仲だ。だが、いつもの彼とはどこか違う。思いつめたような表情。何か言いたそうだ。目と目を見交わして、二人の秘密の隠れ家、街はずれの石橋の下に向かった。

「どうしたんだ。何かあったのか?」

「うん。ちょっと……」

「なんだ。お前らしくないぞ」

ジェロはしばらくためらっていたが、ついに打ち明けてくれた。

「驚くなよ。俺はサファリ・ショウと一緒に行くことにした」

「なんだって！　どういうことだ」

「サファリ・ショウの巡業についていくのさ。あの女占い師のマグダラに誘われたんだ。若い下働きの団員を探しているって」

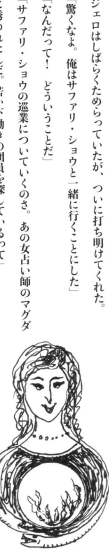

「えーっ、ほんとか?」

「ほんとだよ。明日の夜に一緒に出発する。誰にも言うなって釘を刺されたんだけど、お前にだけは話しておく。俺たちはなんでも隠し事はなしっていう約束だからな。でも、このことは絶対に秘密にしておいてくれ」

「おやじさんやおふくろさんにもか?」

「もちろんだ。言えば止められるに決まってる」

ジェロは目を輝かせ、息を弾ませて、すごく興奮しているようだった。

正直、ぼくはジェロが妬ましかった。そういえば、ここ二、三日、彼の様子が変なのには気づいていた。そわそわして落ち着かないし、話しかけても気もそぞろだ。広場の隅のほうで女占い師と長いこと話しこんでいるのも見かけた。それにしても、なぜジェロが選ばれたんだろう。ぼくにだってチャンスはあったはずなのに。

その悔しさを押し殺して、ひそひそ声で相談を続けた。サファリ・ショウが何台かのトラックに荷物を積んで出発するのは、明日の真夜中過ぎになるようだ。その様子を、この橋の近くの木陰に身を隠して見送ることにした。

「うまくいったら、手を振って合図をするよ。心配いらないさ。みんないい人たちみたいだし。

落ち着いたら手紙を出すよ。怪しまれないように局留めにしておこう。たぶん、旅から旅ということになるから、そんな暇があるかどうかはわからないけどな」

次の日の夜、ぼくは風邪をひいて高熱でうなっていた。なんとか起き出そうとしたのだが、体がまったくいうことをきかない。それに、おふくろが時々頭にのせた氷を取り替えにくる。とうとう家から一歩も外に出ることができなかった。

「ジェロは無事に旅立っただろうか？　今頃はどのあたりにいるのだろうか？」

夢うつつにそんなことを思いながら、いつのまにか眠りに落ちていた。

その日からジェロの姿が消えた。小さな街なので大騒ぎになり、警官たちが捜索にあたり、山狩りもおこなわれた。川では大きな網を手にした男たちが、腰まで水に浸かって底のあたりをさらった。むろん見つかるわけはない。

ぼくは約束を守って、彼の行方については一言もしゃべらなかった。ちょっと不思議だったのは、誰もジェロの失踪と、同じ日に街を去ったサファリ・ショウとを結びつけては考えなかったことだ。彼の両親の、疲れきった哀しげな姿を目にするのは辛かったけれど、ぼくはじっと我慢していた。

夏休みが明けて新学期が始まった。ジェロの席だけがぽつんと空いていて、先生も学校の仲間たちも時々ちらちらとそこを見ていた。しばらくは、歯が抜け落ちた後みたいな気分だったけど、そのうち、いろいろな出来事に紛れて、彼のことを思い出すことも少なくなっていった。

どんよりした曇り空から雪が落ちるようになると、すぐに長い冬が来た。コートの襟を立てて、あのサファリ・ショウのテントがあった広場の前を通るときだけ、きまってジェロは今どうしてるんだろうと考えた。

どんな街にいるんだろうか。サファリ・ショウは冬の間もやっているんだろうか。それとも寒い時期は休みなのか。ジェロは元気で過ごしているんだろうか。もうすっかり仕事には慣れたはずだが……。

固くはりつめていた川の氷が溶けた。空気がだんだん生温かくなり、復活祭が近づいた週明けの朝、みんなでどやどやと教室に入ると、そこにジェロがいた。びっくりして近寄ると、たしかに彼に違いない。ちょっと痩せていたが、よく日に焼け、背も少し伸びたようだ。でも、あの眩しげに目を細めたにやにや笑いは、まったくそのままだ。

「おいおい。幽霊じゃないぜ」

彼はみんなの驚きぶりがおかしくてたまらない様子だった。

「ぴんぴんしてるさ。長いこと留守にしていて申しわけなかった。おととい帰って来たんだ」

教室中が大騒ぎになった。みんな口々に、どうしていたのか、どこに行っていたのかと尋ねた。でも、事情があって遠くの国に行っていたとか、なんだか雲をつかむような答えしか返ってこない。すぐにピンときた。ジェロはサファリ・ショウのことをみんなに話したくないのだ。ちらっとこちらに目配せしたように見えた。やっぱりそうだ。

放課後、あの石橋の下の隠れ家で待っていると、思った通りにジェロがやってきた。例のにやにや笑いを口元に貼りつかせている。

「よう、元気にしてたかい。心配かけたな」

「見ての通りだ。そっちこそどうなんだ？　どこで何をしてたんだ？　サファリ・ショウの仕事はどうなったんだ？」

「まあ、そう焦るなよ。ゆっくり話をさせてくれ」

せきこんで、いろいろと質問しようとするぼくをなだめるように、ジェロはいつになく静かな調子で話し始めた。こんなふうに……。

＊

うん。あの夜、サファリ・ショウのみんなと一緒にトラックで出発したんだ。親にバレないように、家をそっと抜け出すのに苦労したけど、なんとか間に合った。この橋のところで、幌からちょっと身を乗り出して、手を振ったのが見えたかい。えーっ、風邪で寝ていたって。ひどいなあ。

まあ、いいさ。それから次の街へ行って、テントを張って公演して、それからまた次の街へ。次から次へと国境を越えていろんな街に行ったので、もう全部は覚えてないな。

俺はコブラの世話をしたり、テントを畳んでトラックに積みこんだり、マグダラに言われて食料を買いに出かけたり、いろんな雑用をやらされていた。メリーゴーラウンドのもぎりも俺の役目だったな。真面目にこなしてたけど、ほんとうは、すぐにでも芸を教えてもらえると思っていたので、ちょっとがっかりだった。

そのうちに変なことに気づいたんだ。俺は食料を調達する役目だろう。その量がすごく少ないんだ。どういうことかというと、俺とマグダラ以外は誰もものを食べないんだ。コブラと熊の分は別だけどね。食事はマグダラが作る。だけど、食べるときはいつも俺と二人っきり。あとは誰も姿を見せない。

それと、ほかの奴らはほとんど口もきかない。何か頼むと答えたりはするけど、必要なこと以外はまったくしゃべらないんだ。なんだか操り人形みたいに、毎日きちんと仕事をこなして、夜になると自分たちのテントに戻って、ひっそりと眠ってしまう。誰も街に遊びに出かけたりもしないんだ。

俺はそれなりに楽しくやってたよ。マグダラが休みの日に時々外に連れて行ったりしてくれたからね。いろんな土地に行って、新しい景色を見るのも面白かった。でも、なんとなく妙なわだかまりが芽ばえてきていたんだ。

ある晩、なんだか目が冴えて眠れなくなってしまった。

俺はいつも、奥のほうの物置を兼ねたテントに一人で寝ていたんだ。その日もベッドに横になっていると、ちょうど入り口の布が風でまくれて、ほかの団員たちが寝ているはずの大きなテントが見えた。満月の夜で、地面にくっきりと影法師が落ちるくらいの明るさだった。

喉が渇いていたので、水を飲もうと思って外に出たら、ふっとみんなのテントを覗いてみたくなった。いや、別に何かしようと思っていたわけじゃないよ。ちょっとした好奇心で、連中がどんな様子なのか、寝顔を見てみたくなっただけなんだ。

みんな丸太みたいにころがっていたよ。力持ちの芸人のでっかい背中が目についた。その向こうに刺青男が仰向けに寝ている。目を閉じてるんだけど、偽物の目がまぶたに彫りこまれているので、まるで起きているように見える。ぎょっとしたけど、すぐに眠っているのがわかった。小人たちも、熊使いや剣呑みの老人もそこにいた。しばらく彼らの寝顔を見ていた。そのうち、あることに気づいてぞっとしたんだ。

あのときのことは忘れられないな。背筋が凍るっていうのは、きっとああいうことなんだろう。そう、誰も息をしていないんだ。いびきどころか、寝息すら聞こえてこない。しんと静まりかえっているんだ。一番近くに寝ていた、力持ちの男の足にそっとさわってみた。冷たいんだ。まるで大理石でできているみたいだった。

SAFARI
SHOW
KOH. 2023

SAFARI
SHOW
KOH. 2023

SAFARI
SHOW
KOH. 2023

怖くて怖くて、テントからころがり出て、自分の寝場所に戻ろうとした。その途端に、誰かに後ろから肩をつかまれて飛び上がった。マグダラがそこに立っていたんだ。叫ぼうとしたら、長い指で口を塞がれた。顔を寄せて、黙って自分についてくるようにと言われた。目が吊りあがっていた。なんで、俺がテントを出ていったのがわかったんだろう。ずっと見張っていたんだろうか。

彼女のテントに連れこまれた。あの髑髏《どくろ》や星座や魔女なんかの絵がいっぱい描いてある「マグダラの水晶占い」のテントだ。椅子に座るように言われた。お湯を沸かして紅茶を淹れてくれた。それでだいぶ落ち着いた。それに、彼女の話ぶりには有無を言わせない力があるんだ。俺がサファリ・ショウに誘われたときもそうだったな。彼女の声を聞いているうちに、なんだかうっとりとしてくるんだ。

こういうことだったんだ。マグダラと熊と毒蛇以外はみんな死んでいるんだ。ものを食べないのも当たり前だろう。死んでるんだから食べる必要がない。

朝になると、彼女が額に指を押し当てて、唇から息を吹きこむ。そうすると、みんな生き返るっていうわけだ。マグダラは息を吹きこんだ死人を好きなように動かせる、だけど、その効き目はそんなに長くは続かない。朝に息を吹きこんだとしたら、せいぜいその日の夜までだな。だから、夜中になると、みんな丸太みたいにころがっているというわけだ。

もし夕方に息を吹きこんだら、夜のあいだも働かせることができるけどね。その儀式を、彼女は俺の目につかない場所でやっていたんだ。

ねえ、不思議に思わなかったかい。サファリ・ショウは毎年のように街に来ているだろう。でもいつだって、出し物もそれを演じる芸人も同じじゃないか。うん。そういえば、熊使いと熊は四、五年前に加わったのかな。もしかすると、その前には数字や記号を当てる学者犬がいたかもしれない。

でも誰も年をとらないし、ほとんど交代することもない。俺は一度じいちゃんに聞いてみたことがあるんだ。サファリ・ショウはいつ頃から来ているのかって。じいちゃんがずっと若かった頃からって言ってた。あの女占い師の母親が、やっぱり同じようにテントでお客の運勢を占っていたって。

母親なんかじゃないんだよ。あの女だけが不死身なんだ。死人たちに魔法の息を吹きこんで、ずっと働かせているんだ。コブラや熊などの動物は、死んじまったらどこかで調達してくるんだろう。

あの夜、俺がそのことに気づいたのがわかっても、彼女はまったく動じなかった。まっすぐに俺の目を覗きこんで、あのうっとりとさせられるような声でこうささやいた。

「秘密を知ってしまったからには、お前も仲間だ。わたしたちとずっと一緒にいるしかない」

「わかったよ。俺も殺されてしまうんだろう?」

マグダラは白い歯を見せて笑った。

「いや違う。わたしには生きている若い男が必要なのさ。死人を生き返らせる力を保つためにね。

これまでは、前に墓に溜めておいたエキスでなんとかやってきたけど、そろそろそれも尽きかけている。だから、お前を呼び寄せたのさ」

マグダラは腕を伸ばして、俺の顔をこんなふうに両手で包みこんだ。それから、目を覗きこんだまま唇を寄せてきた。長い長いキス。俺はずっと体がしびれたみたいに動けなかった。

えっ、どんな感じだったかって。それを俺に言わせるのかよ。それはもう、とろけるみたいに気持ちがよかったさ。蜂蜜の百万倍も甘くて、ねっとりとしていて、それでいて全身の力がすーっと抜けて、宙を漂っているみたいに感じるんだ。うん。忘れられないな。今でも唇に感触が残ってるよ。

それから毎晩のように、仕事が終わるとマグダラのテントに呼ばれた。食事をして、いろんな話をして、帰り際に唇を吸われる。あとは自分のテントに戻って、泥のように眠るだけだ。

彼女が死人に息を吹きこむ様子も見せてもらった。ふうっと吹くと、丸太ん棒がむくむくと起き上がってくる。あんまり気持ちのいいものじゃないな。死人たちと一緒に働くのも妙なものさ。まあ、だんだん慣れてはきたけどね。

サファリ・ショウはあいかわらず旅を続けていた。だんだん南へ、南へと下って行ったんだ。そうだな。たしかに夏休みがずっと続いてるみたいなものだ。

南に下るにつれて、景色もだいぶ変わってきた。陽射しが強くなってきて、吹く風も熱をはらんでくる。ひょろ長い椰子の樹や、泥をこね回したような太い幹のバオバブの樹が増えてくる。お客はみんな黒か褐色の肌で、まったく知らない言葉をしゃべる。男は白くて長い寝巻きのような服を着て、頭に丸い帽子を載せている。女は頭から足の先まで黒ずくめの衣装。暑いのに目だけを覗かせている者もいる。どこへ行っても、子どもたちだけは元気に走り回っているけどね。

俺はだんだん弱ってきた。それはそうだろう。マグダラに毎晩のように生気を吸いとられているんだから。昼でもベッドに横になって、ずっとうつらうつらしている日もあった。マグダラが美味しい果物のジュースを飲ませてくれたりして、少しは元気になるんだけど、やっぱり長くは続かない。そのうち、本当に立ち上がれなくなった。

このまま死ぬんだろうなって思ったよ。死んだらマグダラが息を吹きこんで、生き返らせてくれるんだろうか。いや、だめだな。俺には何の芸もないから、それでお払い箱だろう。

ある夜、ふっと目を覚ますと、ベッドの横に力持ちの芸人が立っていた。俺を軽々と両腕に抱きかかえ、テントの外に出て歩き出す。抵抗する気もなかったので、眠ったふりをしてそのまま身をまかせていた。

その夜も満月だった。俺の体が揺れると月も揺れる。だいぶ歩いた。椰子の葉が風にそよいで、ざわざわ音を立てて、雲が流れていて、波の音が遠くから聞こえてくる。潮の匂いがしてきたので、海の近くにいることがわかった。太いバオバブの樹が枝を広げていた。大きな実がぶら下がっていて、それがなんだか逆さ向きの人の形にも見える。力持ちの男は、その根元に俺をそっと横たえた。樹の幹の下のほうに、ぽっかりと空洞が空いていたんだ。

そうか、俺はここに棄てられるんだって、すぐにわかったよ。マグダラは、きっと俺の代わりを見つけたんだろう。毎日熱心に通ってきていた、あの目元がくりっとした黒人の男の子に違いない。誰も彼女には逆らえない。むしろ喜んでついてくるだろう、ちょうど俺がそうだったように。

あんまり悲しくもなかった。長いようで短い旅だったけど、楽しいことも多かった。自分の街にいたら、絶対に味わえないような面白い経験もいっぱいしたし。

そうそう、お前のことも思い出していたよ。もし今近くにいたら、いろんな話を聞かせられるのにと、それが残念だった。星が夜空にいっぱいまたたいていた。星座の形はまったく違うけれど、天の川は故郷と同じようにくっきりと見える。波の音が耳元で聞こえてきて、だんだん気が遠くなっていった。

気がつくと、誰かが心配そうに俺の顔を覗きこんでいた。でも、まだあたりはぼんやりと霞んでいる。後でわかったことだが、バオバブの樹の根元に倒れていた俺を、朝になって近くの住人の一人が見つけてくれたんだ。最初は行き倒れの死人だと思っていたらしいけど、かすかに息をしていたので、あわてて家に運びこんだのだそうだ。

ムサさんとその家族にはほんとうにお世話になった。親切な漁師の一家で、何しろ三日三晩も眠りっぱなしだったので、まじない師を呼んで悪魔祓いをやってもらったらしい。きっとそれが効いたんだろうな。俺が目を覚ましたときには大喜びだったよ。

まず、酸っぱい木の実をすりつぶしたスープを飲ませてもらって、それから柔らかいバナナなんかを食べて、体力も少しずつ回復していった。言葉はまったくわからないけど、身ぶり手ぶりで言いたいことも伝えられるようになった。でも、ベッドから起き出すまでにはだいぶ時間がかかったけどね。

サファリ・ショウはどうなったかって。もちろん、その頃にはとっくに別の街に移動していたよ。さすがに後を追う気にはなれなかった。もし追いついたとしても、もう俺の後釜がいるはずだし、あの移り気なマグダラが、俺を歓迎するはずがないことはよくわかっていたしね。

それからしばらくたったある日、ムサさんがいきなり俺の部屋に飛びこんできた。「メリ、メリ！」って叫んでいるんだ。「メリ」っていうのは船のことだと知っていた。ムサさんが自分の船を指さして教えてくれたからね。どうやら港に船が来てるって言っているらしい。

なんだかよくわからないまま、港まで連れて行かれた。すると、なつかしい言葉が聞こえてくるじゃないか。なんと、俺たちの国の南回りの貿易船だったんだよ。嬉しくて涙が出た。船員をつかまえて、船長に会わせてもらって、国まで乗せてもらうように必死で頼みこんだ。

船長や船員には、なぜこんな南の国に一人でいたのかってさんざん聞かれたよ。サファリ・ショウと一緒に来たって話したんだけど、誰も彼らのことは知らないんだ。どうやら、この船が寄港してきた港町には、サファリ・ショウは来たことがなかったらしい。もちろん、あの女占い師の秘密については口をつぐんでいた。死人が息を吹きこまれて動き出すなんて話をしたって、信じてもらえるわけはないだろう。俺だって信じられないくらいだもの。

そういうわけだ。やっと船に乗せてもらえることになった。それから一ヶ月ほど、いろんな港に立ち寄りながら、ようやく国に帰ってきた。パスポートなんか持ってないから、入国管理事務所で警察を呼ばれて、けっこう大変だったけど、適当にごまかしておいた。

おやじが迎えに来たときには、さすがにきまりが悪かったな。でも、黙って抱き寄せてくれた。何があったかは一言も聞かないんだ。俺はちょっとおやじを見直したよ。

家に帰ったのは二日前だ。すぐにお前に会いに行きたかったんだけど、家中がなんだか腫れ物にさわるみたいな感じで、それどころじゃないんだ。学校にもおやじが車で送ってくれた。

実は今は先生と面談していることになっている。先生に頼みこんで、それを明日に伸ばしてもらって、ここに来たっていうわけだ。これから先もいろいろ面倒なことがありそうだけど、まあ、だんだん元に戻っていくだろう。

＊

ジェロの長い話はようやく終わった。それからしばらくの間、二人とも口をきかずに黙ったままでいた。たぶん、同じことを考えていたのだろう。もちろん、サファリ・ショウのことだ。

きらびやかなイルミネーション。トランペットや太鼓の響き。きしみ声をあげて回り続けるメリーゴーラウンド。一羽だけの雄鶏の鶏冠《とさか》が風になびく。機械仕掛けの人形みたいに、お辞儀を繰り返す熊。力持ちの芸人が鎖を断ち切るときの悲しげな咆哮。刺青男がマントを脱ぎすてると、全身に彫りこまれた迷路のような図柄がいっせいにうごめき、からまりあう。

そしてむろん、あの女占い師のマグダラのこと。彼女の猫目石のような緑がかった瞳。赤いマニキュアの爪。骨張った長い指。紫色のベールからはみ出している豊かな黒髪。そして、あのセイレーンのような彼女の声。誰もがうっとりと聞き惚れ、船べりから身を投げたくなるような……。

夏の日盛り、そこだけが冷えきったように感じる占い師のテントで、水晶玉のなかに燃える炎を見つめながら、マグダラはぼくに未来の運命を告げてくれた。

「悪くはないね。でもこの先、遠からず、何かびっくりするようなことが起こる。なくしたものは、しばらくは出てこないけど、そのうちに必ず見つかる。

お前にふさわしい格言を教えてやろう。［沈黙は金］というのさ。覚えておくといいよ」

今思うと、彼女の予言はジェロの失踪と帰還のことだったのだろう。

ぼくがテントを出ると、次はジェロの番だった。ジェロはあのとき、どんな運命を告げられたのだろうか。そういえば、いつもは隠し事などしないのに、その日は二人ともマグダラが何を言ったのかはまったく話さなかった。

陽が傾いてきた。そろそろ家に帰らないと、また大ごとになりそうだ。橋の下から這い出し、十字路の方角に歩き出した。

途中で、あの広場の横を通る。どちらからともなく立ち止まった。広場はむろんからっぽで誰もいない。まだ生えそろっていない草むらが、頬を刺す冷たい風に揺らいでいる。ジェロの話を聞いた後でも、ここにサファリ・ショウのテントが建ち並んでいたこと自体が、なんだか夢のなかの出来事のようだ。

ジェロはすぐにいつもの元気を取り戻し、クラスの先頭になって悪童ぶりを発揮するようになった。ぼくらの友情も、もちろんすぐに復活した。前みたいにいつも一緒にいて、双子なんて言われることはさすがになくなったけど、休みになるとよく連れ立って遊びに出かけたりした。

サファリ・ショウはそれから二度と街に来ることはなかった。ジェロに言わせると、一度男の子をつかまえた街に戻ってくることはないのだそうだ。そうなのかもしれない。今もどこかで巡業を続けているはずだが、噂の欠片《かけら》すら聞くことがない。ちょっと残念な気がする。きっとジェロも同じ気持ちだろう。

学校を卒業してから、ぼくは都会に出て働きだした。そこで結婚して子どもも二人できた。二人とも女の子だ。妹が生まれたとき、ふと思いついて「マグダラって名前はどうだろう?」と妻に提案したのだが、「いやよ。そんな魔女みたいな名前」と、あっさり却下されてしまった。

夏になると、まだ健在の両親の顔を見に、妻と娘たちを連れて、ときには一人で故郷に帰る。そのたびに、街に残ったジェロと、再会を祝して酒場で一杯やることにしている。

彼はまだ独身だ。もてないわけじゃない。何人かつきあっていた女の子がいるのも知っているが、どういうわけか結婚までは至らないのだ。お互いに年を重ね、ちょっと下腹が出て髪も薄くなってきた。でも、口のきき方は昔のままだ。会ってしばらくたつと、子どもの頃に戻ってしまう。

とりとめのない話がふと途切れると、ジェロが遠い目をしていることがある。そんなときは、ぼくも黙ってグラスを傾ける。わかっている。ジェロはあの夏の記憶をたどっているのだ。トラックに揺られて、サファリ・ショウの仲間たちと一緒に街から街へと旅をしていた、あの長い長い夏休みの日々のことを。

酒場の窓越しに、郵便局のある十字路が見える。そこを左に折れてしばらく行くと、サファリ・ショウが公演していた広場だ。そちらの方角の空が、まるで山火事みたいな夕焼けで真っ赤に染まっている。

「もう一杯いくかい?」

ジェロがいつものにやにや笑いを口元に浮かべて、空になったグラスを目の高さまで差し上げてみせた。

9月8日（金）

この島の昆虫や植物の研究をしている八木先生（？）と、湿地帯を歩いている。小さな沼があり、岸のほうは泥なので足元に注意するようにと言う前に、八木先生が腰までずぶずぶはまってしまう。

（場面が変わって）大鍋でスープを作っている。味見するように頼まれたので、しゃもじですくって舐めてみたら、ちょっと塩味が足りない。味噌を足したほうがいいのだが、もしかすると切らしているかもしれない。

アレクサンドルーポリからテッサロニキに移動。7：30発のバス。途中、一回の休憩を挟んで快調に飛ばし、1時過ぎにはテッサロニキに着く。

テッサロニキは、さすがにギリシャで二番目の大都市だけのことはある。人や車で賑わっているし、ホテルの値段も高そうだ。『Lonely《ロンリー》 Planet《プラネット》』に出ていたHotel《ホテル》 Acropol《アクロポル》が満員だったので、近くのAverof《アヴェロフ》というホテルで聞いてみたら、なんと10万D（シャワーなし）だという。とりあえず、ここに泊まって、明日別のホテルを探すことにする。

9月9日（土）

昨日のホテルを出ていくつか当たってみたのだが、ことごとく断られる。どうもバック・パッカーに対してあまりよい印象を持っていないようだ。

駅に荷物を一旦預けて、もう一度回ってみたら、表通りに面したホテルが見つかった。「ΑΡΓΩ」という看板が出ている（後で調べたら「Slow ＝遅い」という意味だった）。シャワーなしで6万D。やや通りの音がうるさいけれど、部屋はまあまあなのでそこに決める。

駅からサユリちゃんに電話。来週から配給と宣伝を手伝っているクリストの映画『議事堂を梱包する』（7）が始まる。ついでに、明後日（11日）にアテネに向かうIntercity を予約する。朝7：00発、1万2000D。

夜はアリストテレス通りに面したレストランで、ケフテデス（トルコのキョフテ＝ミートボール）＋タラモサラダ＋赤ワイン、4800D。高いけどうまい。

9月10日（日）

橋の下に降りていくと、「TOR先生を偲ぶ樹」という看板が出ている。そうか、

（7）『議事堂を梱包する』（Dem Deutschen Volke、1996年）。クリストとジャンヌ＝クロードが、1994年にベルリンの旧帝国国会議事堂を銀色の布とロープで梱包したパフォーマンスの記録映画。

ここで先生と生徒たちが水難事故に遭ったのだと思う。電車が来た（いつのまにか駅のホームにいる）。これからアキハバラに出かけて、恋人（どうやら男性らしい）とメキシコ料理を食べる予定。

午前中街をぶらついていたら、ホールのような建物で「HELEXPO《ヘルエクスポ》」という商品見本市をやっていた。入ってみたら、いろいろな商品の店が出ていてけっこう面白い。その中に「Servant《サーヴァント》」というタマネギやニンジンをあっという間にみじん切りにする器具があり、つい欲しくなって買ってしまった。3000D。旅先なのにとは思うが便利そう。実は、こういう実演販売に弱い。

午後は雨がパラつく。部屋に戻ったら、ベッドに毛布が出ていた。

夜は、港の近くに中華料理屋を見つけたので入ってみた。「好胃口飯店」という変な名前だけど、けっこううまかった。胃が疲れ気味なときには、チャイニーズがあると助かる。チキ

こちらはいろんな形にクリームを出せる

Servant

ンヌードル＋ワンタンスープ＋中国茶で４１００Ｄ。

9月11日（月）

カフカのような結婚恐怖症（婚約を何度も繰り返す）についての考察。セックス過小症、つまり生涯にたくさんの数のセックスができないという病気があり、そのために結婚することを恐れるという仮説を思いつく。

今日は「ついてない日」のナンバー1かナンバー2かもしれない。次から次へとトラブルが起こる。まず、朝にテッサロニキの駅で、階段に腰を下ろして朝食のクロワッサンを食べ、立ち上がろうとしたら、ポケットに剥き出しで入れていたシティ・バンクのキャッシュカードが、パキッと音を立てて割れてしまった。縦ではなく横に割れて分離しているので、むろん修繕不能。

とりあえず、7：00発のIntercity《インターシティ》でアテネに移動。1：30には駅に着き、前に泊まったシンタグマ広場のHotel《ホテル》 Tempi《テンピ》に行ったら、満室で屋上のベッド（１５００Ｄ）しか空いていないと言われる。

とりあえずフロントに荷物を預け、シンタグマ広場に面したシティ・バンクのアテネ支店へ。ところが、東京で発行されたカードは、管轄が違うので再発行できないとのこと。ともかく、東京のシティ・バンクに連絡して対策を立てなければならない。このカードは、ATMで現地通貨をおろす時に一番使っていたものなのでそれがないと痛い。イスタンブールで会ったK沢君の悲劇が、自分にもふりかかってくるとは思わなかった。

東京に電話をかけようとして、OTM（電話局）に行ったら、今日から三日間ストライキで休みと言われる。明日、テレフォンカードでかけるしかない。ただ、手持ちのマスター・カードでキャッシングができることがわかった（手数料は高いが）。現金も多少あるし、これでたぶんナイロビまでは帰れるだろう。

夕方にカフェで清書の続きをしていたら、4時半に急に閉めると言われ、慌てて出たら、シャープペンなどを入れたビニールバッグを忘れてしまった。明日、また取りに行かなければならない。

6時にTempi《テンピ》に戻ったら、夜10時に出る客がいるので、とりあえず部屋は確保できることがわかった。夕食後、シャワーを浴びようとしたら、ズボンに鳩の糞がべっとりとついていることが判明。こうなると笑うしかない。今日中にこの「ウンの尽き」を全部落としてしまうことにしよう。

9月12日（火）

朝からどんより曇っている。昨日、文房具を入れたビニールバッグを忘れた店に行ってみたら、ちゃんとキープしておいてくれた。

東京のシティ・バンクに電話して確認したら、やっぱり再発行はむずかしそうだ。こちらに口座があれば送金可能なようだが、ないのでどうしようもない。まあ。マスター・カードのキャッシングで何とかやっていけそうな気がする。

エジプト航空のチケットのリコンファームは問題なし。サユリちゃんにも電話。今週末にクリストとジャンヌ＝クロードが来日するので忙しそうだ。万が一の場合、ナイロビに送金してくれるように頼む。

午後、国立考古学博館へ。シュリーマンが発掘したミケナイの副葬品はさすが。アガメムノンの黄金の仮面とか。あとは、エジプト・

Αθήνα, Εθνικό Αρχαιολογικό Μουσείο. Βάση αγάλματος με παράσταση αθλητών. 510-500 π.Χ.
Athens, National Archaeological Museum. Base of a statue with a representation of athletes. 510-500 BC.
ΕΘΝΙΚΟ ΑΡΧΑΙΟΛΟΓΙΚΟ ΜΟΥΣΕΙΟ
NATIONAL ARCHAEOLOGICAL MUSEUM
ΕΙΣΙΤΗΡΙΟ ΕΙΣΟΔΟΥ
EAM
1567717
Περίπου Approx. 5,87 ΕΥΡΩ EURO 2.000 ΔΡΧ. DRS.
Παρακαλείστε να κρατήσετε το απόκομμα του εισιτηρίου σας μέχρι την έξοδό σας από το χώρο.
You are requested to preserve your ticket until you leave the Museum/Site.
ENTRANCE TICKET

国立考古学博物の
チケット

ルームが面白かった。青銅器時代のシンプルな彫刻もいい。思ったよりコンパクトにまとまっていた。

何だか少し買い物をしたくなって、Pull《プル》 & Bear《ベア》という店に行って、カード払いでベージュ色のちょっとかっこいいズボンを買う。ずっと履いていたカーキ色のズボンが、さすがにボロボロになっていたので、ちょっと気分を変えてみたかったのだ。これでツキも変わるかも。

9月13日（水）

大きな鍋で料理をしている。本格的な中国風の天ぷら（?）を作るということで、野菜や肉に下ごしらえをし、衣をつけて揚げる。最後に豆腐のような白いチーズを入れる。これは本当に美味しそうだ。

カフェでクロワッサンとチーズパイで朝食後、リカヴィトスの丘に登る。途中からFunicular《フニクラー》というケーブルカー（５００Ｄ）があり、頂上からの眺めは抜群。昨日雨が降ったので、アテネにしては空気が澄んでいて、ピレウス港のほうまで見渡せる。

午後はホテルに戻って、絵を描いたり、清書の作業を続けたり。
このところ、よくシンタグマ広場に面したNEON《ネオン》というセルフサービスのチェーン店（オモニアにもある）を利用している。そんなに高くないし、料理もまあまあ。気楽でいい。パスタ＋缶ビール＋サラダバー＋ケーキで４０００D。

9月14日（木）

新潮社編集部のミヤモトさんを訪ねて、何か資料をコピーする。相変わらず、いろいろなところに電話していて忙しそう。資料がたくさんあって、一度ではコピーが終わりそうにない。また来ると言うと、渋い顔でＯＫが出る。

（別の夢）水族館に来ている。巨大な水槽のガラスが、ぐにゃぐにゃに歪んでいて、魚が大きくなったり小さくなったりして見える。なんだか眩暈がしてくる。家に帰ると、布団が敷きっぱなしになっていて、部屋には誰もいない。奥のほうから、赤いネグリジェを着た母親が、眠そうに目をこすりながら出てくる。

朝7時に、鐘の音が鳴り響いて起こされる。今日は何かの記念日なのだろうか（後でギリシャ正教会の十字架挙栄祭だったことがわかった)。

ヴァシリスシス・サフィアス通りのキクラディック美術館(Nicholas P. Goulandris Foundation Museum of Cycladic Art)に行く(1000D)。キクラデス諸島のシンプルな彫刻群は、ギリシャ古典美術の白眉だと思っていたのだが、全くその通りだった。ブランクーシやピカソに強い影響を与えたのがよくわかる。単純だが、深みのあるフォルム。

9月15日(金)

よく晴れている。昨日の夜は、蚊が出たりしてなかなか眠れなかった。

「The《ジ》 Athens《アセンス》 Tourist《ツーリスト》」というフリー・ペーパーに出ていた記事。ギリシャ人は「Oh《オー》 my《マイ》 god!《ゴッド》」と言うときに「Po-Po《ポポ》」と言う。この数が増えると驚きの度合いが増す。たとえば、贔屓《ひいき》のサッカー・チームが1—0で負けたなら「Po-Po」。10—0で負けたなら「Po-Po-Po-Po-Po-Po」。

午後にピレウスの考古学博物館へ。思ったより面白い。特に1954年に発掘されたというブロンズ像はなかなかのもの。堂々たるアテナ、アポロン、アルテミスの

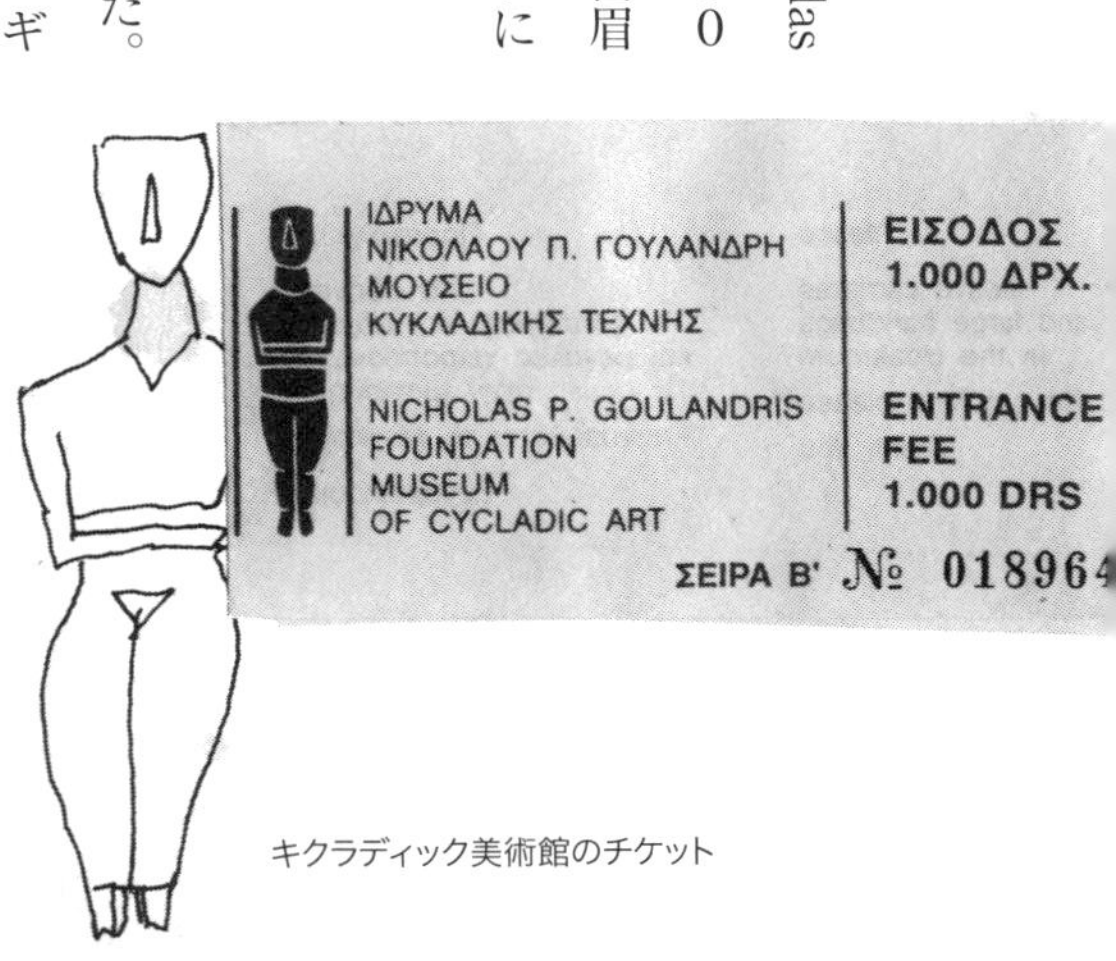

キクラディック美術館のチケット

考古学博物館（ピレウス）の
ブロンズの仮面

像。中庭に発掘現場がそのまま保存してあった。

夜はひさしぶりに風林火山に行く。この寿司はやっぱりうまい。この味なら充分東京でもやっていけるのでは。寿司（Kaze）＋冷奴＋ビール（二本）で7200D。

9月16日（土）

黒っぽい泥質の土壌の海岸。潮が引くと細い皺のような水路がたくさんできる。裸の三人の黒人の少年たちが水辺に駆けていくマーティン・ムンカーチ（8）の写真は、ここで撮ったのではないかと考える。

午前中、四冊分のノートの清書の作業を全部終えてしまった。何か、別の暇つぶしを考えないと。

（8）Martin Munkácsi（1896〜1963）。ブラッサイと同じく、現ルーマニア領のトランシルヴァニア出身の写真家。1934年に渡米後は、主にファッション写真の分野で活動した。三人の黒人の少年たちの写真「Three Boys at Lake Tanganyika」（1929〜30年）は、東アフリカのタンガニーカ湖のビーチで撮影された。

昨日、シドニー・オリンピックが開幕。新聞などで、聖火最終ランナーを務めたアボリジニーの選手のキャシー・フリーマンや、南北朝鮮統一選手団の話題で盛り上がっている。アテネは次の開催地なので、いままさに「掘り返しの季節」。たぶん、四年後は大賑わいだろう。

今日も夜は風林火山。サーモンの鉄板焼き＋ビール、４５００Ｄ。あと、残金は８０００Ｄくらいだが、何とかなるだろう。

9月17日（日）〜18日（月）

今日もよく晴れている。荷物のパッキングが終了。清書した原稿用紙の枚数を数えてみたら２３０枚になっていた。よく書いたものだ。旅はものを書くには向いているということだろう。

『Lonely《ロンリー》 Planet《プラネット》』をパラパラめくっていたら、前に話を聞いていた「蚊のいない島」の記事が出ていた。ニシロス島（ドデカネス島、アスティパリア島、ロードス島の間）。「Another unusual feature of Nisyros is completely free of mosquitoes（ニシロス島のもう一つの特徴は、まったく蚊がいないということである）」。本当にこんな島があるとは！

午前中、ふと気が向いて、アクロポリスの丘にもう一度登ってみる。アクロポリス美術館の仔牛を担いだ牧人の像、コレー（若い女性の立像）の何体かはなかなかいい。ギリシャ美術はやはり西洋美術の原型。時間があれば、じっくり見たい。二ヶ月前に比べると、風がある分いいけど、それでもまだ暑い。

昼はNEON《ネオン》でスパゲッティー・カルボナーラ。NEONには随分お世話になった。シンタグマ広場からバスで空港へ（３００Ｄ）。チェックインの時、ナイロビに行く外国人は珍しいらしく、かなりいろいろ聞かれた。クレジット・カードまで見せるように言われる。

エジプト航空便は、ちょっと遅れて21：15発。カイロに23：00着。２時間半ほどトランジットで待って、日付が変わった１：30くらいにナイロビに向けて飛び立った。たまたま、ＪＡＣＩＩの48期の坂口さんと、大阪から来た女子（小西さん）と一緒になる。朝、６時過ぎに無事ナイロビ着。

七章　最後の旅

［ナイロビ→キスム→カンパラ（ウガンダ）→キスム→キタレ→ナクル→ナイロビ→モンバサ→マリンディ→ナイロビ→東京］

9月18日（月）

ナイロビは相変わらずどんより曇っている。ＪＡＣＩＩは大改装中で、上田さん一家が引っ越してくるということで荷物が積み上がっていた。とりあえず、前に松田君たちがいた一階の部屋に落ち着く。

午後、今期（50期）の学生さんたちが到着した。七名（男子二名、女子五名）。前期（八名）に比べても減っている。僕らの頃（１９７９～80年）は一二名（男子六名、女子六名）＋特別聴講生一名だった。日本の若者たちの海外渡航意欲が減退しているのだろうか？

とりあえず、全員の自己紹介、ビール（コーク、ファンタ）での乾杯につきあう。

9月19日（火）

狭い通路の壁に覗き窓があり、そこから誰かが監視している。反対側のドアまで行きたいのだが、見つからないようにするため円筒形の筒のようなものに入って、転がりながら移動すればよいと思いつく。ところが通路が狭すぎて、筒

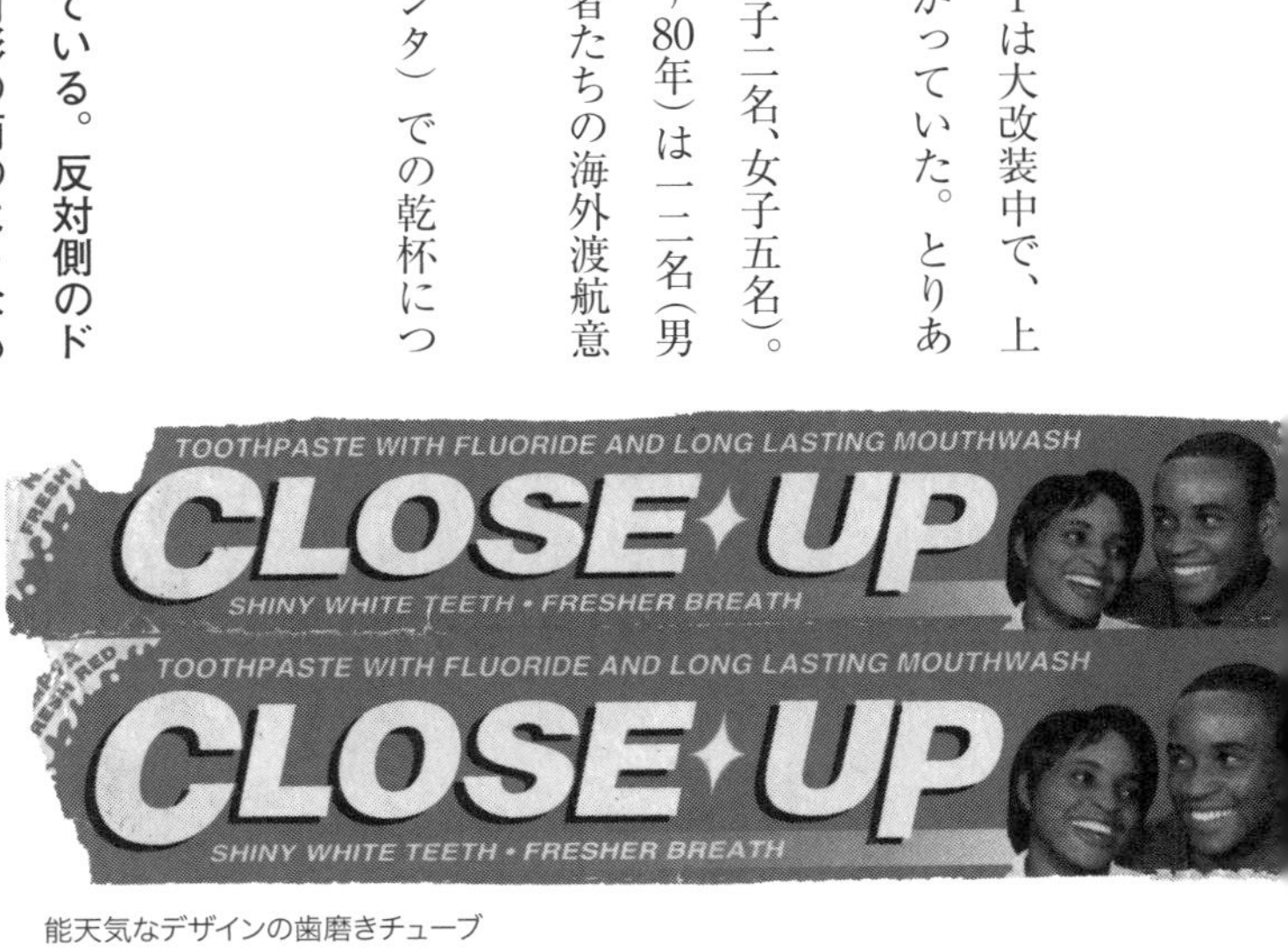

能天気なデザインの歯磨きチューブ

は縦向きにしか入らない。これでは移動できない。

7時頃に起きたら、学生さんたちももう起きていた。ところが、上田さんが8時の朝食の予定を7時と間違えて伝えていたことが判明。

12時にMama《ママ》 Ngina《ンギナ》 Rd.《ロード》のJava《ジャヴァ》 House《ハウス》で、エジプト航空で会った48期の坂口さん、小西さんと待ち合わせ。前期の松田君、キョーコちゃん、メグミさんも来る。キョーコちゃんが土曜日からモンバサなど海岸《コースト》地方に行くので、小西さんも同行することになる。うまくつながってよかった。

その後、松田君たちとギコンバ・マーケットの火事（9月4日）の様子を見に行く。三分の二が焼けたという噂があったが、実際には建物がいくつかとその周辺が焼けただけで、それほど大きな被害はなかったようだ。見た目にそれほど変わりはない。この辺りは、いつ来てもまさに「ナイロビ！」という雰囲気。

帰りにJapan《ジャパン》 Information《インフォメーション》 Center《センター》で新聞をチェック。七月場所は曙が、九月場所は武蔵丸が優勝していた。シドニー・オリンピックの日本サッカーチームは、グループ・リーグで南アフリカとスロヴァキアを破ったので、ベスト8に行けそうだ。でも次は強敵ブラジル。プロ野球はソフトバンクと巨人のON監督対決になりそう。横浜は三位。

夜、松田君と女の子たちの部屋でちょっとビールを飲む。松田君は酔っ払って寝てしまった。

9月20日（水）

午後、ボーマス・オブ・ケニヤ（1）で、天津アクロバット（Tianjin《ティアンジン》 Acrobatic《アクロバティック》 Troupe《トゥロープ》）という、中国のアクロバット・サーカス団の公演があったので見に行く（100KS）。松田君、キョーコちゃん、めぐみさんも一緒。体が異常にぐにゃぐにゃでナマコ状態の三人の少女の皿回しとか、鞭とロープの芸とか、剣や造花を使った手品とか、なかなかいかがわしくて面白い。途中で二度ほど失敗したのがご愛嬌。

帰ったら、JACIIに香取さん、ナホちゃん、45期の宮園なぎさ君も来ていた。オリンピックの日本―ブラジル戦の結果がわからず、みんなイライラ。ブラジルに大敗するとベスト8に進めないかも（結局0―1で負けたが無事通過）。

夜、8時半過ぎから、今期の学生さんたちとNgong《ンゴング》 Hills《ヒルズ》 Hotel《ホテル》へ。しばらくぶり

（1）Bomas of Kenyaは、ナイロビ郊外のNgong Road沿いにある文化施設。1971年創設で、主に観光客向けにケニヤの伝統音楽、舞踊を見せる。

天津アクロバットのチケット

に踊って楽しかった。バンドは、たしか日本にも来たことがあるSuper《スーパー》 Mazembe《マゼンベ》（2）。

9月21日（木）

集まった人にお土産を配ろうとしている。お土産はお菓子と何かパンフレットのようなもの。人数分揃えたのに、なぜか一人分足りない。数えてみると一二人のはずなのに一三人いる。誰かが、てっちゃんが後から来て加わったと言う。結局、てっちゃんはお土産をもらえなくなってしまう。

朝起きると、夜の間に雨が降ったらしい。乾季はもう終わったのだろうか。珍しく、午前中もしとしとと降り続いている。

昼、ナイロビ・ミュージアムで学生さんたちと合流。そのうち三人とJava《ジャヴァ》 House《ハウス》でコーヒーを飲んだ後、ダウンタウンをぶらついてマタトゥで帰る。朝方の雨は午後には上がった。

ザンジバルで会ったチューターからハガキが、Kさんからインスタント・ラーメンが届いていた。これは嬉しい。

（2）Super Mazembe は1967年にザイールで結成され、74年にナイロビに移った。典型的なリンガラ・ミュージック（リード・ギターの陽気なリフが特徴の、ザイール産ポップ・ミュージック）のバンドで、「Shauri Yako」（1980年）などのヒット曲がある。1985年に解散しているはずなので、この時に演奏していたのは再結成メンバーだろう。

9月22日（金）

朝からどんより曇っている。午後、松田君、新しい学生さん四人とダウンタウン巡り。昨日とほぼ同じコース。途中でMalindi《マリンディ》 Dishes《ディッシュイズ》に立ち寄ってチャイ。初めて入ったが、料理も美味しそう。

夜、新旧交歓カレー・パーティ。今回は、けっこう参加者も多く、11時過ぎまで盛り上がっていた。

途中で、新しい学生の一人のE・R子さんと話す。「意味のない世界」に、あくまでも意味を与えようとするのが西欧的思考。「意味のない世界」を「意味のない」まま＝空（無常）にしておこうとするのが東洋的思考。「死」という最大の無意味を意味づけようとするのがアートや宗教。

単純すぎるかもしれないが、そんな結論になった。彼女は、物事をしっかりと、ロジカルに考えることができる。感情的にも起伏と潤いがある。看護婦さんだったのだそうだ。

9月23日（土）

誰かが、大樽の中に住んでいた哲学者、ディオゲネス（3）の話をする。ディオゲネスの財布には、1000ドラクマ紙幣が折り畳んで入っている。

10時からR子さんを含む三人と街へ。テキストブック・センターに行って、Iqbal《イクバル》 Hotel《ホテル》の隣の Taj《タジ》で飯を食っていたら、松田君も来たので、一緒にウェスト・ランドのサリット・センターに行く。

夜は、Ngong《ンゴング》 Hills《ヒルズ》 Hotel《ホテル》で松田君たちと Nyama《ニャマ》 Choma《チョマ》 ＋ビール。明日から松田君とキスム、カンパラ（ウガンダ）方面へ旅の予定。

新学生の三人がけっこう遅くなっても帰らず。みんなで心配していたら、上田さんに遅くなると電話していたことがわかった。

山田太一の『異人たちとの夏』（4）を読み始めたら、面白くてやめられなくなって、つい最後まで読んでしまった。とてもよくできた日常／怪談小説。

9月24日（日）

9：00発の Akamba《アカンバ》 Bus《バス》でキスムに向かう（470KS）。ナイロビの北のナクル辺

（3）Diogénēs（Διογένης、B.C. 412頃～B.C. 323）は古代ギリシャの哲学者。アレクサンドロス大王に「何か希望はないか?」と問われて、「あなたが立っていると、日陰になるのでどいてください」と答えたとか、プラトンのイデア説を批判して、「私には机そのものは見えない」と言ったとか、愉快なエピソードが多い。

（4）『異人たちとの夏』は1987年に発表され、同年中に新潮社から刊行、91年に文庫化された山田太一の小説。子どもの頃に事故死したはずの両親と出会って、一緒に過ごすシナリオライターの話。

りの緑が増えている。お茶の産地のケリチョ周辺のプランテーションは見事なもの。
15：00過ぎにキスム着。New《ニュー》 Victoria《ヴィクトリア》 Hotel《ホテル》にチェックイン。Wルーム、９００KS。感じのいい中級ホテルで、シャワーの水もちゃんと出る。松田君は、早速溜まっていた洗濯物を洗う。
夜はNew Victoriaのレストランで、チキン・ビリヤニ（２１０KS）＋紅茶（33KS）。その後、Octopus《オクトパス》 Club《クラブ》というところでタスカビールを１本空ける。ＴＶのシドニー・オリンピックのダイジェストで、女子マラソンの結果を知る。高橋尚子が一位、ルーマニアのシモンが二位、ケニヤの二選手（チェプチェンバ、ワンジル）が三位と四位。よかった！　キスムの夜は街灯の数が少なくて静か。

9月25日（月）

昨日の夕方から夜にかけて、何度か雷雨が来た。今朝はよく晴れている。ただ、陽射しはかなりきつく、日中は気温が30℃以上に上がる。
午前中にキスムの桟橋の辺りまで歩く。ヴィクトリア湖はさすがにでかい。ウガン

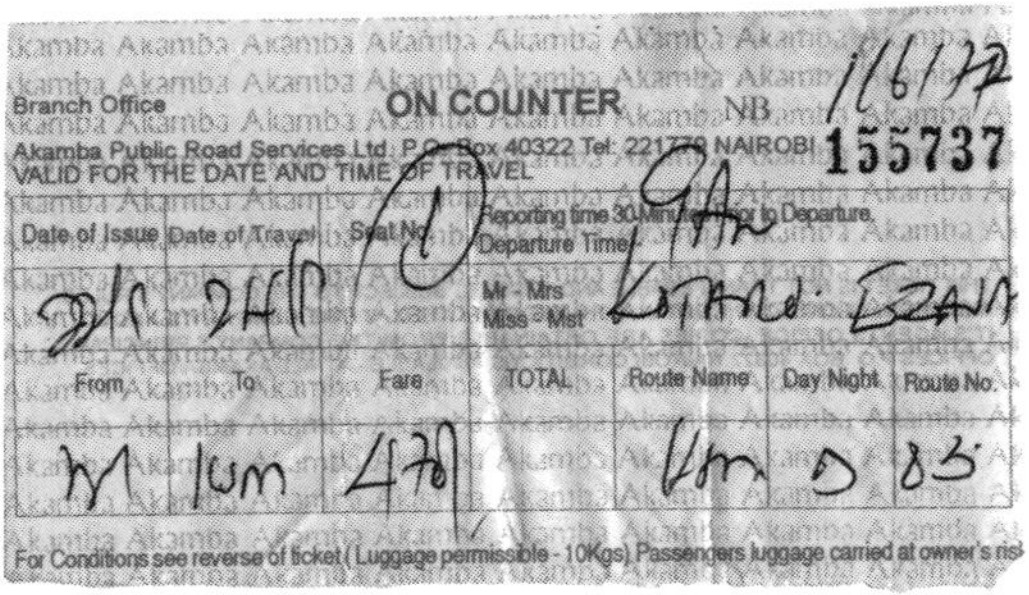
Branch Office　ON COUNTER　NB　155737
Akamba Public Road Services Ltd. P.O. Box 40322 Tel: 221779 NAIROBI
VALID FOR THE DATE AND TIME OF TRAVEL

Date of Issue	Date of Travel	Seat No	Reporting time 30 Mins before Departure. Departure Time
			Mr - Mrs Miss - Mst

From	To	Fare	TOTAL	Route Name	Day Night	Route No.

For Conditions see reverse of ticket (Luggage permissible - 10Kgs) Passengers luggage carried at owner's risk

キスム行きの
バスのチケット

ダ国籍のフェリーが来ていた。一度、湖を渡ってウガンダに行ってみたい。

ハンバーガーチェーンのWimpy《ウィンピー》で、ソーセージ・ハンバーガー＋フライドポテト（100KS）で昼食。その後、キスム・ミュージアムへ（50KS）。ここはのんびりしていてなかなかいい。敷地内に羊が飼われていて、べーべー啼いている。ヘビ園、ワニ園もあり。「Nairobi《ナイロビ》 100 Years《イヤーズ》」という定点観測の写真展もやっていた。

松田君は、初めての街でも迷わずにどんどん歩けるし、さっと地図も書ける。実は、日本で長く郵便配達のバイトをしていたということがわかる。それを聞いて納得。

夜、Octopus《オクトパス》で、オリンピックをＴＶで見ながら、ビールを飲む。男子一万メートル。エチオピアのゲイブレセラシエが一位。ケニヤのポール・テルガトが惜しいところで二位。ケニヤ国歌を聴けなかったのは残念だった。

9月26日（火）

四人組のアイドルグループがうたって踊っている。舞台に上がって、そのうちの一人の手を握る。何かそうしなければならない理由があるのだが、よくわからない。彼女は別に嫌がる様子もないし、周りも止めようとはしない。

National Museums of Kenya
CONTRIBUTION
KSh. 50.00
We are grateful for your contribution towards the cost of running the organization. Thank you.
NMK (KSM) NO. 042278
キスム・ミュージアムのチケット

（別の夢）ミロのヴィーナスが仰向けに寝ている（手もある）。衣の裾が割れて、太腿が覗いている。その奥まったところに、女性性器が、襞までちゃんと彫り込まれているのが見える。

朝、９時過ぎに、キスムのラウンドアバウト（環状交差点）前で、ウガンダ国境のブシア行きのマタトゥをつかまえる（２００KS）。12時過ぎにブシア着。

ケニヤ側のイミグレーションは問題がなかったのだが、ウガンダ側でヴィザ（30ドル）が必要になったと言われる。何となく釈然としないが、１９９９年３月からそうなったという書類を見せられ、しぶしぶ払う。

ウガンダ側のブシアでコークを一本飲んだ後、タクシー（ウガンダではマタトゥをそう称する）乗り場で、カンパラ行きをつかまえる。１：40発、６５００ウガンダシリング［以下US］。約三時間でカンパラに着いた。

ウガンダの首都、カンパラのバス・ステーションの周辺は大変な賑わい。人々の熱気に圧倒される。オウィノマーケットに面したABC《エービーシー》 Hotel《ホテル》にチェックイン（Wルームで２５００US）。まだ新しい綺麗なホテル。それにしても、ナイロビのギコンバ・マーケットの真ん前に泊まっているよう。喧騒がすごい。
夕食はSax《サックス》 Pub《パブ》というところで、牛肉の煮込み＋フライドポテト、２５００US。けっこう美味しかった。

9月27日（水）

女の子と手をつないで歩いている。ずっと言い寄っているのだが、彼女はキスまでしか許してくれない。湖（池？）の岸辺にボート乗り場がある。そのうちの一つに乗り込んで、沖に出ていく。波があってけっこう揺れて、ボートの中に水が入ってくる。半ば水に沈んでいるボートもある。

よく晴れている。オウィノ・マーケットは朝から大賑わい。タクシーが行き交い、朝7時頃から店を開けている。そういえば、ウガンダのタクシー車両はみんな同じデザインだ。車体の中央部に薄い青い長方形が横一線に並んでいる。トヨタのハイエースを改造したものが多い。
朝、近くのTea《ティー》 Room《ルーム》という店で、ミートパイ＋チャイ（１４００US）。昼は

Tropical《トロピカル》 Rain《レイン》 Forest《フォレスト》という店で、前から食べてみたかったマトケ（5）を注文。見た目はサツマイモの金時。でも、甘みはほとんどない。繊維質のマッシュポテトという感じで、あまり美味しくはない。ケニヤのウガリと同じで、慣れればいけるかも。ビーフ・スープ込みで2500US。

午後はホテルでごろごろ。シドニー・オリンピックの男子サッカーチームはベスト8でアメリカにPK戦で負けたらしい。本当なら残念。

夜はMasala《マサラ》というインド料理店でチキンカレー、5500US。ちょっと高いけれど、さすがにうまい。

オウィノ・マーケットは夜も賑やか。石油ランプの夜店が並び、カセットでポップ・ミュージックをガンガンかけている。アフリカ的なカオスの極致。ホテルの窓から見おろしているだけで飽きない。

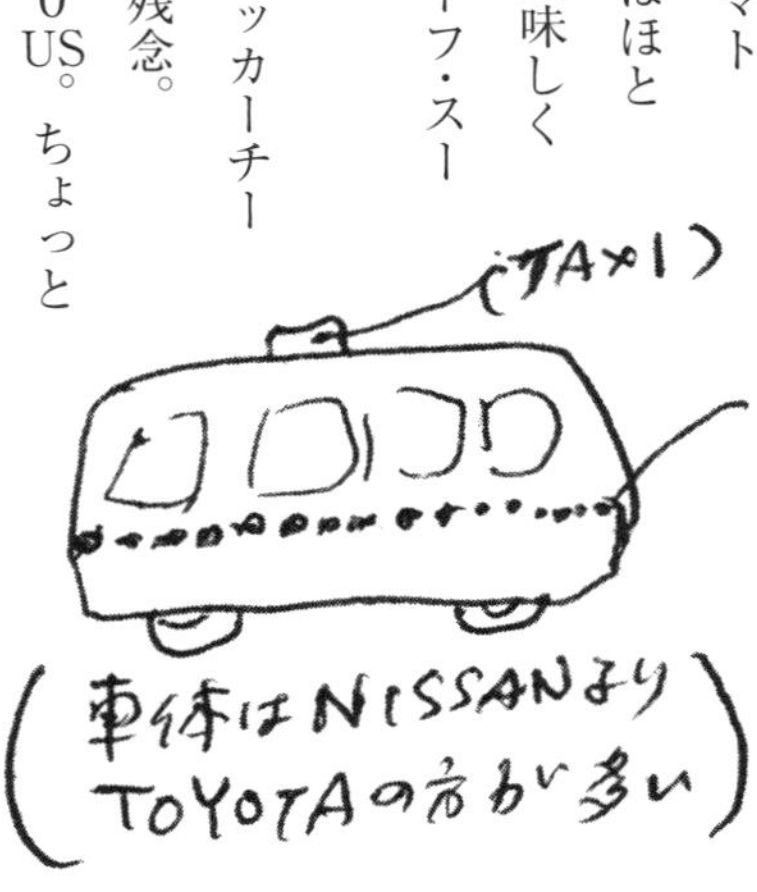
(TAXI)
車体はNISSANより
TOYOTAの方が多い
ウガンダのタクシー車両

9月28日（木）

漫画評論のために、誰かの作品を見せられる。なかなかうまくできていると思う。

（5）Matoke。主にウガンダ、ルアンダなどで食するバナナの料理。料理用のバナナを蒸してからマッシュポテトのように潰し、スープ、シチューなどに浸して食べる。

年齢を聞くと、30歳をすぎているので、経験がうまく活きているのだろう。もっと褒めてあげたいのだが、評論家の立場なので、あまり軽々しく賛辞を口にできない。肩を抱き寄せようと思うが、それもやりすぎかもしれない。

ホテルを移ることにする。ちょっと高台のHotel《ホテル》 Charmi《チャーミ》（1万5000US）。静かだし、三人部屋を二人で使うので広くて快適だ。

カンパラの女性はなかなかおしゃれ。スリット入りのロングスカートとか、タイトスカートとか、ややクラシックな着こなしだが、よく似合っている。眼がくりっとしていて、脚の長い美人が多い。

もう一つのカンパラ名物はハゲコウ。首の周りに赤い袋状の突起物がある巨大な鳥が、樹の上などに巣を作ってゴミを漁っている。バッサ、バッサと黒い大きな羽根を広げて頭上を飛び回っている姿は、あまり気持ちのいいものではない。サバンナの掃除屋が、都市生活に適応して増えているのだろう。おそらく、カンパラ市内だけで数千羽いるのではないだろうか。

昼はMadonna《マドンナ》という店でチャップ&チップス。チャップはひき肉を衣に包んで揚

カンパラのハゲコウ

げた料理（ケニヤ、タンザニアのカトレスか？）。ソーセージ、スプライトを付けて３００US。

９月29日（金）

どこか予備校のようなところでアナウンスを聞いている。〇〇君の英語の成績はすごく上がって、インターナショナル・クラスで六番になった。彼は毎日××の教材を使って勉強している。さらに頭の栄養分を補給するため、チョコレートを食べ、ココアを飲んでいるなどと放送している。何だか信用できないと思うが、クラス中がどよめいている。拍手をする者もいる。

朝、８時頃にタクシーでカンパラを出てブシアへ（６５００US）。12時前にはブシアに着く。イミグレーションまで自転車の荷台に乗っていかないかと誘われる。５００USという話だったが、ウガンダシリングが余っていたので１０００US払う。入管手続きはウガンダ側もケニヤ側も問題なし。

ケニヤ側のブシアでチャイを一杯飲み、マンダジを食べて、マタトゥでキスムに向かう（150KS）。午後2時前にはキスムに着いた。ブシアーキスム間は、かなりの悪路。舗装道路に穴がぼこぼこ空いているだけでなく、舗装そのものを取っ払って洗濯板状態の箇所もある。

キスムでは例によってNew《ニュー》 Victoria《ヴィクトリア》 Hotel《ホテル》にチェックイン。今度は209号室。シャワーを浴びて、Octopus《オクトパス》 Club《クラブ》でタスカビールを飲む。やっぱりケニヤはほっとする。松田君はホテルに戻って、ひさしぶりに洗濯中。服や靴下がドロドロ状態。

夜はOginga《オギンガ》 Odinga《オディンガ》 St.《ストリート》の東方飯店というチャイニーズへ。チャーハン＋焼きそば＋春巻＋スープで、一人600KS。スープはうまかったが、あとはいまいち。ホテルに戻ったら、韓国人女性が一人で泊まっていた。これからHoma《ホマ》 Bay《ベイ》を抜けてタンザニア方面に向かうとか。『Lonely《ロンリー》 Planet《プラネット》』を手にしてがんばっている。東アフリカでは、日本人女性の一人旅はほとんど見かけない。韓国人には時々会う。

9月30日（土）

小さなライブハウスのようなところで、藤圭子（6）が「勇気あるなら」という曲をうたっている。権力に売り渡してしまった自由を取り戻せ、という内容のプロテス

（6）藤圭子（1951〜2013）。宇多田ヒカルの母親が偉大な歌手であったことを知る人も、少なくなってきているのではないだろうか。

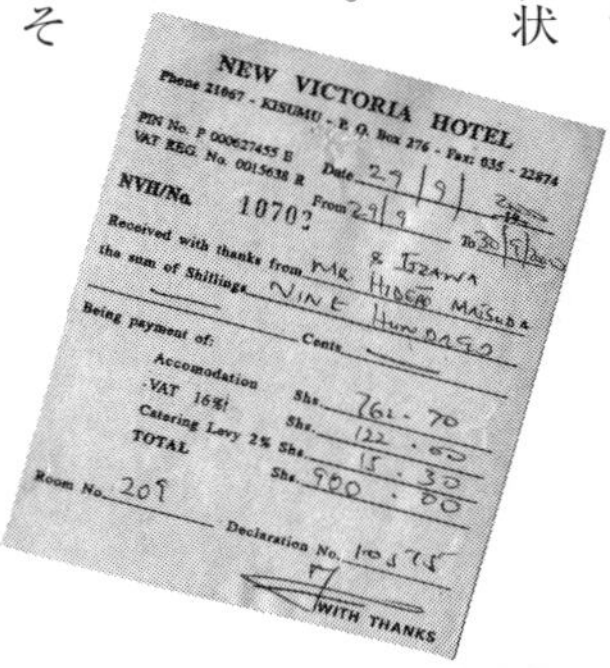
NEW VICTORIA HOTEL
Phone 21067 - KISUMU - P. O. Box 276 - Fax: 035 - 22874
PIN No. P 000627455 E
VAT REG. No. 0015638 R
NVH/No. 10703
Received with thanks from
the sum of Shillings
Being payment of:
Accomodation Shs. 761.70
VAT 16% Shs. 122.00
Catering Levy 2% Shs. 15.30
TOTAL Shs. 900.00
Room No. 209
Declaration No.
WITH THANKS

New Victoria Hotelのレシート

ト・ソング。黒人のハーフらしい男の子が、イェイとかオーオオとか合いの手を入れるのだが、この部分が長すぎるので、もっと藤圭子にうたわせたほうがいいと思う。

今日は快晴。こういう青空はナイロビでは見ることができない。

朝食の時に、カメルーン－スペインのオリンピック・サッカー決勝戦の中継をやっていた。前半終了間際にスペインが二点目を入れてリード。これはだめだと思ってマタトゥ乗り場に向かったら、後でカメルーンが3－2で逆転したことを知る。これにはびっくり。

9時半過ぎにキタレ行きのマタトゥに乗り込む（200KS）。ここで、今回の旅のマタトゥにおける人間詰め込みの新記録が樹立された。何と二六人！（うち子どもが六人）。これにもびっくり。このマタトゥはカカメガまでで、そこで別のマタトゥに乗り換える。どうやら提携しているらしく、カカメガ－キタレ間の料金は徴収されなかった。

午後2時前にキタレ着。またExecutive《エグゼクティブ》 Lodge《ロッジ》に泊まることにする。Wルーム800KS、朝食付き。Executiveのレストランで遅い昼食。野菜カレー＋チャ

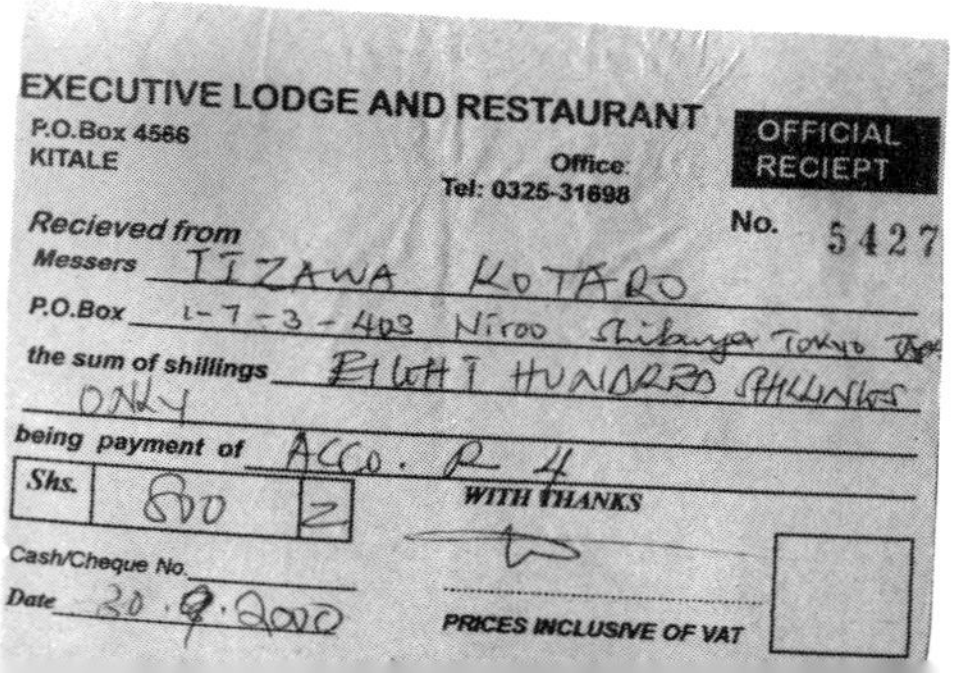
EXECUTIVE LODGE AND RESTAURANT
P.O.Box 4566
KITALE
Office:
Tel: 0325-31698
OFFICIAL RECIEPT
No. 5427
Recieved from
Messers IIZAWA KOTARO
P.O.Box 1-7-3-403 Niroo Shibuya Tokyo
the sum of shillings EIGHT HUNDRED SHILLINGS ONLY
being payment of ACCO. R 4
Shs. 800
WITH THANKS
Cash/Cheque No.
Date 30.9.2000
PRICES INCLUSIVE OF VAT

Executive Hotelのレシート

イ、125KS。美味しい。
街をぶらついていたら、雨に降られたので、High《ハイ》 View《ヴュー》 Hotel《ホテル》の二階のレストランで、タスカビールを飲んで時間を潰す。請求書が105KSで高いと思ったら、後でボラれていたことが判明。本当は55KS。

ホテルの水が止まっている。こんなに雨が降っているのになぜ?

夜に行ったSparks《スパークス》 Cafe《カフェ》は、安くて美味しい。ビーフ・シチュー+チャパティが70KS。スプライトが20KS。松田君が食べたMatumbo《マトゥンボ》 na《ナ》 Ugali《ウガリ》（内臓の煮込み料理+ウガリ）は、何と50KSだった。

10月1日（日）

アウラが何か書いている。「この文章を読んでいるあなたへ」というような書き出しのテキスト。何かの本のあとがきか? そこに「わたし」ー「世界」ー「あなた」の見取り図が描いてある。角（棘）のような突起物が生えている丸い輪が、いくつか重なり合っている。

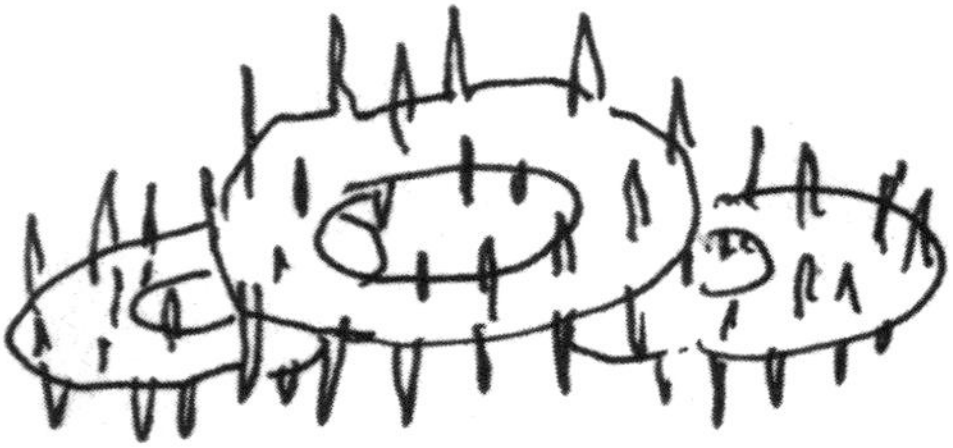

今日から10月。昨日の夜、夢うつつに考えていたこと。

「見る」ということには二種類（二段階）ある。普通の意味での「見る」。「見える」ものと「見えない」ものを二つに分けることができる。「見えない」ものは排除されることが多い。もう一つの「見る」。「見える」ものと「見えないもの」が、コインの裏表、陰と陽のように一体化している。「見える」もの＝「見えない」もの。あるいは「見る」という行為（視覚）にほかの諸感覚（聴覚、嗅覚、味覚、触角）が合同して、全身的な（体で「見る」）経験となる。

朝、ＴＶでオリンピックの男子マラソンを見る。エチオピアのアベラが一位。ケニヤのワイナイナは、スパートが早すぎて惜しくも二位。また、ケニヤ国歌を聴くことができなかった。

街外れのElgon《エルゴン》 View《ヴュー》 Resort《リゾート》に昼飯を食べに行く。チキン＋フライドポテト＋タスカビールで、１８２KS。安いし、味もまあまま、何といってもエルゴン山を見渡す眺めが素晴らしい。オーナーのムゼー（R・C・ブタキ氏）と話をする。１９９４年に開業。少しずつ土地を広げて、二、三ヶ月後に新しいロッジをオープンの予定とのこと。

ここはすごくいいので、松田君とJACIIの学生に紹介しようと話す。
帰りにキタレ・ミュージアムを覗いてみたら、あのナイル・パーチの水槽はどこかに撤去されてもうなかった。思いついて、サユリちゃんに「二〇世紀最後のバースデー・カード」を出す（10月14日が誕生日）。
夜はExecutive《エグゼクティブ》の向かいのAlakara《アラカラ》 Hotel《ホテル》でフィレ・ステーキ（180KS）を食べる。これは感動的にうまかった。肉が柔らかく、付け合わせのサラダもいい。帰りにバーでタスカビール（60KS）。

10月2日（月）

高速道路の料金徴収所のようなところで、制服を着て仕事をしている。中国大使館（?）の黒い公用車が何台か続けて通る。そのうちの一台の車の運転手が、チップを20円くれる。

朝食後、9：15にEldoret《エルドレット》 Express《エクスプレス》のバスでキタレを出発。エルドレット経由でナクルに向かう予定だったが、このバスはハズレだった。例の宗教パンフレット売りの

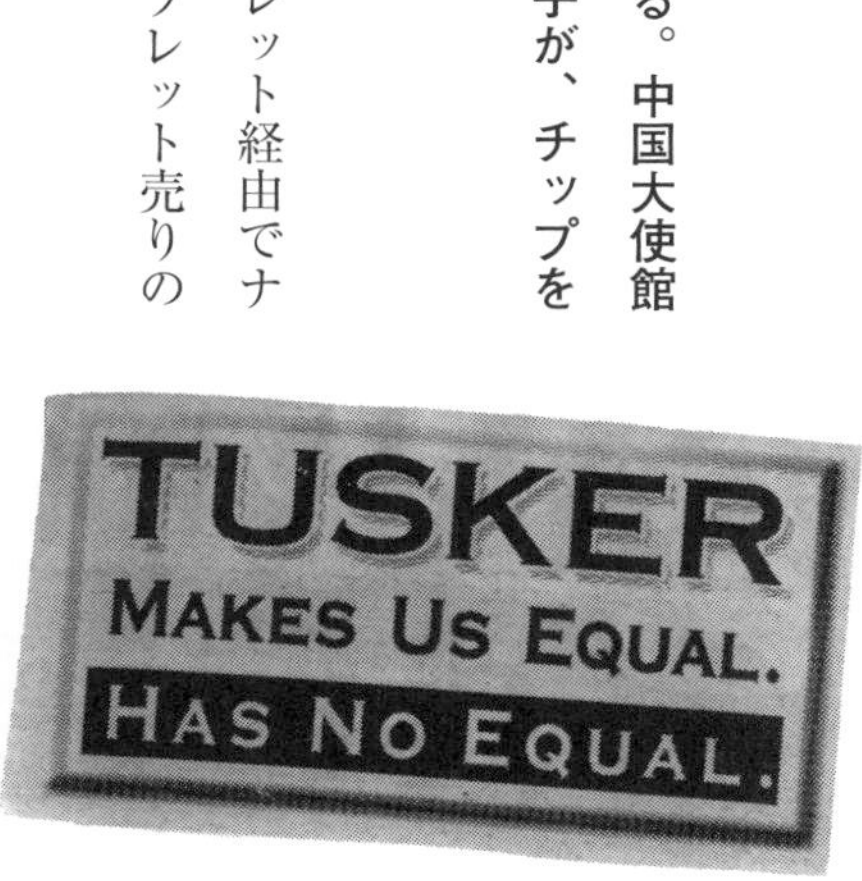
TUSKER
MAKES US EQUAL.
HAS NO EQUAL.
タスカビールの標語

男が、ずっと大声で説教し続けていてうるさいし、エルドレットでは二時間近く止まったまま。その間に近くのカフェでハンバーガー（40KS）を買ってきて、昨日買っておいたマンゴーと一緒に食べた。このマンゴーが、ちょうどよく熟れていて絶品だった。

午後3時くらいにようやくナクル着。前も泊まったLe《ル》 Rhino《リノ》にチェックイン。Wルーム。シャワー、トイレ、朝食付きで850KS。部屋は六階で、ナクル湖が一望できる。水もちゃんと出る。早速洗濯。

夜は鉄道のナクル駅の階上のThe《ザ》 Railway《レイルウェー》 Restaurant《レストラン》で、チキンスープ＋チキンの煮込み＋ライス＋コーヒーのフルコース。食器や、ナイフ、フォーク、ナプキンなどは鉄道の食堂車と同じ。白い制服の給仕がサーブしてくれる。一人210KSくらい。量は多いが、味はまあまあ。

10月3日（火）

くっきりとよく晴れて、ナクル湖の水面がキラキラ輝いている。昨日の夜は、リンガラ・ミュージック＋マタトゥのクラクション＋モスクのアザーンの波状攻撃であま

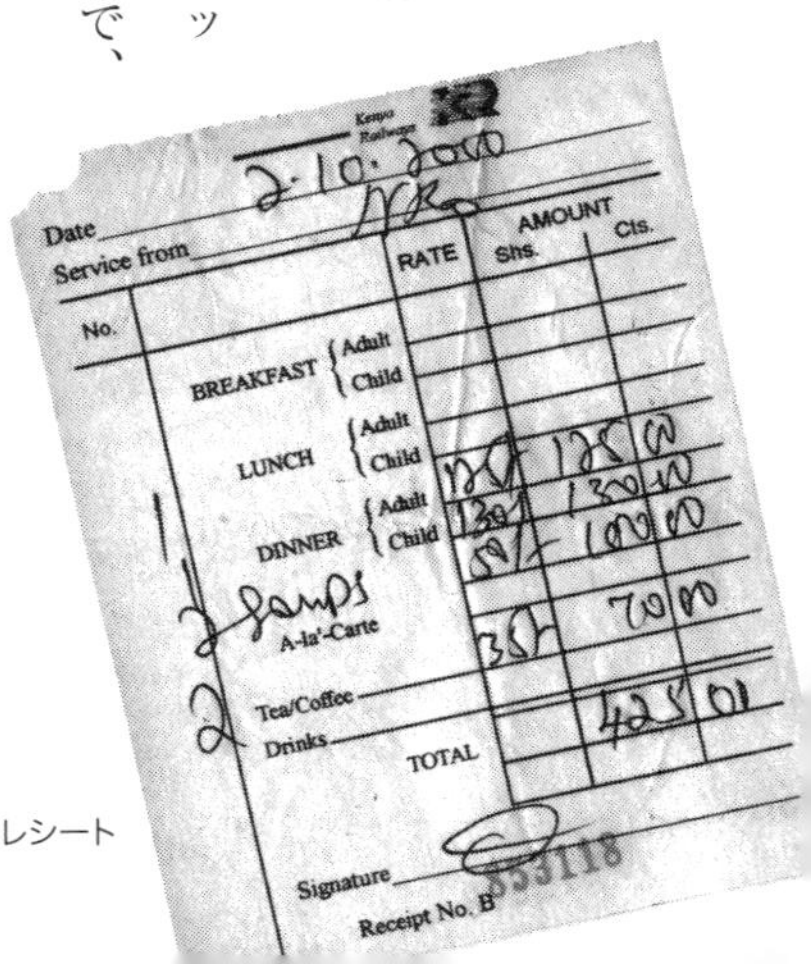

The Railway Restaurant のレシート

りよく眠れなかった。眠い。

Le《ル》 Rhino《リノ》 の朝食はフルーツ（パパイヤ／バナナ／パイナップル）＋三点セット（トースト／卵料理／チャイ）で、相変わらず豪華だ。レセプションのおねえさんの髪型が、巨大化＋爆発していて、まるでメデューサ。

そういえば、昨日ＴＶを見ていたら、乾電池の Eveready《エヴァレディ》 のコマーシャルをやっていた。そのキャッチフレーズが「Paka《パカ》 Power《パワー》」つまり「猫力」であることに気づいて、思わず笑った。Paka（猫）は、あまりパワーがありそうには思えないけど。

９：15過ぎにマタトゥのエクスプレス便でナクル発（１７０KS）。ナイロビまでひたすら飛ばす。11時半頃には着いた。ＧＰＯ（中央郵便局）のバス停の裏の Al《アル》 Qasar《カサール》 Restaurant《レストラン》 に初めて入る。エチオピア／イタリア系の料理。Arrosto《アロスト》（焼肉）＋パスタ（２５０KS）がすごくうまい。独特のカレーのような唐辛子ソース。

ＪＡＣＩＩに帰ったら、上田さんの奥さんのれい子さんが日本から帰国していた。下の部屋に住むので、僕はもっと小さな部屋に移動。相変わらず水は出ないらしい。水をタンクローリーで配給する商売が登場していた（1万５０００ℓ＝６０００KS）。ＪＡＣＩＩもそこから水を買っているとのこと。

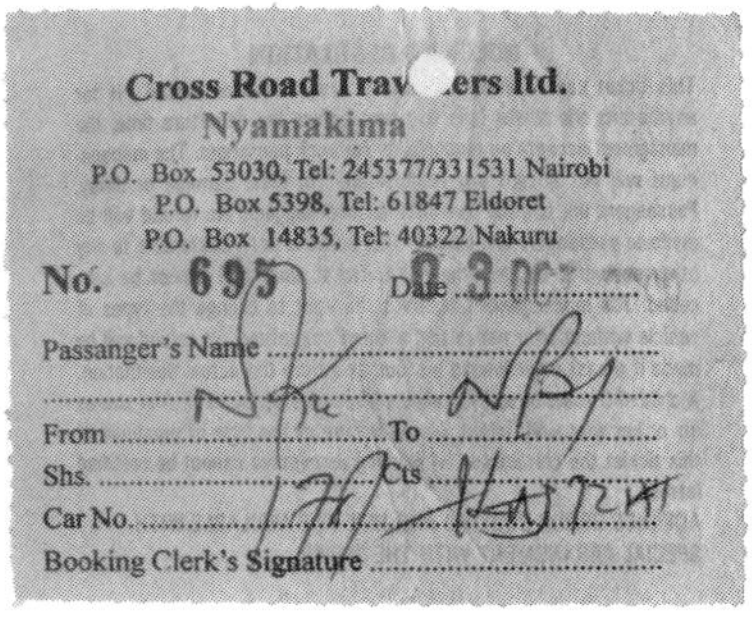

ナクル→ナイロビの
マタトゥのチケット

10月4日（水）

今日はナイロビも珍しくくっきりと晴れている。けっこう暑い。

午前中、松田君とギコンバの先のカリオコ・マーケットへ。4番のバスに乗って、ナイロビ・リバーを越える。ここは二〇年前と雰囲気がまったく変わっていない。皮、タイヤ、金属などを加工する業者が多い。それとNyama《ニャマ》 Choma《チョマ》屋。元気なママが切り盛りする店でNyama Choma＋スクマウィキ（7）＋ウガリ＋スプライトで１３０KS。けっこういける。帰りに路上に古本を並べて売っている一角があり、『Elisi《エリシ》 katika《カティカ》 Nchi《ンチ》 ya《ヤ》 Ajabu《アジャブ》』（『不思議の国のアリス』のスワヒリ語版）を売っているかどうか探してみたが、見つからなかった。

午後3時半頃から、R子さんとAdams《アダムズ》 Center《センター》のJava《ジャヴァ》 House《ハウス》にお茶しに行く。性的エネルギーと恋愛エネルギーのバランスについてなど。はっきりいって、彼女のものの見方、性格、顔かたち、すべてに心惹かれる。ただし、いまは時間がないし、シチュエーションも悪すぎる。うーむ。ハートに抽斗《ひきだし》を作って、しまい込んでおくのがいいかもしれない。でも……。

夜は部屋でおとなしく絵を描く。色と形がちょっとバラバラ。

（7）Sukuma Wiki。ほうれん草のような青菜。スワヒリ語でSukumaはPush、WikiはWeek。つまり「この一週間を乗り切ろう」という意味。ポパイのような、ほうれん草信仰のあらわれではないだろうか。

10月5日（木）

このところ、よく晴れた日が続いている。朝からお絵描きの続き。「mti《ムティ》（樹）」（8）。だいぶ調子を取り戻す。

午後、R子さんと街へ。ナイロビ大学の本屋を覗いたり、Norfolk《ノーフォーク》 Hotel《ホテル》で高いコーヒーとフルーツサラダを頼んだり（250KS！）。その後、新しくできたGallery《ギャラリー》 Watatu《ワタトゥ》に立ち寄る。動物と人間、家などを、輪郭線を強調して描くKivithi《キヴィティ》 Mbuno《ムブーノ》という画家が自分のスタイルを確立していて面白い。と思ったら、日本でも個展をやったことがあるというコンテンポラリー・アーティストだった。

夜、JACIIの女子寮の大部屋で、ビールとかを飲みながらおしゃべり。スワヒリ語を歌にして覚える方法。「キラキラぼし」のメロディーで「Jumamoshi《ジュマモシ》, Jumapili《ジュマピリ》, Jumatatu《ジュマタトゥ》……」とか、「森のくまさん」で「ishirini《イシリニ》, therasini《セラシニ》, arobaini《アロバイニ》……」とか、「ぶんぶんぶん はちがとぶ」で「mbu《ムブ》, mbu《ムブ》, mbu《ムブ》, nyuki《ニュキ》, inzi《インジ》……」とか（9）。

みんなで大笑いして、楽しい時間を過ごす。こういう時間も、もうこの先あまりないだろう。帰国の日が迫ってきている。

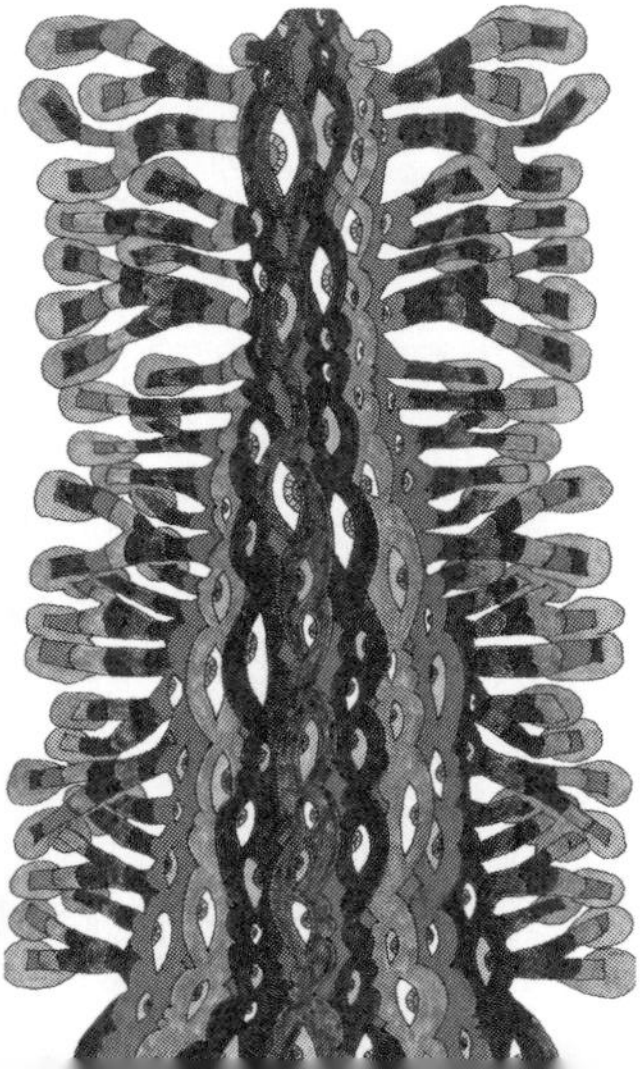

「mti」

（8）この絵は『アフリカのおくりもの』（福音館書店、2001年）におさめた。

（9）スワヒリ語はリズミックで、発音も日本語に近いので歌詞に乗せやすい。「Jamamoshi, Jamaopli, Jumatata」は「土曜日、日曜日、月曜日」、「ishirini, therasini, arobaini」は「20、30、40」、「mbu, mbu, mbu, nyuki,inzi」は「蚊、蚊、蚊、蜂、蝿」という意味。

10月6日（金）

朝からお絵描きの続き。「mti《ムティ》（樹）」で使った型紙を再利用して「Binadamu《ビナダム》 wa《ワ》 Kwanza《クワンザ》（最初の人間）」。調子が出てきた。ひさしぶりに絵を描いていると気持ちがいい。逆に文章は書く気が起こらない。交互にやるといいのかも。

午後からR子さんとThe《ザ》 Nairobi《ナイロビ》 Show《ショー》へ。何でもありの見本市で、初めて行ったのだがけっこう面白かった。農業関係の展示では、ニワトリ、ウサギ、ヤギ、羊などがケージで飼われている様子を見せる。ヴィクトリア湖産の巨大なナイルパーチ（体重六〇キロ）。タスカビールや煙草のスポーツマンなどの展示館もあり、学校関係の見学者などで賑わっていた。

帰りのバスが長蛇の列で、どうなることかと思ったが、前に進んでいったら、なぜかすっと乗れた。

夜は松田君、のり子さん、R子さんとNgong《ンゴング》 Hills《ヒルズ》 Hotel《ホテル》でビール。松田君は、大好きなのり子さんと会えたので舞い上がっている。

10月7日（土）

どこかの川の河口の辺りらしい。堤防を歩いていくと海に降りる階段がある。階段の上から見渡すと、砂浜が広がっていて、川が海に注ぐ辺りに大きな鳥がいる。ヒトが立ち上がったくらいの大きさ。あまりにも大きすぎるので、目の錯覚かもしれないと思うのだが、やはりそうとしか見えない。この光景を忘れないでおこうと思う。

朝から珍しく雨。せっかくR子さんと一緒にマチャコスまで行こうとしていたのに。雨はすぐ上がった。９：45分発のマタトゥでマチャコスへ。１００KS。一時間弱で到着する。Great Kyama Innで昼食。チキン＋ウガリ＋スクマウィキ＋スープの定食、１８０KS。なかなかうまい。

街をぶらつき、丘に登る。こんもりとした木陰に腰を下ろして、街を見下ろす。時々、風が吹きすぎ、羊がのんびりと草を食んでいる。なんだか授業をサボって、学校の裏山に二人で来ているみたい。中学生デート。

Sunnyland《サニーランド》 Hotel《ホテル》でスプライトを飲んで、またナイロビにマタトゥで戻ってきた。帰りはなぜか80KS。楽しかったけれど、ちょっと切なかった。

10月8日（日）

昨日の夕方、R子さんとナイロビに戻ってきたら、すごい虹が架かっていた。

地平線から地平線まで、半円形の形がくっきりと見える。地上に近いところが黄色味がかっていて、上のほうは青みがかっている。一部が二重になっていた。

本当に、その上を歩けそうな虹。R子さんと振り返りながら、Ngong《ンゴング》 Rd.《ロード》を歩いていった。

11時頃に出かけて、モンバサ行きのCoastline《コーストライン》 Bus《バス》の予約をする。8：30出発。７００KS。明日から最後の一人旅。

その後、R子さんとカリオコ・マーケットまで足を伸ばす。この間、松田君と行ってすっかり気に入ったNyama《ニャマ》 Choma《チョマ》屋で、Nyama Choma ＋イリオ（10）＋ウガリ＋チャイ、一人80KSくらい。

街に出てThe《ザ》 Coffee《コーヒー》 House《ハウス》へ。どうやら昨日以来、言動が垂れ流し状態で、R子さんはかなり不快だったようだ。反省。

（10）Irio。マッシュポテトに豆、コーンなどを入れ込んだ、キクユ族の代表的な料理。

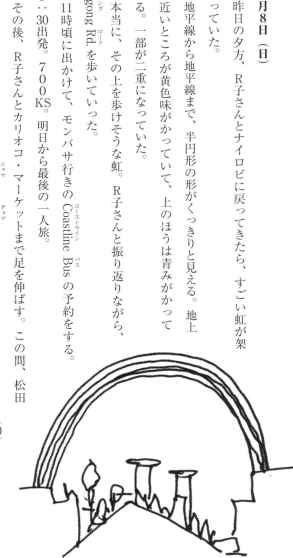

ＪＡＣＩＩに帰って、「宿題」だった絵を渡す。これは昨日のうちに描いたのだが、自分ではけっこううまくできたと思う。

10月9日（月）

上田さん一家と朝食を一緒に食べて、Acra《アクラ》 Rd.《ロード》のCoastline《コーストライン》のオフィスへ。バスはもう来ていた。モンバサ在住の金持ちっぽいインド人の一族（少年、少女が中心）がバスの前半分を占領している。彼ら同士の会話はほとんど英語。

８：30に出発。モンバサ・ロードをひたすら走る。ヴォイの手前で昼食の休憩を挟んで、午後3時過ぎにモンバサに着いた。

モンバサの手前で、雨の帯を抜ける。細かな霧が土砂降りの大雨に。椰子の樹。黒っぽい海。

バスを降りて、Haile《ハイレ》 Selassie《セラシエ》 Rd.《ロード》のExcellent《エクセレント》 Hotel《ホテル》にチェックイン。顔馴染みのレセプションのおねえさんと、「Habari《ハバリ》 za《ザ》 siku《シク》 nyingi?《ニンギ》（おひさしぶり）」と挨拶を交わす。部屋代が８００KSから９００KSに上がっていた。

モンバサ駅に帰りの列車を予約に行く。12日、19時発、二等車、２１００KS。その

ナイロビ→モンバサのバス・チケット

後、Blue《ブルー》 Room《ルーム》で軽くサモサ＋ジャガイモのバジア（インド風天ぷら）＋チャイ。バジアがけっこう辛かった。

街を行くブイブイの女性を観察していたら、金糸で縁をかがったり、豪華な刺繍をしていたり、シースルーで透けていたり、いろいろなパターンがあることがわかった。色も黒だけでなく、赤、紫、紺、茶などもある。厚底サンダルのブイブイ・コギャルもいた。ムスリムの女性たちのファッションも、大きく変わりつつあるのだろう。

Blue《ブルー》 Room《ルーム》の前を行ったり来たりしている若い男。腰の周りにかつてはズボンだったらしいボロ布を巻きつけているだけ。髪も伸び放題で、全身埃まみれ。急に全速力で走り出したり、マサイ・ダンスのようにぴょんぴょん飛んだりする。でも、端正で涼しげな横顔。

夜はSplendid《スプレンディド》 View《ヴュー》 Cafe《カフェ》へ。ここのビーフマサラ＋ナンは相変わらず美味しい。ムシカキ＋ビターレモンを付けて２７０KS。途中で停電になって、懐中電灯でお釣りを計算していた。ホテルに帰るとやっぱり停電。ナクルで買った小型懐中電灯が、早速役に立った。10分ほどで復旧。

Blue Room のレシート

10月10日（火）

坂の上にドイツ塔とフランス塔という二つのタワーがある。フランス塔のほうが背が高い。ドイツ塔は低くてずんぐり。そのうち、二つの塔が回転し始める。回転速度が次第に早まり、向こう側が見えそうなくらいに透き通ってくる。フランス塔は回転したまま空中に飛んでいく。ドイツ塔はぱっくり二つに割れる。

陽射しが戻ってきたが、雲が多い。Excellent《エクセレント》 Hotel《ホテル》の朝食は、三点セット＋ソーセージ＋ベーコン＋パパイヤ＋バナナ＋パッションジュース。さらにコーンフレークもついている。

10：30過ぎにCoastline《コーストライン》のバスでマリンディに。キリフィの手前で、乗客が一斉に立ち上がったので、何事かと思ったらマタトゥが二台衝突していた。フロントガラスが割れた程度だが、ドライバーがぱっくり割れた頭の傷口から血を流しながら、警官と何か話をしている。1時前にマリンディ着。バス・ステーションに面したレストランでピラウ＋スプライト（60KS）の昼食。

いいホテルだと聞いていたDagama's《ダガマズ》 Inn《イン》を探しているうちに、海辺の村に迷い込

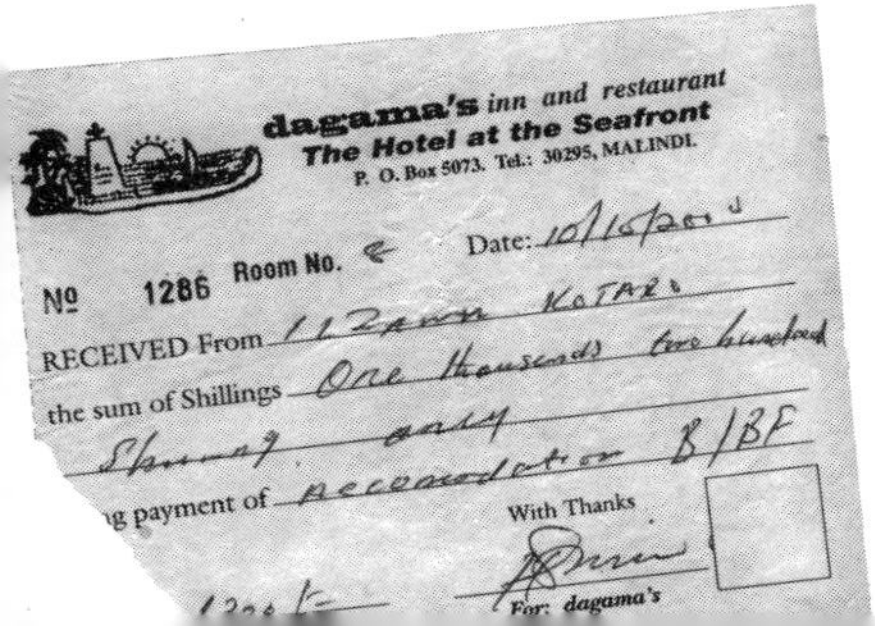
dagama's inn and restaurant
The Hotel at the Seafront
P. O. Box 5073. Tel.: 30295, MALINDI
Date: 10/16/201
№ 1286 Room No.
RECEIVED From
the sum of Shillings One thousands two hundred
Shilling only
g payment of Accomodation B/BF
With Thanks
For: dagama's

Dagama's Inn のレシート

む。草葺き屋根の小さな家の間をうねうねと続く小道。つげ義春の「ねじ式」みたいに、いろいろ聞き歩いて、ようやくDagama's Innに辿り着いた。こざっぱりした感じのいいホテル。シャワー、トイレ、朝食付きで600KS。

シャワーを浴びて、ぶらぶらヴァスコ・ダ・ガマ・クロスのほうに出かける。1499年、ガマがインドからの帰路にマリンディに立ち寄ったとき、スルタンの許可を得て建てたという白い十字架。ここには前にも来ているのだが、そのときに比べると海も、ビーチもだいぶ汚くなったように感じる。二〇年前には、モンバサで膝をぶつけて足を引きずっていた。

ちょっと昼寝をしたら、5時を過ぎていた。モンバサ行きのバス乗り場の位置を確認する。帰りに道を歩いていたら、ムカテ・ヤ・マヤイを焼いていたので、つい立ち寄ってしまう。ムシカキにスプライトを付けて100KS。けっこう、お腹がいっぱいになった。

いま、ホテルの鍵についているプラスチック板を見ていて初めて気がついたのだが、このホテルは「ダガマズ」ではなく「ダ・ガマズ」つまり、ヴァスコ・ダ・ガマにちなんだ名前だった。

マリンディ／最後の旅

マリンディという海沿いの街に行くことにした。雨季が迫っている。これが最後の旅になるだろう。モンバサからバスを乗り継いで、午後にマリンディに入った。かつてはインド洋の交易で栄えた時期もあったが、いまは色褪せたペンキで塗られた建物が並ぶ、乾涸《ひから》びた街になっている。

インド人の中年男が経営している、デルポイ・ハウスと称する安宿に泊まることにする。階上にはその家族が住む。奥さんと目の大きな男の子。化粧の濃い太った婆さん。ひらひら靡く彼らの衣装《サリー》は、異様なほどの美しさだ。

家はいま改装中で、黒人の使用人たちが砂地を掘っている。旦那は下手くそなスワヒリ語で命令するが、暑さに喘いでいる男たちは、不貞腐れて、闇雲に砂の山を築くだけ。男の子がまつわりついてきてうるさい。

海を見ようと思って、痛む足をひきずって防波堤を越える。ひび割れた泥の上に、難破した木造船が取り残されている。その向こうの岬に、ヴァスコ・ダ・ガマの記念碑《クロス》があるはずだが、とてもそこまで行く気にはなれない。

岬のこちら側は岩場になっていて、ギリシャ人らしい初老の男と若い女が、シュノーケルをつけて海に潜ろうとしている。彼らの叫び声が、風にのって聞こえてくるが、何を言っているかわからない。

モンバサでひどく打ちつけた膝から下が痛む。膨れあがった足。次の日もまだ迷っている。このまま引き返すべきか。それとももっと先まで行くか。雨季が近いので、戻って来られなくなることも考えられる。

インド人は楽観的だ。まだ雨季は来ないよ。風向きでわかる。その足じゃ、タナ川を越えて先には行けないだろう。もう少しここにいるといい。ずっと冷やしていたら、夜になって、足の腫れがややおさまってきた。

どこか遠くで雷鳴が低く聞こえる。隣の家で飼われている驢馬が悲鳴をあげる。足の痛みはなくなったが、目が冴えてなかなか眠れない。蚊帳を吊っているにもかかわらず、耳元で蚊の羽音がする。朝方に激しい雨。

別れを告げたとき、インド人は穴のなかから汗まみれで手をふる。バスはまだ来ない。バス・ステーションの前の食堂でチャイを飲む。不意に、角笛と喇叭と太鼓を手にした男たちが、陰気な音楽を演奏しながらあらわれる。

誰かの葬列らしい。白い帽子《コフィア》と長衣の男たち、黒いヴェールと腰布の女たちがその後に続く。削ぎ落としたような横顔の若者に手を引かれて、赤い衣装を身にまとった男が通りすぎる。両眼が潰されている。

彼の名を私は知っている。

10月11日（水）

大きな橋の横に仮設の板橋のようなものがあり、もう使われていないらしく、橋板の一部しか残っていない。その上をぴょんぴょん飛びながら渡ってくる男がいて、何か大声で叫んでいる。どうやら芝居の稽古らしい。若い男女が次々に登場し、コロス（合唱隊）の朗誦のようになる。橋を渡ってきた男は肩で息をしている。演出家らしい男があらわれ、そんなことではダメだと文句を言う。

Dagama's《ダガマズ》 Inn《イン》（正式にはDa Gama's Inn）の朝食は典型的な三点セット。街に出て、Standard《スタンダード》 Bank《バンク》でトラベラーズ・チェックを１００ドル両替した。これで帰国までは持つだろう。

帰りにGossip《ゴシップ》 Hotel《ホテル》でコークを飲みながら池澤夏樹の『マシアス・ギリの失脚』（11）を読んでいたら、昼時になったのでTagliatelle《タグリアッテーレ》 Bolognese《ボロネーズ》を注文して食べる。タスカビールも飲んで３３０KS。何とこれが絶品の本格パスタだった。味、麺の茹で具合とも、この旅で食べたパスタのベスト1かも。

昼過ぎにDagama'sのテラスでお絵描きをしていたら、アグネスというおねえさん

（11）池澤夏樹が１９９３年に発表した長編小説。南の島国の大統領が、超自然的な力に翻弄されていく話なので、マリンディで読むにはぴったり。

につかまってしまった。夫はドイツ人だが、いまは留守だという。なかなか積極的で、結局ウォッカやピラウを奢ることになる。ミラ（12）もねだられる（４００KS）。話がポンポン飛んで面白いので、けっこうこちらも楽しんだ。小柄だが、目元が色っぽい。

夕食は面倒くさくなったので、Dagama's で食べることにする。マトンのシチュー＋ワリ（ライス）＋タスカビール、２６０KS。特にお米がうまい。ジャポニカ種を使っている。

夜、近くのモスクから歌が聞こえてきた。日本の民謡に似た節回し。誰かがリードして、ホウとかサアとかいう合いの手が入る。甲高い少年の声が混じっている。

10月12日（木）

妹が歌を作詞、作曲して、とある少女歌手がレコードを吹き込むことになる。この歌は、フォーリーブスの江木俊夫（13）が主演する青春映画の主題歌に使われるようだ、さわりが流れてくるが、歌詞も曲も歌もあまりいいとは思えない。たぶん、ヒットしないだろう。

昨夜から何度か激しい雨。今朝も朝食中にスコールが来た。

（12）Mira。ケニヤ、エチオピア、ソマリアなどで広く用いられる嗜好品。覚醒作用のある植物の茎を束にして売っている。噛みタバコのように口に入れてくちゃくちゃ噛み、そこら中に吐き散らかす。

（13）江木俊夫（１９５２〜）。子役出身で、１９６６年に北公次、青山孝、おりも政夫とフォーリーブスを結成。甘いマスクで人気があった。

朝食後に、宿のオーナーから頼まれていた、魚と「Dagama's《ダガマズ》 Inn《イン》」というロゴが入った絵を描く。ちゃんと飾っておいてくれるといいけど。

バス停に向かう道の途中で、またGossip《ゴシップ》に立ち寄り、トマト、ベーコン入りのTagliatelle《タグリアッテーレ》を食べる。スプライトを付けて290KS。給仕のムゼーとの会話。

「Utarudi《ウタルディ》 Malindi《マリンディ》 tena《テナ》?（マリンディにはまた来るかい？）」

「Sijui《シジュイ》. Lakini《ラキニ》 ningependa《ニンゲペンダ》 kurudi《クルディ》.（わからないな。でも来たいね）」

「Lini《リニ》?（いつ？）」

「Umm《ウムム》…… Mara《マラ》 moja《モジャ》.（うーん。すぐにでも）」

バス・ステーションの手前でモンバサ行きのマタトゥをつかまえる（つかまる）。100KS。快調に飛ばして、2時半頃にはモンバサに着いた。途中でポリス・チェックを受けなかったのは珍しい。Digo《ディゴ》 Rd.《ロード》沿いのカフェでチャイとサモサ。モンバサは晴れていて蒸し暑い。

衣料品店が多いBiashara《ビアシャラ》 St.《ストリート》にちょっと寄ったら、タスカビールの象のマークのTシャツが売っていたので買ってしまう。欲し

タスカビールのマーク

かったカーキ色のやつではなく赤い色だが、ナイロビよりちょっと安い（６５０KS）。Blue《ブルー》 Room《ルーム》でパッションフルーツジュース、75KS。ここでお絵描きをしていると、いろいろな人が声をかけてくる。特にインド人は「全部お前が描いたのか?」とか、好奇心丸出し。一枚仕上げて、モンバサ駅まで歩く。まだ、夕方5時過ぎ。ベンチで時間を潰す。

暮れてゆく空。海ツバメの群れ、シルエットになっている乗客たち。18時半くらいに、列車がホームに滑り込んできた。スピーカーから、軽やかなリンガラ・ミュージックが流れ続けている。

コンパートメントの相客は、ルオ族のムゼーとちょっと神経質そうなオーストラリア人。19時過ぎに出発。すぐに食堂車に行って、スープ＋チキンカレー＋フルーツ＋チャイの夕食を食べる。

10月13日（金）

昨日の夜は20時半過ぎにはもう横になっていた。列車の旅はけっこうよく眠れる。朝6時過ぎに目が覚めてトイレへ。ちょうどサバンナのど真ん中を走っている。ゼブラとトムソンガゼルの姿を見る。どんよりとした曇り空。

学校へ急ぐ茜色のセーターの小学生たち。自転車を押すムゼー。傾いた電柱。まばらなソーン・ツリー。Kiu《キウ》（渇き）という名前の小さな駅に停まる。プラスチック製の水のタンクを、いっぱい抱えた男。ジャガイモを詰め込んだ麻袋の傍で、所在なげにたむろしている人々。「歩く死者たち《ウォーキングデッド》」。

7時に鐘の音とともに朝食。三点セット＋ソーセージ＋ベーコンに、やっぱりまずいオレンジジュース。9：25にナイロビ着。晴れている。4番のマタトゥに乗って、JACIIへ（10KS）。JACIIは相変わらず水不足が続いているが、昨日補充したので、いまのところはタンクに水が貯まっている。

夕食に上田さん一家にうなぎをご馳走になる。美味。娘のモモちゃんは明日から学校の遠足でモンバサとか。

夜に、Uchumi《ウチュミ》で買ってきた怪しげなウィスキー（Hunter's《ハンターズ》 Choice《チョイス》 ＝600KS）をちびちびやりながら、上田さん、奥さんのれい子さんと話す。宗教のこととか、評論家の仕事のこととか。夜中を過ぎて、さすがに眠くなったので、部屋に引き上げる。

10月14日（土）

知らない女性とレストランで食事をしている。黄色っぽい逆光で顔がよく見えない。「嫌いな食べ物は？」と訊かれて、「かぼちゃとレバーです」と答える。前にも同じことを訊かれたような気がする。

上田さんと明日のスキヤキパーティのために、ウェスト・ランドとヤヤ・センターへ。ついでにワインも二本買う。

ＪＡＣＩＩにあった『ハリー・ポッターと賢者の石』（14）を一気に読み終える。面白かった。こういう本がちゃんと売れるというのは、勇気を与えてくれる。

午後、Ｒ子さんと、ヤヤ・センターのカフェへ。カプチーノ（95ＫＳ）を飲んで看護婦時代の話などをする。

夜、ＪＡＣＩＩ運営委員の一人のGregory《グレゴリー》 Kibiti《キビティ》氏が、ラリーに出場して優勝したというので、その祝勝会。ＪＡＣＩＩの中庭に人が集まってきているが、19時半を過ぎたのにまだ始まる様子はない。

（14）『ハリー・ポッター（Harry Potter）』シリーズは、J.K.ローリング作のベストセラー・ファンタジー小説。『ハリー・ポッターと賢者の石』（１９９７年）から『ハリー・ポッターと死の秘宝』（２００７年）まで全7巻が刊行されている。

10月15日（日）

朝食後、R子さんと街に出かける。2番のバスでギコンバ・マーケットまで行って、その辺りをぶらぶら。リヴァーロードでカランガ＋チャパティの昼食。Creamy《クリーミー》 Inn《イン》という店で、珍しくソフトクリームを食べた。最後の日曜日に、ナイロビ・ライフを満喫できてよかった。

帰りに、思いついてThe《ザ》 Railway《レイルウェー》 Museum《ミュージアム》に立ち寄る。英国植民地時代のUGANDA《ウガンダ》 RAILWAY《レイルウェー》のポスター（復刻版）があったので、お土産に五枚買う。「THE HIGHLAND OF BRITISH EAST AFRICA AS A WINTER HOME FOR ARISTOCRATS（貴族階級のための冬の避寒地としての英国領東アフリカ高原地域）」と仰々しく記された下に、ワニやヘビやゾウやカバやライオンが客車を襲って、乗客たちが逃げまどっている様子がコミカルに描かれている。皮肉の効いたブラック・ジョーク。

Uganda Railway のポスター

夜にＪＡＣＩＩでスキヤキパーティ。肉が柔らかくて、美味しくて、みんなで５キロを平らげる。ワインも好評。黒田さんが持ってきたギターで、みんなでうたって盛り上がる。

10月16日（月）

どんより曇って肌寒い。眠い。

午前中にサユリちゃんに電話。帰国の予定を知らせる。午後は主に荷物の整理。

夕方から夜にかけて、女子寮の部屋で喋ったり、飲んだり、ギターを弾いたり。ユカちゃんとマキちゃんが、記念のお土産と手紙をくれる。素直に嬉しい。Ｒ子さんがスケッチブックの絵を見たいと言うので、明日の朝までということで預ける。

穏やかな夜。帰国後のことを考えるとうんざりだが、あまり考えないようにしよう。

荷物の詰め込み作業はほぼ完了。

10月17日（火）~18日（水）

Siku《シク》 ya《ヤ》 mwisho《ムウィショ》 ya《ヤ》 Kenya《ケニヤ》（ケニヤの最後の日）。

今日もまた、どんより曇ったナイロビ日和。

午前中、思いついて、カラーペンで「JACII, P.O.Box48542, Nairobi, KENYA」の文字を描く。ヤヤ・センターの古道具屋で木の額（６００KS）を買ってきて入れたら、ぴったりおさまった。食堂にでも飾ってもらおう。

今日は、学生さんたちはシティ・マーケットにフィールドワークに出かけている。2時頃に行ったらうまく会えて、カメラを持っていた子に記念写真を撮ってもらって別れる。最後にR子さんの顔を見ることができた。

4時に上田さんの車で空港へ。空港で思いがけず、ダグラス・ワキウリ（15）にばったり出会った。最初はわからないようだったが、名前を言ったら思い出してくれた。相変わらず上手な日本語だ。

18時15分、ナイロビ発。0時半にドバイ着。ドバイの新空港はできたてで、ぴかぴか輝いている。2時半過ぎにドバイからシンガポールに飛び立つ。あまり眠れないまま、午後2時半過ぎにシンガポールに着いた。エミレーツ航空が用意してくれた、River《リヴァー》 View《ヴュー》 Hotel《ホテル》にチェックインする。5時半頃、ちょっと市内に出かける。中国系のデパートで、ローヤルゼリーなどを買う。氷水屋で、海藻・蜂蜜入りを頼んだら

（15）Douglas Wakiihuri（１９６３〜）。１９８３年にSB食品に入社して、日本で長く活躍したマラソンランナー。ナイロビ近郊のランガタ地区の出身。１９８７年の世界陸上選手権（ロンドン）で優勝、翌88年のソウル・オリンピックでも銀メダルと、実績を残した。経緯はよく覚えていないが、１９８０年代に誰かの紹介で知り合いになり、何度か一緒に食事をしたこともあった。

2・5ドルもした。けっこううまい。

ホテルのディナーにビーチサンダルで行こうとしたら、靴に履き替えるように言われる。シーフード・ライスのセットは、量は充分、味はまあまあ。満腹になったら眠くなってきた。いま8：30過ぎ。明日は5時起きだ。

10月19日（木）

昨晩、真夜中の0時過ぎに目が覚めて、あとはよく眠れず、TVを見たり、本を読んだり。ようやくうとうとしたと思ったら、目覚ましで起こされる。

眠い目をこすって、タクシーでChangi《チャンギ》 International《インターナショナル》 Airport《エアポート》に。エミレーツ航空便にノース・ウエストと全日空の共同運行便が乗り入れていて、ちょっと複雑。8時過ぎに出発。東京（成田）には16時過ぎに着いた。

ドバイ→シンガポールのボーディングパス

旅と夢──「あとがき」にかえて

旅をしながら夢を見ていた。いや、夢を見ながら旅をしていたと言うべきか。旅と夢は、それぞれ独立した別の世界を形づくっているのだが、いつの間にか混じり合ったり、また離れたり、重なり合ったりする。

旅の途中で、日記帖に、その日の出来事だけでなく、目覚めていた時に覚えている範囲で、夢の内容を記していた。それとは別に、ノートに文章も書き始めた。単純な記録というよりはエッセイに近い。それがさらに膨らんだり、メタモルフォーゼしたりして、詩や小説の形をとることもあった。

そうそう、絵も描いていた。スケッチブックに、カラーペンで頭に浮かんだイメージを描きつけていく。旅の間は時間もあるので、丁寧に色を塗って仕上げることができる。そんな絵も少しずつ溜まっていった。日記帖の余白には、お店でもらったチラシ、レシート、チケット、ラベル、新聞や雑誌の記事などを貼り込んでいた。そのページは、次第に文章とヴィジュアルとが融合したコラージュ状態になっていった。

旅から帰った後で、それらの文章や絵は、いくつかの本にまとまった。『歩くキノコ』（水声社、2001年）、『アフリカのおくりもの』（福音館書店、2001年）、少し時間が経ってからの別な旅の副産物ではあるが、『石都奇譚集』（サウダージ・ブックス、2010年）、『ザンジバル・ゴースト・ストーリーズ』（祥伝社、2013年）などがそうだ。

だが、それらの作品のオリジンと言ってよい、黒い表紙の旅の日記帖にはこれまで手をつけてこなかった。中身があまりにも混沌としすぎていて、どう扱っていいのか、自分でもよくわからなかったからだ。

ところが、2023年の4月頃、ふと書棚の片隅に置きっぱなしになっていた日記帖を取り出し、読み始めたら、面白くてやめられなくなってしまった。その時に思ったのは、変にいじくり回さないほうがいいということだ。この言葉とイメージのアマルガムを、そのまま抜き書きして提示すれば、それでいいのではないか。

むろん、後で補ったり、加筆したりした部分はある。註をつけたり、プライヴァシーを考慮して名前をイニシアルにしたり、間違いを訂正したりすることも必要になった。だが、日記及び夢日記のベースの部分には手をつけていない。旅のあいだの経験と出来事とが、ほぼそのままパッケージされている。

そもそも、なぜミレニアムの年、2000年4月～10月というあの時期に、東アフリカやギリシャ、トルコ、東ヨーロッパを、ふらふら歩き回っていたのだろうか。

僕は1979年9月から翌80年4月にかけて、ケニヤの首都、ナイロビに滞在していた。本文中にも書いたように、JACII（日本アフリカ文化交流協会）の学生として、スワヒリ語やアフリカ文化全般を学んでいたのだ。筑波大学大学院芸術学研究科博士課程に在籍して、日本写真史を専攻していた僕が、なぜ七ヶ月余りも東アフリカに居つづけたのか、そのことについて語り始めると長くなる。要するに、日本以外のどこかに長期滞在してみたいという希望を叶えるのに、ぴったりの場所がナイロビだったということだ。

それから二〇年余りがあっという間にすぎ、ふたたび旅への願望が強くなってきていた。仕事やプライヴェートの短い旅には、その間に何度か出かけていた。だが、その日泊まる宿を決めず、何をやるのか、どこに行くのかも風まかせのような旅は、ずっとできなかった。１９９０年代の後半、面倒くさい大きな仕事がいくつか重なり、心身ともに疲労とフラストレーションが溜まっていた。「このままでは持たない」。そんな気分もあった。ではどこに行くのか。とりあえず、自分の旅の原点であるナイロビ以外は思いつかなかった。

今回、日記を見直し、再構築していくプロセスを経て、逆にようやく、あの旅が僕にとってどんな意味を持っていたのかが見えてきた。要するに「再生」の旅だったのだろう。パソコンも、もちろん携帯も持たずに動き回る中で、心も体も一旦解体され、ふたたび更新されるということを繰り返していた。それは、それ以前にもそれ以後にもない、得難い経験だった。

別な見方をすれば、旅のあいだの自分は、生まれる前の未生の状態、あるいは死者として、さまざまな時空を漂っていたようにも思える。その時に見たり、聞いたり、味わったりしたものは、普段とはまったく違った異様な輝きを放ち、解釈や意味づけを無化してしまうような出来事の連なりとして、次々に僕の前にあらわれては消えていった。

それはむしろ、通常の時間の流れからは逸脱し、何がどう起こるのかコントロール不可能な夢に近いものだったとも言える。日記に、その日見た夢の内容を併記するというアイディアを、なぜ、どのようにして思いついたのかは、いまとなっては判然としない。

だが、そこには確かに必然性があったと言えるだろう。

２０００年10月に日本に帰ってきて、元のような日常へと復帰することになった。すぐに仕事も再開した。でも、もしかすると、旅はまだ終わっていないのではないかという気持ちを拭い去ることができない。日記を何度も読み返し、もう一度新たな言葉に置き換えていく作業をほぼ終えたいまでも、その気分はまだ続いている。

つまり、心と体が、ふたたび旅の時間に身を置くことを求めているということなのだろう。また、旅をしながら夢を見ていたい。夢を見ながら旅をしていたい。そんな思いが強まってきている。

２０２３年12月　　　飯沢耕太郎

［初出一覧］

■「ブイブイ」——『石都奇譚集 ストーンタウン・ストーリーズ』サウダージ・ブックス（発売＝港の人）、2010年
■「キタレの魚」——『歩くキノコ』水声社、2001年
■「闇とランプ」——書き下し。元になったのは『歩くキノコ』水声社、2001年所収の同名のエッセイ
■「バオバブの幽霊」——『歩くキノコ』水声社、2001年
■「パレス・ミュージアムの怪異譚」——『ザンジバル・ゴースト・ストーリーズ』祥伝社、2013年
■「島の生活」——『歩くキノコ』水声社、2001年
■「カッパドキアの光」——『写真について話そう』角川学芸出版、2004年
■「秋の国へ」——原題「秋の国」『歩くキノコ』水声社、2001年
■「カフカの小函」——書き下し。元になったのは『歩くキノコ』水声社、二〇〇一年 所収のエッセイ「カフカ巡り」
■「眩暈と祈り」——『歩くキノコ』水声社、2001年
■「サファリ・ショウ」——『昴』第5号、「昴」プロモーション、2006年
■「マリンディ／最後の旅」——未刊詩集『美しい夏』、私家版、1980年。『トリロジー 冬／夏／春』港の人、2024年にも収録

著者略歴／飯沢耕太郎（いいざわ　こうたろう）1954年、宮城県生まれ。

1984年、 筑波大学大学院芸術学研究科博士課程修了後、写真評論家として活動。『写真美術館へようこそ』（講談社現代新書1996年、サントリー学芸賞受賞）ほか著書多数。写真評論以外の仕事に『茸日記』（［詩集］三月兎社、1996年）、『アフリカのおくりもの』（［詩とドローイング］福音館書店、2001年）、『石都奇譚集』（［小説とエッセイ］サウダージ・ブックス、発売＝港の人、2010年）、『月読み』（［俳句とドローイング］三月兎社、2018年）、『完璧な小さな恋人』（［詩集］ふげん社、2022年）、『トリロジー　冬／夏／春』（［詩集］港の人、2024年）などがある。

旅と夢
トラヴェローグ 2000年4月～10月

発行日：2024年3月1日　第1版第1刷発行

著者：飯沢耕太郎 ©2024

発行者：中村保夫
発行：東京キララ社
〒101-0051 東京都千代田区神田神保町２－７ 芳賀書店ビル５階
電話：03-3233-2228
MAIL：info@tokyokirara.com

デザイン：白谷敏夫
編集：加藤有花

印刷・製本：中央精版印刷株式会社

ISBN:978-4-903883-72-4 C0095
2024 printed in japan

HELLAS Ferries
OMO
SUPER UNIC
BLUE
OMO
Spektrum
SELL BY END
JAN
FEB
MAR
APR
MAY
JUN
JUL
AUG
SEP
OCT
TUSKER
BREWERIES LTD
LAGER
FINAL
TEA
BOSNA
İŞKEMBE LOKANTA
ve KEBAP SALONU
CHAMPION